Echolot des Glaubens

Regensburger Philosophisch-Theologische Schriften

Herausgegeben von
Josef Kreiml, Veit Neumann
und Michael Stickelbroeck

Band 18

Franz-Peter Tebartz-van Elst

Echolot des Glaubens

Beiträge zur Vertiefung der Katechese

Verlag Friedrich Pustet
Regensburg

Bibliografische Information der Deutschen Nationalbibliothek

Die Deutsche Nationalbibliothek verzeichnet diese Publikation in der Deutschen Nationalbibliografie; detaillierte bibliografische Daten sind im Internet über https://dnb.dnb.de abrufbar.

Gutenbergstraße 8 | 93051 Regensburg
Tel. 0941/920220 | verlag@pustet.de

ISBN 978-3-7917-3460-6
Reihen-/Umschlaggestaltung: www.martinveicht.de
Satz: FotoSatz Pfeifer, Krailling
Druck und Bindung: Friedrich Pustet, Regensburg
Printed in Germany 2023

eISBN 978-3-7917-7468-8 (pdf)

Unser gesamtes Programm finden Sie unter
www.verlag-pustet.de

Bischof Dr. Rudolf Voderholzer
zum zehnten Jahrestag seiner Bischofsweihe
am 26. Januar 2023

und allen in der Kirche von Regensburg gewidmet,
die in Gottes- und Nächstenliebe
mit Mut und Stehvermögen
in Theologie und Pastoral
Treue bezeugen und Heimat eröffnen.

Inhaltsverzeichnis

Geleitwort
von Erzbischof Rino Fisichella 9

Vorwort 15

Hinführung: Katechese in der Versuchung zur Unterhaltung –
oder: Wie Katechese sich verengen kann 21

I. Kriteriologische Fährtensuche – oder:
Welche Kontexte sind förderlich für die Katechese? 28
1. Mundtoter Glaube braucht den Mut zur Ansprache . . . 40
2. Zeugen setzen Zeichen 44
3. Glaube bedarf der Gestaltung 46
4. Pilger der Hoffnung auf der Schwelle des Umbruchs 48
5. Synergetische Katechese in synodaler Spiritualität . . . 51

II. Katechetische Orientierungen – oder:
Was sagen und raten die kirchlichen Dokumente? 60
1. Das neue Direktorium für die Katechese (2020) 62
2. Das Motuproprio *Antiquum ministerium* (2021) 76
3. Wege und Wirkung einer sakramentalen Katechese . . 82
4. Schulen des Glaubens – Kollegien für Katechese 105

III. Kontextuelle Erweiterungen – oder:
Wo ergeben sich neue Anknüpfungen für die Katechese? 117
1. Alltag und Evangelisierung 118
2. Katechese und Digitalität 154
3. Räume und Resonanz 160
4. Inhalt und Identität 164
5. Katechese und Kult 167

IV. Konkrete Veranschaulichungen – oder:
Wie können Predigt und Katechese in der
Glaubensvermittlung zusammenfinden? 171
1. *Homilein* und *katechein* als Vermittlungswege
in der Katechese 173
2. Exemplarische Entwürfe für eine mystagogische
Verkündigung 177
2.1 Taufe 178
2.2 Firmung 183
2.3 Eucharistie 189
3. Anregungen aus der universalen Kirche 198

Ausblick: Katechese kann Knoten lösen – oder:
Wie Bilder Bekenntnisse inspirieren 203

Geleitwort

Unter dem ansprechenden Titel „Echolot des Glaubens“ legt Bischof Dr. Franz-Peter Tebartz-van Elst sein neuestes Werk vor, das sich einmal mehr der Erneuerung der Katechese widmet. Schon der Titel weist auf ein Programm hin, das Kapitel für Kapitel Perspektiven öffnet, die bei den Gläubigen Begeisterung für die Evangelisierung wecken sollen und sie fragen lassen, wie es zu einer nachhaltigen Erneuerung der Katechese kommen könne.

Zunächst einmal ist das Echolot ein Gerät, um mittels des Schalls den Abstand von der Wasseroberfläche bis zum Grund zu messen. Es ist kein Zufall, dass es dafür eingesetzt wird, die genaue Lage von Schiffen zu orten. Die Kirche weiß um den Grund, auf dem sie steht und auf den sie sich immer neu beziehen muss. Um die zu lösenden Aufgaben zu erkennen, ist es notwendig, die aktuelle Ausgangsposition zu bestimmen. Der Autor weicht nicht vor den Herausforderungen zurück, die zeitgeschichtlich bedingte Kontexte mit sich bringen: Indem er sie analysiert und Antworten formuliert, bietet er Hilfen an, die Gegenwart zu verstehen und sich auf die nahe Zukunft auszurichten.

Es darf nicht aus dem Blick geraten, dass die Katechese einen Meilenstein im Prozess der Evangelisierung darstellt. Daraus folgt die Anerkennung des Vorrangs der Evangelisierung, die Inhalte und Methoden hervorbringt, welche sich auch die Katechese zu eigen machen wird. Nur auf diesem Weg kann sie in eine nachhaltige Erneuerung finden. Die Katechese ist kein Rückzugsort für theoretische Überlegungen, die doch letztlich die Hauptaufgabe der Kirche verfehlen. Im Gegenteil, sie ist ein entscheidender Ort, an dem Glaubenswissen, Liturgie und Leben zusammenkommen, damit die Persönlichkeit im Glauben reifen und in der Zugehörigkeit zur christlichen Gemeinschaft wachsen kann. Aus diesem Grund gehört sie untrennbar zur Evangelisierung und stellt einen bedeutenden Schritt in diesem Prozess dar.

Gerade in der derzeitig zu erlebenden Fragilität der Glaubensweitergabe können die Worte von Papst Paul VI. ganz zu Beginn seines Pontifikats als provozierendes Echo nachhallen: „Wer bist du, Kirche, und was sagst du über dich?“ Das Zweite Vatikanische Konzil hat sich besonders dafür eingesetzt, dass sich die Kirche in der Sendung, die Jesus ihr anvertraut hat, vollständig neu begreift. Das Lehramt der Kirche hat in den Jahrzehnten nach dem Konzil mehrfach Impulse gegeben, die die Evangelisierung als ‚roten Faden‘ für das gesamte kirchliche Handeln vorgeben. Aus diesem Grund lässt sich eine ständige Dynamik der katechetischen Erneuerung nachweisen. Schließlich ermöglicht uns die Veröffentlichung des neuen Direktoriums für die Katechese (2020) nicht nur die in der Vergangenheit erzielten Fortschritte wahrzunehmen, sondern vor allem die Richtung in den Blick zu bekommen, die in den kommenden Jahren eingeschlagen werden muss. Es besteht kein Zweifel, dass das Pontifikat von Papst Franziskus dem Engagement für die Evangelisierung eine noch größere Dynamik verliehen hat. Das Paradigma *ecclesia ad extram* hat die Überzeugung gestärkt, dass für die notwendige Erneuerung des kirchlichen Lebens ein Engagement Voraussetzung ist, das das Bedürfnis nach *Teilnahme* und *Teilhabe* aufgreift. Dabei handelt es sich um eine Kombination, die es ermöglicht, eine wichtige Methodik der Evangelisierung konkret zu machen: Einerseits ist es nicht möglich, den Glauben für sich allein zu leben, weil er seiner Natur nach durch einen stimmigen Lebensstil verkündet und glaubwürdig gemacht werden muss. Andererseits ist es das Bewusstsein, zur selben und einzigen Menschenfamilie zu gehören, in der „die Freuden und Hoffnungen, die Traurigkeiten und Ängste der heutigen Menschen, vor allem der Armen und aller Leidenden“ (GS 1) zu einer ausstrahlenden christlichen Gemeinschaft gehören. Nur dort, wo auch eine aktive Teilnahme am Fortschritt aller ermöglicht und erfahren wird, erreicht die Vermittlung des Glaubens ihre nachhaltige Stimmigkeit. So dient die Verkündigung des Evangeliums dem Heil, und es wäre zweifelhaft, wenn sich ein Gläubiger vormachte, er könne sich selbst retten. Das Bewusstsein, dass das Heil ein universelles Ereignis ist, das alle einbeziehen will, verpflichtet jeden Getauften zu gemeinsamer Verantwortung.

Das neue Direktorium für die Katechese betont deshalb zu Recht: „Die Katechese steht im Dienst der Glaubensantwort des Gläubigen und befähigt ihn, das christliche Leben in einem Zustand der Bekehrung zu leben. Im Wesentlichen geht es darum, die Verinnerlichung der christlichen Botschaft durch jene katechetische Dynamik zu fördern, die es versteht, Hören, Urteilsvermögen und Läuterung im weiteren Verlauf zu integrieren. Diese katechetische Tätigkeit ist nicht auf den einzelnen Gläubigen beschränkt, sondern richtet sich an die gesamte christliche Gemeinschaft, um den missionarischen Einsatz der Evangelisierung zu unterstützen. Die Katechese fördert auch die Einbeziehung des Einzelnen und der Gemeinschaft in den sozialen und kulturellen Kontext, hilft der christlichen Lesart der Geschichte und fördert das soziale Engagement der Christen" (Art. 73).

Damit die Evangelisierung wirksam werden kann, muss sie mit der Kultur in Berührung kommen. Es geht nicht um ein übereiltes Vorgehen, bei dem bereits alles vorbestimmt ist, weil der Glaubende bereits zu wissen meint, was zu tun ist. Die Begegnung findet vor allem im Horizont des Hörens statt, um zu erfassen, welche Sehnsucht und welches tiefe Verlangen den religiös Suchenden bewegt. So war es in unserer zweitausendjährigen Geschichte immer. Der Apostel Paulus achtete darauf, die Religiosität der Athener anzuerkennen, um sie darauf vorzubereiten, den *Deus ignotus* anzunehmen (vgl. Apg 17,23). Mit den Römern teilte er die gemeinsame Suche nach den Zeichen in der Natur, die es ihnen ermöglichen können, den Schöpfer zu erkennen (vgl. Röm 1,19–20). Justin bezeugt in seinem *Dialog mit Tryphon* lediglich, dass die Suche nach der Wahrheit unvermeidliche Phasen durchläuft, die schließlich zum Sinn des Lebens führen. Dasselbe gilt für Irenäus, Cyrill und Methodius und all diejenigen, die im Laufe der zweitausendjährigen Geschichte des Christentums in den verschiedenen Kulturen, mit denen das Evangelium in Berührung gekommen ist, jene *semina verbi* identifiziert haben, die geeignet sind, das Hören auf das Kerygma und seine Akzeptanz zu bestärken.

Dasselbe gilt für die Kirche von heute, die die große Herausforderung der neuen digitalen Kultur verstehen und verinnerlichen muss, denn sie ist ein echter Ausdruck der Globalisierung. Die interessanten Überlegungen des Autors im dritten Kapitel regen uns dazu an, darüber nachzudenken, wie diese neue Kultur zu einem Weg der Evangelisierung in der Katechese werden kann. Das wird kein leichter Weg sein. Das Bewusstsein, erst am Anfang zu stehen, muss diejenigen begleiten, die die heikle Aufgabe der Erzieherinnen und Erzieher wahrnehmen. Eltern, Lehrer, Katecheten – alle sind an diesem Prozess beteiligt, der sowohl beträchtliche positive Elemente als auch unüberwindbare Grenzen aufweist. Nicht alles, was glänzt, ist Gold. Die digitale Kultur hört nicht bei der physischen Nutzung eines Mobiltelefons, eines Computers oder eines I-Pads auf; sie geht weit darüber hinaus. Wir haben es hier mit einer neuen Sprache zu tun, die sich in ihrer Ausdrucksweise selbst von der jüngsten Vergangenheit unterscheidet; mit den unvermeidlichen Verhaltensweisen, die sich daraus ergeben. Mit der gleichen Methodik und Sprache wie bisher zu denken, zu schreiben, zu lehren und zu katechisieren hieße, die Bedürfnisse der neuen Generationen nicht zu verstehen. Das Echolot des Glaubens zeigt sich also auch in der Fähigkeit, Modalitäten für die katechetische Ausbildung im Zeitalter des Internets zu erkennen, wo die Grenzen zwischen realem und virtuellem Leben immer mehr zu verwischen scheinen.

Evangelisierung und Katechese sind von diesen neuen Kategorien betroffen und erfordern Männer und Frauen, die in der Lage sind, als Erzieher und Katechisten auf die epochale Herausforderung zu reagieren, vor der die Kirche steht. In diesem Sinne liegt es auch nahe, sich mit dem von Papst Franziskus am 10. Mai 2021 neu eingerichteten Amt der Katechisten nach dem Apostolischen Schreiben *Antiquum ministerium* zu befassen. Manch einer mag fälschlicherweise denken, dass es sich um einen überflüssigen Dienst handelt, der weit von den Forderungen bestimmter Teile der christlichen Gemeinschaft nach einer radikalen Änderung der Strukturen der Kirche entfernt ist. Dem ist nicht so. Ich bin fest davon überzeugt, dass der Katechistendienst den Erfordernissen der Evangelisierung entsprechen kann, die die Kirche heute mit immer größerer Begeisterung verfolgt. Eine sorgfältige Lektüre des Dokuments ermöglicht in der Tat den Zugang zu einer zeitgemäßen Vision, die in der Lage ist, die persönlichen Bedürfnisse der Berufung eines jeden Gläubigen zu erkennen und zu respektieren und sie mit denen, die der christlichen Gemeinschaft eigen sind, zu korrelieren. Die dafür der Kirche geschenkten notwendigen Charismen werden zu einem Wachstum des Glaubens in der heutigen Welt führen. Dieser Dienst ist eng mit der Weitergabe des Glaubens verbunden und wird konsequent in dem Maße genährt, in dem diejenigen, die damit betraut sind, ihre Taufberufung zur Verkündigung des Evangeliums entdecken. Es geht also ausdrücklich um einen Laiendienst, der sich verpflichtet, den Weg der Evangelisierung in der täglichen Berufspraxis und vor allem in den vielfältigen katechetischen Ausdrucksformen in den Vordergrund zu stellen. Aufgabe des Bischofs ist es, von Katecheten vorgeschlagene Projekte auf ihre Umsetzbarkeit und mögliche Wirksamkeit zu prüfen, besonders unter dem Aspekt, ob sie der Evangelisierung dienen und sowohl die Glaubensgemeinschaft wie die einzelnen Gläubigen stärken.

Der Weg der Katechese endet, wie man sieht, nicht bei einem offiziellen Dokument wie dem Direktorium, sondern setzt sich fort in der Identifizierung mit dem Dienst des Katecheten als persönlichem Ausdruck aktiven Engagements für das Wachstum der Gemeinschaft. In verschiedenen Regionen der Welt ist diese Erfahrung bereits eine positive Realität. Viele Männer und Frauen, die ihr Leben dem Evangelium widmen, erfahren positive Resonanz gerade auch im ständigen Anwachsen der Zahl von Katechumenen. Echte Evangelisierung, die die Person Jesu Christi in den Mittelpunkt stellt, hat eine solche Anziehungskraft, dass sie in der Bitte um Taufe vieler Jugendlicher fruchtbar wird. Dies erfordert eine Katechese, die es versteht, wirklich zuzuhören, um dem Wunsch nach einem neuen Leben kohärent zu entsprechen.

Das Ziel der Evangelisierung und damit der Katechese ist die persönliche Begegnung mit dem auferstandenen Herrn, der Licht und Sinn in die persönliche Existenz bringt. Nichts von dieser Begegnung ist ohne Bedeutung, denn so wie Christus das Geschenk des Vaters ist, der sich im Sohn ganz hingeben wollte, so muss jeder Gläubige die Notwendigkeit des neuen Lebens in der Taufe als Hingabe seines ganzen Selbst entdecken. Es ist ein Kontext wahrer Liebe, der die Verkündigung des Evangeliums, seine Weitergabe und Katechese kennzeichnet. Keine Liebesrhetorik, wie sie für so viele Äußerungen der heutigen Welt typisch ist, sondern das wahrhaftige Zeugnis einer Selbsthingabe, die nichts unversucht lässt, um das Herz jedes Menschen zu erreichen, damit er sich geliebt und somit im Glauben wiedergeboren weiß.

Rom/Vatikanstadt, am Sonntag des Wortes Gottes,
dem 22. Januar 2023
+ *Rino Fisichella*
Pro-Präfekt in der ersten Sektion
des Dikasteriums für Evangelisierung

Vorwort

Bezeichnet man die Katechese als „Echolot des Glaubens", drängt sich im Vergleich so manches aus der Welt der Physik auf und gibt diesem Bild seine eigene Plausibilität. In der Schifffahrt handelt es sich dabei um ein Gerät zur elektroakustischen Messung von Wassertiefen, die auch als Lotung verstanden wird. Gemessen wird die Zeit zwischen der Aussendung eines Schallimpulses und der Ankunft der vom Gewässerboden reflektierten Schallwellen. Echolote leisten auf diese Weise einen wesentlichen Beitrag für eine sichere Navigation und tragen auch dazu bei, Seekarten so zu vermessen, dass sie eine verlässliche Orientierung zu geben vermögen.

Auch aus der Flora und Fauna der Meeresbiologie weiß man, dass Pflanzen und Fische sich in die Richtung des Schalls bewegen und in dieser Ausrichtung wachsen. Und so geht es auch dem Menschen: Wo er Resonanz erfährt, wächst er über sich hinaus. Verwehrt man ihm Beachtung, kann er auch keine Orientierung finden. Er verkümmert und verschließt sich. So verweisen schon die Natur der Physik und die Gesetze der Biologie auf das, was soziales Leben ausmacht und was in der Theologie zu einer tieferen Reflexion treibt.

Ein Echolot setzt eine impulshaltige Schallquelle, den reflektierenden Boden, voraus. Zudem braucht es einen Schallempfänger sowie ein Gerät für die Zeitmessung zwischen dem Aussendungsschallpunkt und dem Empfang eines Echosignals. Auf diese Weise lässt sich dann die Tiefe eines Wassers von seiner Oberfläche aus bemessen. Bezieht man diese physikalische Möglichkeit auf das *katechein* des christlich-kirchlichen Glaubens, so lässt sich in analoger Weise seine wirkliche Tiefe nur von der Schallquelle des Glaubensgrundes bemessen. Wo nachhallen kann, was in der Tiefe verborgen ist, entsteht eine Orientierung, die Navigation ermöglicht.

In diesem Sinn möchte das vorliegende Buch Wegweisungen aufzeigen, wie sie sich aus der katechetischen Überlieferung der

Kirche ergeben. Was aus bewährter Tradition nachhallt, erzeugt auch heute eine Resonanz, die zugleich eine kritische Sonographie von Prozessen der Glaubensweitergabe freisetzt. Wo die Kirche sich der Grundlagen ihrer Katechese bewusst ist und auch an ihnen festhält, wenn das Wasser äußerlich trübe zu werden scheint, vermittelt sich der wahre Seismograph des Glaubens, denn das Bleibende bewährt sich, wo das Flüchtige verhallt. Diese Spannung gilt es in der Katechese immer wieder auszuhalten und auszutarieren. Sie ist nichts Statisches und Starres, das museale Konservierung verträgt. Sie braucht und sucht geradezu die Resonanz im Raum des Evangeliums und den Zeichen der Zeit, wenn sie in diesen Koordinaten gelesen und geprüft werden.

Die verschiedenen Ortskirchen zeigen diesbezüglich ein sehr unterschiedliches Problembewusstsein und sehr unterschiedliche Initiativen im Umgang damit. Im Päpstlichen Rat zur Förderung der Neuevangelisierung, der 2010 von Papst Benedikt XVI. gegründet wurde und dem er im Jahr 2013 auch die Verantwortung für die Katechese übertrug, ergibt sich im Austausch der unterschiedlichen Kontexte und Erfahrungen immer wieder auch eine universalkirchliche Vergleichserfahrung. Dies zeigt sich vor allem in der Rezeption des Weltkatechismus von 1992 und der unterschiedlichen Aufnahme der bisherigen drei Direktorien für die Katechese. Nicht zuletzt die lang erwartete Edition des jüngsten Direktoriums vom 23. März 2020 in großen Teilen der Weltkirche, vor allem in den USA und den englischsprachigen Ländern, gibt einen profunden Resonanzboden – gleichsam als Schallwelle – zu erkennen. Gerade im diesbezüglichen Kontrast zu deutschsprachigen Rezeptionen wird deutlich, dass eine größere Aufmerksamkeit für gesamtkirchliche Dokumente immer auch eine vitalere Verortung in der Katechese spiegelt.

Dazu anzuregen und zu ermutigen ist die Intention dieser Publikation. Dadurch, dass Papst Franziskus mit der Vorstellung der Kurienreform in *Praedicate evangelium* am 19. März 2022[1], die zum

1 Vgl. Papst Franziskus, Apostolische Konstitution über die Römische Kurie und ihren Dienst für die Kirche in der Welt *Praedicate evangelium* vom

Pfingstfest des gleichen Jahres in Kraft getreten ist, das Dikasterium für Evangelisierung aufgewertet hat, in das der bisherige Päpstliche Rat als erste Sektion für Grundfragen der Evangelisierung eingegangen ist (vgl. PE, Art. 53–54), soll auch die Katechese eine größere Beachtung finden. Diesem Anliegen weiß sich die vorliegende Publikation verpflichtet.

Die Hinführung zu Beginn dieses Buches versucht, auf ein großes und häufig anzutreffendes Dilemma in der Katechese hinzuweisen. Je weniger Glaubenswissen im Sinne eines verinnerlichten Bekenntnisses in katechetischen Lernprozessen auf allen Seiten anzutreffen ist, umso größer wird die Versuchung, mit Unterhaltungsmomenten und im Sinne einer Eventisierung Aufmerksamkeit zu wecken. Dass wirkliche und anhaltende Glaubensresonanz aber von einer anderen Tiefe lebt und nachhaltig wirkt, wird zu Beginn dieses Buches angesprochen und aufbereitet. Neuansätze in der Glaubensweitergabe wie z. B. die YOUCAT-Initiativen zeigen, was diesbezüglich im universalkirchlichen Kontext möglich ist.

Im folgenden ersten Kapitel soll es darum gehen, das Terrain abzuschreiten, in dem sich Möglichkeiten und Notwendigkeiten ergeben, den christlich-kirchlichen Glauben beim Namen zu nennen. Weil bisweilen gerade stammelndes und stotterndes Sprechen mit der Zeit in eine neue innere Vergewisserung führt, die dem Sprechenden dabei zuwächst, ist es dringend notwendig zu fragen, welche Fährten helfen können, dafür günstige Anknüpfungen aufzutun. Die eingangs hier entwickelten fünf deskriptiven Kriteriologien wollen helfen, Bleibendes bewusst zu machen, und vor Versuchungen bewahren, die in kurzfristigen Aufmerksamkeiten langfristige Wirkungen sehen wollen.

Das zweite Kapitel zeigt jene bleibenden Orientierungen auf, wie sie sich in den jüngsten universalkirchlichen Dokumenten zur Katechese finden. Das neue Direktorium für die Katechese hat – mehr als zwanzig Jahre nach seinem Vorläufer von 1997 – die Glaubens-

19. März 2022, https://www.vatican.va/content/francesco/de/apost_constitutions/documents/20220319-costituzione-ap-praedicate-evangelium.html (Abruf 23.10.2022). [= PE]

weitergabe in nachchristlicher und säkularer Welt neu reflektiert und Veränderungen der letzten zwei Dekaden auf ihre Religionsproduktivität und Glaubensweitergabe hin erörtert. Das auch aus diesen Impulsen erwachsene neue Motuproprio von Papst Franziskus *Antiquum ministerium* (2021) verleiht dem katechetischen Dienst in der Kirche gerade im Rückbezug auf das frühkirchliche katechetische Profil eine große und konkrete Aufwertung, die in der Weltkirche bisher in unterschiedlicher Konsequenz rezipiert wurde. Bei der damit verbundenen Installation des Katechetendienstes geht es um zweierlei: eine Bewusstseinsbildung für die sakramentale Dimension der Kirche und um konkrete Überlegungen, wie die Formation von Katecheten in diesem Sinn geschehen kann.

Um kontextuelle Erweiterungen, die auf förderliche Rahmenbedingungen in der Glaubensweitergabe zielen, bemüht sich das dritte Kapitel des vorliegenden Buches. Geradezu exemplarisch am sozialgeschichtlichen Hintergrund aufgezeigt, fragt dieser Beitrag nach alltagsförderlichen Bedingungen für eine Evangelisierung, die den Boden für das Kerygma und eine nachhaltige Katechese bereitet. Zu dieser Verhältnisbestimmung gehört auch die neu entstandene Aufmerksamkeit für den Zusammenhang von Katechese und Digitalität in der ganzen damit gegebenen Ambiguität. Auch die von Papst Franziskus in seinen Apostolischen Schreiben immer wieder herausgestellte Bedeutung der *via pulchritudinis* für die Katechese soll hier bedacht werden, aus der sich nicht zuletzt die besondere Referenz von Inhalt und Identität erschließt. Ein eigener Aspekt beleuchtet den neu ins Bewusstsein kommenden Zusammenhang von Katechese und Kult, um gerade subjektiven Versuchungen zu einer Nivellierung und Infantilisierung in der Glaubensweitergabe durch Eventisierung zu entgehen. Wo sich zunehmend ein liturgisch geprägter Kult von der sich verändernden Kultur moderner Gesellschaften unterscheidet, stellt sich diese Frage mit neuer Dringlichkeit.

Konkrete Veranschaulichungen dieser Denkrichtung brauchen eine mystagogische Qualität, die im Sinne der Kirchenväter das „Geleit in die Geheimnisse“ so gestaltet, dass mehr zum Schwingen kommt, als durch erklärende Worte gesagt werden kann. Dieser

Herausforderung versucht sich das abschließende vierte Kapitel zu stellen. Zeugnisse in dieser Ausrichtung enthalten eine Dynamik, die das *magis* erahnen lässt und Vorstellungen freisetzt, die nicht in einer Beliebigkeit versanden, sondern in gemeinsamer Blickrichtung das Größere anstoßen. Um konkret zu erläutern, wie dieses anzustrebende Ineinander von *homilein* und *katechein* in der Glaubensweitergabe verstanden werden will, sei eine beispielhafte Begebenheit – gleichsam als Illustration – erwähnt:

Als der frühere Erzbischof von London, Basil Kardinal Hume, der in seinen letzten Lebensjahren schwer an Krebs erkrankt war, von der inzwischen verstorbenen britischen Königin Elisabeth II. noch einmal zu einer Audienz eingeladen wurde, hatte man alles auf Schloss Windsor vorbereitet, um ihm den Besuch so leicht wie möglich zu machen. Ein Raum nahe dem Entree sollte ihm den beschwerlichen Treppenaufstieg ersparen. Als die Queen ihn dann begrüßte, stellte sie die Frage: „Eminenz, können Sie sagen, wie es mit dem Sterben ist?“ Der Kardinal schwieg eine Weile und sagte dann: „Es ist, als sitze ich in der ersten Reihe eines feinen Theatergebäudes, und plötzlich geht der Vorhang auf ...!“[2]

In diesem Sinn soll auch die abschießende Bildbetrachtung zur Muttergottes als Knotenlöserin in der Kirche St. Peter am Perlach in Augsburg diese mystagogische Bedeutung im Bild für die Katechese begreifbar machen. Beim III. Internationalen Katechetischen Kongress im September 2022 hat Papst Franziskus die Notwendigkeit einer Glaubensweitergabe zum Ausdruck gebracht, die diese Dimension verinnerlicht: „Ich bitte euch: Werdet nie müde, [wirkliche] Katecheten zu sein. Nicht ‚den Katechismus beibringen‘. Die Katechese darf nicht wie eine Schulstunde sein, sondern sie ist eine lebendige Erfahrung des Glaubens: Jeder von uns verspürt den Wunsch, ihn an die neuen Generationen weiterzugeben. [...] Nur die zwischenmenschliche Begegnung öffnet das Herz, um die Erstverkündigung zu empfangen und den Wunsch zu haben, im christ-

2 Mündliche Mitteilung von Bischof David Douglas Crosby OMI (Bischof von Hamilton, Kanada) während der Konferenz der kanadischen Bischöfe am 18./19. September 2022 in Ottawa.

lichen Leben zu wachsen mit der Eigendynamik, die die Katechese freisetzt."[3]

Wenn der französische Philosoph Blaise Pascal bemerkt, dass „das Herz seine Gründe hat, die der Verstand nicht kennt"[4], und der erste Johannesbrief für alle Lernprozesse im Glauben sagen kann: „Gott ist größer als unser Herz" (1 Joh 3,20), geht es um diesen mystagogischen Horizont. Wo Katechese darunter bleibt, ist das Echolot des Glaubens in seiner Sendung unterbrochen. Es wieder so nutzbar zu machen, dass lebendiger Glaube schwingen kann, ist die Intention dieses Buches und der Wunsch an seine Leserinnen und Leser.

Rom/Vatikanstadt, zum Fest des hl. Wolfgang,
des Diözesanpatrons der Kirche von Regensburg,
am 31. Oktober 2022

Bischof Dr. Franz-Peter Tebartz-van Elst
Delegat für die Katechese
in der ersten Sektion
des Dikasteriums für Evangelisierung

3 Ansprache des Heiligen Vaters Papst Franziskus an die Teilnehmer des III. Internationalen Katechetischen Kongresses vom 10. September 2022, https://www.osservatoreromano.va/de/news/2022-09/ted-039/das-schone-und-gute-in-die-herzen-saen.html (Abruf 23.10.2022).

4 Blaise Pascal, Pensées – Gedanken, ed. von Philippe Sellier und aus dem Französischen übersetzt von Sylvia Schiewe, Darmstadt 2016, 63.

Hinführung: Katechese in der Versuchung zur Unterhaltung – oder: Wie Katechese sich verengen kann

Je mehr der Grundwasserspiegel des Glaubens sinkt, desto größer ist die Versuchung und z. T. auch Neigung, ihn in der Verkündigung so passend zu machen, dass die Menschen ihn anzunehmen scheinen. Nicht immer ist dabei zugleich im Blick, wie vordergründig solche Rezeptionen oft erscheinen und wie wenig Nachhaltigkeit sie im Glaubensbewusstsein zeitigen. Beispielhaft wird das an einem Bemühen anschaulich, wie es in der Feier des österlichen Triduums in einer Pfarrgemeinde des Münsterlandes unternommen wurde und wie in der Liturgie Akzentuierungen vorgenommen wurden, die auch katechetische Konsequenzen haben.[5]

Unter der Ansage, dass es in besagter Pfarrei „schon Tradition [hat], mit Traditionen zu brechen“[6], wurden interaktive und experimentelle Formen gewählt, die – wie dort zu lesen ist – „aus der Not geboren [seien, um] Zugänge für die Menschen zu erschließen, die nicht zu den Kirchenbesuchern zählen“, auch wenn „das Setting einige Besucher verunsichert oder veranlasst habe zu gehen“[7]. So verständlich es unter dem Aspekt der Evangelisierung erscheinen mag, Menschen, die dem Glauben der Kirche eher fernstehen, dadurch anzusprechen, dass ihr Konterfei digital mit in Gottes Ewig-

5 Vgl. zu dieser Problemanzeige auch: Katholische Arbeitsstelle für missionarische Pastoral der Deutschen Bischofskonferenz, Eine Standortbestimmung zur Katechese in den deutschen (Erz-)Diözesen, Erfurt, 2021, https://kamp-erfurt.de/katecheseumfrage-2021 (Abruf 23.10.2022).

6 Interaktiv und experimentell – neue Liturgie-Formen in Rheine. Frömmigkeit auf neuen Wegen (2) – Pfarrei St. Antonius von Padua, https://www.kirche-und-leben.de/artikel/interaktiv-und-experimentell-neue-liturgie-formen-in-rheine vom 16.8.2022 (Abruf 21.10.2022).

7 Ebd.

keit fliegt oder der Kirchenraum am Gründonnerstagabend so ausgeräumt wird, dass die Feier an eine Hochzeit erinnert, so bedenklich ist es, wenn das Konstitutive in Liturgie und Katechese zu etwas Relativem mutiert. Bezeichnend ist die selbstkritisch dazu formulierte Wahrnehmung: „Wir hatten den Eindruck, dass die Feier vielleicht etwas an Symbolkraft verloren hat, aber wir haben es gewagt, die Begegnung in Kelch und Hostie, von Brot und Wein in ein gemeinschaftliches Abendmahl zu verwandeln.“[8]

Beispiele dieser Art sind gegenwärtig Legion, und sie werfen die Frage auf, wie sich Katechese und Liturgie in ihrer engen Verwobenheit zueinander entwickeln, wenn das möglicherweise kontrastierend Ureigene sich zugunsten persönlicher Plausibilitäten verschiebt. Mit anderen Worten: Was bleibt, wenn stillschweigend naheliegend scheinende Veränderungen in die Vergessenheit von Inhalten und Ausdrucksweisen des christlich-kirchlichen Glaubens führen? Fünf Beobachtungsfelder und Wirkungen sollen hier dazu skizziert werden.

Wo die Vermittlung des Glaubens Maß nimmt an dem scheinbar unmittelbar Relevanten und eine Anpassung an das gesellschaftlich Akzeptierte stattfindet, droht die Gefahr einer **Synkretisierung**. Wo eklektisch aus dem Glaubensschatz der Kirche herausgebrochen wird, was in andere religiöse Synergien problemlos einfließen kann, hat das nicht selten eine religiöse Diffusion zur Folge. Gerade in einer Zeit abnehmender Kirchlichkeit und zunehmender Spiritualität ist die Versuchung groß, in eine angleichende Harmonie zu bringen, was sich – geschichtlich betrachtet – ursprünglich u. U. auch gegenüberstand. Das Sperrige zu überwinden, um den Glauben akzeptierter erscheinen zu lassen, führt in der Praxis häufig dazu, dass privat zusammengestellte Sinnmenüs das kommunitär Verbindende vermissen lassen. Mit dieser Entwicklung geht ein zweites Phänomen einher, das eine verbindende Glaubensidentität geradezu unmöglich macht.

Synkretisierung und **Subjektivierung** erweisen sich häufig als zwei Seiten einer Medaille. Wo das Subjekt zum ausschließlichen

8 Ebd.

Bezugspunkt des Gottesglaubens wird und es in der Folge selbst über die Plausibilität von Inhalten entscheidet, bleibt der Einzelne letztlich in den großen Fragen und Erfahrungen des Lebens allein. Wohin Menschen sich in ihrer Not und Trauer, mit ihren Fragen und Sorgen wenden können, kann dann genauso ins Leere gehen wie das Bedürfnis, größte Freude und erlittenes Unheil mit anderen teilen zu wollen. Wo der Mensch angesichts der Kontingenzen allein bleibt, verfügt er nicht mehr über Inhalte des Glaubens, die ihn mit anderen kompatibel machen. Angesichts solcher Brüche in Biographien hat eine auch lebensweltorientierte Katechese keine Möglichkeiten mehr, Menschen über sich hinauszuführen. In diesem Zusammenhang kommt ein weiteres Phänomen in den Blick, das Katechese in ihrer Anknüpfung und Wirkung verengen kann.[9]

Synkretisierung und Subjektivierung im Umgang mit Glaubensinhalten führt nicht selten zu deren **Reduzierung**. Aus dem Ganzen des Glaubens herauszunehmen, was individuell nachvollziehbar erscheint, führt zu einer Verkürzung der *praeambula fidei*. Sie sind immer größer, als der Einzelne sie für sich unmittelbar zu ratifizieren vermag. Darin zeigt sich das Grundgesetz alles katechetischen Lernens: Es will den Menschen, der in die Welt des Glaubens eindringt, so über sich hinausführen, dass er in einen größeren Horizont hineinwächst. Glaubenlernen ist damit immer eine Annäherung an einen unbegreiflichen Gott, der in einer dynamisch angelegten Katechese immer mehr vom menschlichen Antlitz Jesu Christi im göttlichen Glanz offenbart. In diesem Sinn vermag Katechese nie erschöpfend zu erklären, sondern ihre Wesensbestimmung besteht darin, nicht zu klein von Gott zu denken. Damit verbindet sich eine weitere Versuchung, die die katechetische Vermittlung verengen kann.

Wo Glaubensinhalte aus einem scheinbaren Mangel an unmittelbarer Plausibilität reduziert werden, besteht zugleich die Gefahr, sie zu minimalisieren. Wenn die Rede von Gott so verharmlost wird,

9 Vgl. dazu: Franz-Peter Tebartz-van Elst, Gemeinde in mobiler Gesellschaft. Kontexte – Kriterien – Konkretionen (Studien zur Theologie und Praxis der Seelsorge 38), Würzburg ^{2}2001, hier bes. 317–359.

dass er als der dargestellt wird, der keinen Anspruch erhebt und alles gutheißt, begibt sich die katechetische Vermittlung auf ein Terrain der **Nivellierung**. Damit verliert die Katechese jenen Spannungsbogen, der den Anreiz markiert, sich für neue Einsichten im Glauben wie im Leben zu öffnen. Orientierung vermittelt sich nur, wo Bewegung notwendig wird. Wo dagegen eine Minimalisierung von Inhalten den christlich-kirchlichen Glauben in seinem Anspruch verkleinert, verliert er jegliche missionarische Attraktion. Nur das Größere reizt, wo eine Verflachung des Alltags jeden Anspruch auf Vertiefung einebnet. Die dem Glauben intrinsische Diskrepanz des *magis* braucht den Katecheten als Zeugen, der davon beseelt ist. Wo das „Mehr" des Glaubens in Menschen aufleuchtet, kommt eine missionarische Dynamik in den Blick, die daran Anteil haben will. Wo es aufgegeben wird, drängt sich bisweilen als Eindruck der Ausspruch von Nicolás Gómez Dávila (1913–1994) auf: „Nachdem sie nicht erreichte, dass die Menschen praktizieren, was sie lehrt, hat die gegenwärtige Kirche beschlossen, zu lehren, was sie praktizieren."[10]

Minimalisierung von Glaubensinhalten ist nicht selten ein Ergebnis von Vermittlungswegen in der Katechese, die oft ungewollt eine **Infantilisierung** zur Folge haben. Das ereignet sich gerade im Lernfeld des Glaubens mit Kindern und Jugendlichen. Gut gemeinte Versuche, die katechetische Vermittlung in Worten und Bildern auf Kinder hin zu adaptieren, können dann eine ‚Verkinderung' bewirken, die mit zunehmendem Alter dazu führt, dass Lernende den Glauben der Kirche als ‚Kinderkram' abtun. Nicht nur, dass immer gleiche Perikopen der Heiligen Schrift als Lernmetapher den Glauben mit der Zeit als langweilig und simpel erscheinen lassen können, sondern auch eine damit einhergehende Ansprache, die als naiv empfunden werden kann, hat oft eine Dispensierung der Lernenden vom katechetischen Lerninhalt zur Folge und bewirkt dessen Infantilisierung. Auch die Beobachtung, dass Erwachsene in ihrem Kinderglauben stecken bleiben können, rührt bisweilen daher, dass problematische und redundante Vereinfachungen zu einer

10 Nicolás Gómez Dávila, Einsamkeiten, Wien 1987, 77.

gefährlichen Komplexitätsreduktion führen können. Wenn die Worte und Wege in der Vermittlung nicht mehr mit denen wachsen, denen sie gelten sollen, kann der christlich-kirchliche Glaube irgendwann als Infantilitätstorso erscheinen.

Um allen diesen genannten Problemanzeigen wirksam entgegentreten zu können, braucht es Lernwege in der Katechese, die gewissermaßen am Teil das Ganze so lernen lassen, dass der Hunger nach mehr wächst. Was die Katechese in ihrer Didaktik als Elementarisierung bezeichnet, meint weder eine Reduzierung noch eine Minimalisierung der *fides quae*, sondern „in allen möglichen Inhalten das sichtbar zu machen und zu vermitteln, worum es ‚im Grunde' geht"[11].

Andernorts in der Katechetik ist auch die Rede von einer **Fundamentalisierung** dessen, was im Glauben zu lernen ist. In diesem Zusammenhang wird danach gefragt, „wodurch das Thema oder der Inhalt geeignet ist, an ihm etwas zu lernen, was für den christlichen Glauben an Gott fundamental ist"[12]. Um das Fundamentale bzw. Elementare des christlich-kirchlichen Glaubens benennen zu können, haben sich vier Strukturelemente nach Edward Schillebeeckx herausgebildet, die allgemein in der Fachdidaktik Gültigkeit bekommen haben. Demnach bestehen sie darin, (a) den Glauben zu ergründen, dass unser Gott als guter Vater das Heil für den Menschen will; (b) den Glauben zu begreifen, dass Jesus Christus als eingeborener Sohn Gottes das wirksame Zeichen des Vaters dafür ist, dass der Mensch leben soll; (c) den Glauben an die Wirkkraft des Heiligen Geistes zu bekennen, der in der Gemeinschaft der Kirche wirkt, und (d) den Glauben an die endzeitliche Vollendung der in der Zeit beginnenden Geschichte des Heils zu leben.[13]

11 Dieter Emeis, Grundriss der Gemeinde- und Sakramentenkatechese. Mit Beiträgen von Franz-Peter Tebartz-van Elst und Thomas Kiefer, München 2001, 127.

12 Dieter Emeis, Didaktische Analyse von Themen und Texten. Schritte der Vorbereitung auf Katechese und Religionsunterricht, Bildungsarbeit und Predigt, München 1997, 11.

13 Vgl. ebd., 15–23.

Eine **Elementarisierung** des christlich-kirchlichen Glaubens weiß um den Reichtum der Offenbarung und Überlieferung und ist sich zugleich dessen bewusst, dass nur wenige Menschen sich diese Fülle wirklich aneignen können. Dabei geht es auch nicht um ein enzyklopädisches Wissen, sondern darum, denen, die am Glauben der Kirche teilhaben wollen, zu erschließen, was in der Fülle der Tradition den christlichen Glauben fundamental ausmacht. „Es geht dabei nicht um eine [beliebige und subjektive] Auswahl [die Katecheten treffen], sondern darum, die tragenden Grundüberzeugungen auszumachen.“[14] Die Suche nach dem im Grunde Einfachen (Elementaren) der Glaubensüberlieferung bleibt durchgehend wichtig und vorrangig, auch wo Menschen sich bereits für die Dynamik christlicher Offenbarung und kirchlicher Überlieferung geöffnet haben und den Glauben tiefer durchdringen wollen. Das bedeutet auch, fortschreitend danach zu fragen, wie und wo sich im Reichtum der Überlieferung durchgehende und durchtragende Grunderfahrungen mit Gott auffinden lassen, „die zwar auf vielfältige Weise [bereits] gegeben und ausgesagt wurden, die sich aber [neu] gegenseitig verstärken und klären“[15].

Mit einer Anekdote hat Mark O’Toole (Erzbischof von Cardiff und Menevia) beim III. Internationalen Katechetischen Kongress in Rom im September 2022 erläutert, wie katechetische Kompetenz gerade in der Fähigkeit zur Elementarisierung zum Ausdruck kommt.[16] Er erzählte von einem Pfarrer in den schottischen Highlands, wo das Wetter im Winter in der Regel recht streng ist. Der Priester macht sich eines Morgens auf den Weg, um vom Pfarrhaus zur Kirche zu gehen, wo er täglich die heilige Messe feiert. Angesichts der Schneemassen und der niedrigen Temperaturen verspürt er die Versuchung, wieder ins Bett zu gehen, sollte sich kein Gottes-

14 Emeis, Grundriss der Gemeinde- und Sakramentenkatechese (Anm. 11), 128.

15 Ebd.

16 Vgl. Mark O’Toole, „*Antiquum ministerium*: The Vocation of the Catechist“. Address at the Third International Congress on Catechesis „The Catechist, Witness of New Life in Christ“, Vatican 8th September 2022 (bislang unveröffentlichtes Manuskript).

ETHIK

MARIANNE HEIMBACH-STEINS / MICHELLE BECKA / JOHANNES J. FRÜHBAUER / GERHARD KRUIP (HG.)

Christliche Sozialethik

Grundlagen – Kontexte – Themen

Ein Lehr- und Studienbuch

Der Band bietet eine umfassende Einführung. Epochale Herausforderungen werden in einem innovativen Konzept vorgestellt.
»Der Aufbau überzeugt.« NEUE CARITAS

528 S., kart.
ISBN 978-3-7917-3322-7
€ (D) 29,95 / € (A) 30,80
auch als eBook

ALEXANDER MERKL / KERSTIN SCHLÖGL-FLIERL

Moraltheologie kompakt

Grundlagen und aktuelle Herausforderungen

Schwangerschaftsabbruch, Organspende, der verantwortliche Umgang mit der Umwelt u. v. m.: Kompakt und prägnant behandelt der Band ethische Fragestellungen und regt zu einer vertieften Auseinandersetzung an.

368 S., kart.
ISBN 978-3-7917-3369-2
€ (D) 26,95 / € (A) 27,80
auch als eBook

LUDGER JANSEN / REBEKKA A. KLEIN (HG.)

Seele digital

Mind Uploading, virtuelles Bewusstsein und Auferstehungshoffnung

»Düster und erhellend, schockierend und tröstlich, utopisch und relevant.« CHRIST IN DER GEGENWART

192 S., kart., ISBN 978-3-7917-3365-4
€ (D) 22,– / € (A) 22,70 / ***auch als eBook***

ARNDT BÜSSING / THOMAS DIENBERG (HG.)

Gottes Unverfügbarkeit und die Dunkle Nacht

Vom Umgang mit der geistlichen Trockenheit

Das Buch zeigt bewährte und neue Hilfen gegen Verzweiflung und Depression.
»In der Mischung aus wissenschaftlich-analytischen Aufsätzen und Erfahrungsberichten liegt die Stärke des Buches.« WESTFÄLISCHE NACHRICHTEN

232 S., kart., ISBN 978-3-7917-3323-4
€ (D) 26,95 / € (A) 27,80 / ***auch als eBook***

Alle Bücher, eBooks sowie Informationen zu Programm und Autoren finden Sie auch auf unserer Homepage

verlag-pustet.de

PUSTET.THEOLOGIE

dienstbesucher einfinden. Er betritt die Sakristei, legt die Gewänder an und zieht in die Kirche ein. Als er vom Altarkuss aufblickt, sieht er in der letzten Bankreihe einen Mann sitzen. Nach der Verkündigung des Evangeliums ruft er diesem aus der Entfernung zu: Erwarten Sie eine Predigt? Der Besucher gibt zur Antwort: Ich bin ein alter Mann und wohne weit hinter den Bergen. Jeden Morgen, den der Herr mir schenkt, stehe ich auf, nehme den Eimer mit Futter und gehe zur Herde meiner Hühner. Und wenn nur eines kommt, gebe ich ihm zu fressen. Der Priester versteht die Botschaft und beginnt zu predigen, fünf Minuten, dann zehn und immer länger, bis seine Verkündigung fast an eine halbe Stunde heranreicht. Als er seine Glaubensunterweisung beendet hat, ruft er dem Mann zu: Reicht Ihnen das? Der Besucher in der letzten Bank kontert: Ich bin ein alter Mann und wohne weit hinter den Bergen. Jeden Morgen, den der Herr mir schenkt, stehe ich auf, nehme den Eimer mit Futter und gehe zur Herde meiner Hühner. Und wenn nur eines kommt, nehme ich etwas vom Futter aus dem Eimer und gebe ihm zu fressen.

In dieser bildhaften Erzählung verdichtet sich, welche Priorität der Prägnanz in Vermittlungsprozessen des Glaubens zukommt. Bedenkt man z. B., wie sich der auf die Bibel gründende Glaube der Kirche in Lehre und Praxis entfaltet hat und im Katechismus der Katholischen Kirche festgehalten wird, stellt sich in katechetisch-didaktischer Hinsicht immer wieder neu die Frage, wie dieser lebendige Aneignungsprozess am Elementaren im Blick auf das Ganze gestaltet werden kann. In diesem Zusammenhang kommt dem Lernen an überzeugenden Beispielen, worum es im Glauben fundamental geht, zweifelsohne eine absolute Priorität zu. Es geht um die leibhaftige Versinnbildlichung, wie sie Roger Schütz einmal zum Ausdruck gebracht hat: „Lebe das, was du vom Evangelium begriffen hast. Und wenn es noch so wenig ist. Aber lebe es.“[17]

17 Frère Roger, Das Unverhoffte gestalten. Brief zur Eröffnung des Konzils der Jugend am 30. August 1974, ed. bei Andreas Stökl, Taizé. Geschichte und Leben der Brüder von Taizé, Gütersloh ^{5}1989, 226.

I. Kriteriologische Fährtensuche – oder: Welche Kontexte sind förderlich für die Katechese?

Auch wenn im deutschsprachigen Kontext Publikationen, Positionen und Perspektiven zur Katechese schon seit einigen Jahren als marginal wahrgenommen werden, erscheint ihr Stellenwert im universalkirchlichen Kontext doch viel aufgewerteter. Es sind vor allem das 2020 vorgestellte Direktorium für die Katechese[18] und das 2021 in Kraft gesetzte Motuproprio von Papst Franziskus *Antiquum ministerium*[19], die eine größere Aufmerksamkeit für das Wesen und die Wirkung profilierter Katechese in der Kirche geschaffen haben.

In der Katechese mit Kindern, Jugendlichen und Eltern zeigt sich immer deutlicher und bisweilen sogar dramatischer, dass es ohne einen Mut zum Inhalt und ein Interesse am Kerygma der Kirche zwangsläufig zu einem Relativismus kommt, der Menschen letztlich Meinungen überlässt und sie damit im wirklichen Glauben alleinlässt.[20]

18 Vgl. Päpstlicher Rat zur Förderung der Neuevangelisierung, Direktorium für die Katechese vom 23. März 2020 (Verlautbarungen des Apostolischen Stuhls 224), hg. vom Sekretariat der Deutschen Bischofskonferenz, Bonn 2020; online: https://www.dbk-shop.de/de/publikationen/verlautbarungen-apostolischen-stuhls/paepstlicher-rat-foerderung-neuevangelisierung-direktorium-katechese.html#files (Abruf 21.10.2022). [= DK]

19 Vgl. Apostolisches Schreiben in Form eines „Motu proprio" von Papst Franziskus *Antiquum ministerium* zur Einführung des Dienstes des Katecheten vom 10. Mai 2021, https://www.vatican.va/content/francesco/de/motu_proprio/documents/papa-francesco-motu-proprio-20210510_antiquum-ministerium.html (Abruf 21.10.2022). [= AM]

20 Bei dem hier eröffneten Kapitel und seinen fünf Aspekten handelt es sich um eine inhaltliche Überarbeitung und Weiterführung der Gedanken zur katechetischen Ausgangssituation, wie sie sich schon seit geraumer Zeit in den deutschsprachigen Ländern zeigt und zuspitzt. – Vgl. dazu: Franz-

Gerade durch den interdisziplinären und interkulturellen Austausch, wie ihn der bisherige Päpstliche Rat für die Förderung der Neuevangelisierung gefördert hat und wie er im neuen Dikasterium für Evangelisierung buchstäblich an die erste Stelle der Bemühungen um die Weitergabe des Glaubens tritt, zeigt sich die Notwendigkeit, tiefer zu bohren und zu schöpfen, wenn die Katechese unter den Druck oder in die Versuchung gerät, sich selbst auf das Verkürzte und Kuschelige, das vermeintlich ‚noch' Plausible und Pragmatische zu reduzieren. Schreiben und Sprechen sind Grundvollzüge einer Theologie und Katechese, die Bleibendes bewahren und in der je konkreten Biographie bewähren will. Wie kann das in einer Welt gelingen, in der die Muster einer zunehmend digitalen Kommunikation zwangsläufig Auswirkungen auf die Katechese der Kirche haben?

Eine aktuelle Zeitlupe kann bewusst machen, was bedacht sein will, wenn es darum geht, den Glauben der Kirche zu erlernen und zu erfahren. Wenn jemand eine neue Sprache wie z. B. Italienisch lernt, macht das Freude und Mühe. Da sind zunächst erste Begriffe, die sich schnell einprägen: „Guten Morgen", „Guten Abend", „mille grazie", „per favore" ... – was man in der Regel so kann und behält, wenn man in den Ferien ein fremdes Land bereist.

Je vertrauter die Sprache wird, desto größer dann die Freude, in ihr zu kommunizieren. Schon bald aber realisiert der Lernende, dass es ohne Grammatik, Vokabellernen, Anleitung und Begleitung nicht geht. Zeitformen wollen unterschieden, Deklination und Konjugation müssen eingeübt werden, um Inhalte in Beziehung setzen zu können. Pronomina und Präpositionen wollen behalten sein, damit Bezüglichkeit zum Ausdruck kommen kann. Das Geschriebene will schließlich gesprochen werden. Eigene Sätze sollen und wollen gebildet sein. Der Lernende macht die Erfahrung, dass dies in dem Maß möglich wird, wie die Grammatik als Gerüst einer Sprache verinnerlicht ist.

Dieser Vergleich macht nachdenklich, und im digitalen Lernkontext scheint es ähnlich zu sein. Über erste ausgeübte Funktionen

Peter Tebartz-van Elst, Der Ton macht die Musik. Katechese als Stimme der Kirche, Kevelaer 2019, 49–71.

hinaus, die schnell erlernbar sind und wie Erleichterungen in der Kommunikation erscheinen, muss man mehr und mehr in die Logik und die tieferen Ebenen des Betriebssystems eindringen, um dessen Abläufe verstehen und mitvollziehen zu können.

So ist es auch mit der Katechese. Bisweilen aber besteht der Eindruck, dass es bei einem Sprechen ohne die Grammatik des Glaubens oder einem Tastendruck ohne Hintergrund bleibt. Man verharrt gleichsam auf Urlaubsniveau oder auf Instant-Nutzung. So wie man einige Wochen im Sommer mit den Worten auskommen will, an die man sich aus der Schule oder dem Crashkurs noch erinnert, so ist es auch mit einem Glauben, der nur zu bestimmten Gelegenheiten bemüht oder aktiviert wird. Wie das Sprachvermögen im Subjektiven verkümmern oder sich gar verlieren kann, ist es auch dort, wo Worte im Glauben nicht mehr rückgebunden sind an das Kerygma der Kirche.

Wie ein guter Sprachlehrer Kern und Kommunikation einer Fremdsprache zusammenzuführen vermag, damit beizeiten im Denken und Sprechen ein gewachsenes Sprachgefühl entsteht, bedarf es auch in der Vermittlung des Glaubens einer Korrelation von Inhalt und Interesse. Nur so kann das Persönliche und Eigene im größeren Ganzen des Glaubens der Kirche heimisch werden.

In diesem Sinn sind auch die Worte von Papst Franziskus eine Weisung zu einer Katechese, die in Schreiben und Sprechen, in Inhalt und Zeichen, im Zeugnis und Zugehen Herkunft erschließt, um Zukunft zu wecken. In einer Predigt zu Pfingsten hat er im Jahr 2016 dazu aufgerufen, einen „geistlichen Analphabetismus“ zu überwinden.[21] Viele Menschen befinden sich nach der Wahrnehmung des Papstes in der Situation von Waisen, weil sie sich nicht mehr als Kinder Gottes begreifen. Dem gilt es mit Erfahrungen zu begegnen, wie das Wort Gottes in der Katechese Hoffnung für die Zukunft gibt, wo es oft am Nötigsten für die Gegenwart mangelt.[22] Es geht

21 Predigt von Papst Franziskus in der heiligen Messe am Hochfest Pfingsten vom 15. Mai 2016, http://www.jubiledelamisericorde.va/content/gdm/de/francesco/omelie/2016-05-15Vaticanva.html (Abruf 23.10.2022).

22 Vgl. ebd.

dabei auch um eine heilsame Relativierung deutscher Dominanz und eurozentrischer Eingrenzung, wenn der Mut zum Inhalt wieder Raum und Resonanz gewinnen soll. Es ist die Erkenntnis, feststehen zu müssen und den Mut zum Wort zu haben, wo Winde der Meinungen zu Wogen werden, die auch in der Katechese zu Vorbehalten werden können, unserer eigenen Botschaft noch zu trauen.

In der Katechese geht es immer um einen Glauben, der zu Herzen geht, den Verstand erhellt und den Willen formt. Ein Bild der französischen Bischöfe kann das verdeutlichen. Sie haben schon vor 25 Jahren in einer damals dort bereits viel säkularisierteren Situation die missionarische Herausforderung aufgegriffen. Ihnen ging es darum, die Kirche weniger als eine NGO der Gesellschaft, sondern als eine Kontrasterfahrung zu profilieren.[23] Das bedeutet nicht, dass sie vom Leben der Menschen und der Welt abgewandt ist. Vielmehr geht es darum, der Rationalität des Alltags und ihrem auf das Plausible reduzierten Hoffnungshorizont Größeres entgegenzusetzen. 1996 schreiben die französischen Bischöfe in ihrem vielbeachteten Brief an die Katholiken des Landes „Proposer la foi dans une societé actuelle – Den Glauben anbieten in der heutigen Gesellschaft“[24]: „Es fehlt eine elementare Grammatik menschlicher Existenz.“[25]

Diese Äußerung ist eine Reaktion auf die Wahrnehmung einer allgemeinen Verständigungskrise, die die gesamte Gesellschaft erfasst. Sie wirft die Frage auf, wie unter den veränderten Bedingungen von kommunikativen und kulturellen Mustern heute der christlich-kirchliche Glaube vermittelt und weitergegeben werden kann. Angesichts dieser nüchternen Ausgangssituation macht ein Satz des damaligen Präsidenten der Französischen Bischofskonferenz aufmerksam, den er zehn Jahre später formuliert:

23 So die Einschätzung des Verfassers.

24 Den Glauben anbieten in der heutigen Gesellschaft. Brief an die Katholiken Frankreichs vom 11. Juni 2000 (Stimmen der Weltkirche 37), hg. vom Sekretariat der Deutschen Bischofskonferenz, Bonn 2000; online: https://www.dbk-shop.de/de/publikationen/stimmen-weltkirche/den-glauben-anbieten-heutigen-gesellschaft.html (Abruf 21.10.2022).

25 Ebd., 19.

> „Und doch, je mehr die christlichen Zeugnisse in unserer Gesellschaft verblassen, desto mehr Glaubenssuchende jeden Alters begeben sich auf die Spur nach Christus, wollen ihn kennen lernen und nach seiner Botschaft leben. Ob Sinnsuche, Suche nach Wahrheit oder Streben nach der Kunst zu leben, an ‚Steinen der Hoffnung‘ mangelt es heute nicht. Auch sie bergen neue Chancen für das Evangelium.“[26]

Als Antwort auf diese Fragen haben die französischen Bischöfe in einem weiteren Brief an das Gottesvolk im Jahr 2003 die Richtung einer Katechese angezeigt, die die einzig begründete Hoffnung auf Zukunft vermittelt: „Aller au cœur de la foi – Zum Herzen des Glaubens gehen“.[27] Damit machen die Bischöfe bewusst, dass es in Zeiten allgemeiner Verunsicherung und Zukunftsangst umso mehr darauf ankommt, dass die Gläubigen tiefer zum Kern des Glaubens vordringen. Wenn nicht – bei einer sicher zahlenmäßigen Minderheit – der Mut zur Identität gefördert wird, ist das Christentum für eine Mehrheit in unserer Gesellschaft konturlos. Sicher ist die Förderung von Identität im Glauben immer wieder im Dialog mit der Gesellschaft zu wagen und zu erproben. Kirche darf nicht zum Ghetto werden. Zugleich besteht aber die Versuchung und längst die reale Gefahr, dass sich vermeintliche Offenheit auch in einer Beliebigkeit verlieren kann.

Die französischen Bischöfe gehen in ihren Überlegungen zur Katechese den Weg über die Liturgie des Ostergeheimnisses.[28] Sie

26 Französische Bischofskonferenz, Nationales Dokument zur Orientierung der Katechese in Frankreich. Vorschläge zur Organisation des katechetischen Wirkens (Stimmen der Weltkirche 40), hg. vom Sekretariat der Deutschen Bischofskonferenz, Bonn 2007, 8; online: https://www.dbk-shop.de/de/publikationen/stimmen-weltkirche/franzoesische-bischofskonferenz-nationales-dokument-orientierung-katechese-frankreich.html (Abruf 21.10.2022).

27 Vgl. Michel Dubost (Hg.), Aller au cœur de la foi. Questions d’avenir pour la catéchèse. Un document de la Commission épiscopale de la catéchèse et du catéchuménat, ed. par Michel Dubost (Conférence des évêques de France), Paris 2003.

28 Vgl. in diesem Buch: 61.

sehen in der Anknüpfung an diese Praxis der Kirchenväter, wie über eine nicht selbst erfundene Liturgie, sondern über das Geleit der Kirche in das größere Geheimnis des Glaubens der suchende Mensch in die Inhalte findet, die Identität vermitteln.

Wie sehr sich hier gerade bei jungen Menschen ein neues Bedürfnis auftut, macht der Brief eines jungen Studenten der Politikwissenschaft aus Deutschland bewusst. Er schreibt aus dem Kontext seiner Kommilitonen, aus dem, was jeden Einzelnen beschäftigt und was sie in kleinen Kreisen miteinander teilen:

> „Jetzt mit 23 Jahren habe ich ein abgeschlossenes Studium mit Bestnoten. Ich könnte beruflich an vielen Stellen darauf aufbauen – doch ich bleibe innerlich leer. Die große Politik ist ein Kuhhandel der Interessen, die Weltgesellschaft ist mehrheitlich seelisch ausgeblutet und getrennt von Glaube und Überlieferung. Es gibt für meine Generation keinen Halt, keine Grenzen und damit keine Orientierung. Im Studium finde ich hier nicht wenige Kommilitonen, denen es ähnlich geht. Wir suchen Halt und Orientierung, Richtung und Wegweisung.“[29]

Dieser Mensch sucht – nicht eine Kirche als Kumpel und nicht eine Katechese der verträglichen Häppchen. Es geht ihm um das, was Verantwortliche in der Theologenausbildung einmal als Charakteristikum der nachwachsenden Studierenden – in ihrem Selbsterleben als Minderheit – so beschrieben haben: Diese Generation will Schwarzbrot! Es ist diese Suche nach der Mutter Kirche und dem Vater im Glauben, nach Leitgestalten, die sie bisweilen in ihrem bisherigen Leben vermisst haben.

So wie die französischen Bischöfe vor fast 20 Jahren auf dem Hintergrund einer – im Vergleich zu ihrer ersten Bestandsaufnahme von 1996 – nochmals rasant veränderten Gesellschaft den Weg zum Herzen des Glaubens („Aller au cœur de la foi“) als vorrangig für Halt und Orientierung begreifen, haben sie weitere Schritte gewagt. 2006 ist ein nationales Dokument für die Katechese entwickelt wor-

29 Aus einem Brief an den Autor.

den, von dem ihr damaliger Vorsitzender, Kardinal Jean-Pierre Ricard, schreibt: „... um es in der Sprache der Musik auszudrücken“, soll dieses Dokument „den ‚Grundton vorgeben‘“[30], „aus dem sich dann Akkorde, ein Klangbild, eine Melodie entwickeln“[31].

Katechese als Basisnote, damit der Glaube überhaupt zum Schwingen und Klingen kommt! Das ist die schon im Vorwort erwähnte wörtliche Bedeutung der griechischen Vokabel *katechein* (entgegentönen). Nur wo der Glaube in der Kirche und in ihren Katecheten schwingt, kann er ein Echo erzeugen. In der transitiven Fassung des lateinischen Wortes *catechizare* hat sich daraus die Bedeutung von Glaubensunterricht entwickelt, der selbstredend keine von Liturgie, Spiritualität und Diakonie gelöste Deduktion sein kann. Er ist immer aber mehr als alltagsplausible Reduktion auf das, was scheinbar gerade so passt.

Die französischen Bischöfe stellen in diesem Sinn fest, dass sie in der Katechese zu „den Ursprüngen der Kirche“ zurückwollen. Der Präsident der Französischen Bischofskonferenz sagt wörtlich:

> „Ihre vier Grundpfeiler der Darlegung öffnen den Zugang zur Bibel und zum Leben der Kirche: das Apostolische Glaubensbekenntnis, die Sakramente, die Zehn Gebote und das Vaterunser. Der Katechismus der Katholischen Kirche – sowie sein Kompendium – bleibt nach wie vor der ‚sichere und authentische‘ Bezugstext für die Darlegung der katholischen Lehre.“[32]

Gelungene Katechese besteht im Hinhören auf diese Basisnoten, um das Bild der französischen Bischöfe aufzugreifen. Wo und wie klingen sie in Deutschland?

Über die Katechese hinaus und doch im engen Verweis auf sie haben Äußerungen von Pfarrern, die sich engagiert den Herausforderungen heutiger Glaubensweitergabe stellen, in den letzten Jahren immer wieder große Aufmerksamkeit gefunden. Bei vielen ist es

30 Französische Bischofskonferenz, Nationales Dokument (Anm. 26), 9.
31 Ebd., 65.
32 Ebd., 9.

das Leiden am um sich greifenden Identitätsverlust in Liturgie und Katechese, der für sie die Spannung zwischen „Relevanz und Identität" zu einer inneren Zerreißprobe macht. Sie finden sich mitten im Gegenüber einer Glaubensvermittlung und -feier als Anspruch auf der einen Seite und als Service auf der anderen Seite.[33] Die bisweilen daraus resultierende Forderung nach mehr Differenzierung in der Sakramentenkatechese wirkt immer öfter wie ein Kompromiss, der im Ergebnis mehr den kleinsten gemeinsamen Nenner zum Fundament macht. Eine Servicekirche begnügt sich damit. Eine Kirche, die den Anspruch auf mehr hat, dem u. U. eher wenige folgen, um vielen zu zeigen, worum es geht, scheint derzeit eher in die Defensive gestoßen.

Papst Benedikt XVI. hat schon vor einigen Jahren in seinem Interviewbuch „Licht der Welt" auf diese Notwendigkeit verwiesen: „Hier müssen die Bischöfe in der Tat ernsthaft darüber nachdenken, wie der Katechese ein neues Herz, ein neues Gesicht gegeben werden kann."[34] Auch die durch das Motuproprio *Antiquum ministerium* (Art. 6) von Papst Franziskus in Deutschland aufgeworfenen Fragen zur Verhältnisbestimmung von Religionsunterricht und Katechese zeigen, wie sehr hier ein neuralgischer Punkt getroffen wurde. Die Diagnose deutet auf die Option der französischen Kirche und wirft fundamental die Frage auf, wo das Herz des Glaubens und der Kirche so schlägt, dass es Menschen heute in Schwingung versetzt.

Es geht um einen Mut zum Inhalt, wie ihn auch Papst Franziskus in seinem ersten und viel zitierten Apostolischen Schreiben *Evangelii gaudium*[35] herausstellt:

33 Vgl. dazu exemplarisch und gleichsam als Auftakt zu einer Vielzahl von Beiträgen zu dieser Problematik: Lutz Pohle, Zwischen Verkündigung und Verrat. Zur Gewissenskrise des Priesters heute, in: Geist und Leben 60 (1987), 334–354. – Die davon ausgehende und fast vierzig Jahre währende Reflexion findet sich bei: Dieter Emeis, Zwischen Ausverkauf und Rigorismus. Zur Krise der Sakramentenpastoral, Freiburg i. Br. ³1992.

34 Benedikt XVI., Licht der Welt. Der Papst, die Kirche und die Zeichen der Zeit. Ein Gespräch mit Peter Seewald (Herder Spektrum 6422), Freiburg i. Br. 2012, 169.

35 Vgl. Apostolisches Schreiben *Evangelii gaudium* des Heiligen Vaters

„Wenn eine Gemeinschaft die Verkündigung des Heils aufnimmt, befruchtet der Heilige Geist ihre Kultur mit der verwandelnden Kraft des Evangeliums. So verfügt das Christentum, wie wir in der Geschichte der Kirche sehen können, nicht über ein einziges kulturelles Modell, sondern es bewahrt voll seine eigene Identität in totaler Treue zur Verkündigung des Evangeliums und zur Tradition der Kirche und trägt auch das Angesicht der vielen Kulturen und Völker, in die es hineingegeben und verwurzelt wird" (EG, Art. 40).

Dieser weite und klare kulturelle Anspruch geht nicht ohne Identität und Offenheit. Kulturelle Auseinandersetzung braucht Profil, Auskunftsfähigkeit, Inhalte, die über den Agierenden stehen, damit sich das große Ganze nicht im subjektiven Klein-Klein verliert.

Auf diesem weltkirchlichen Hintergrund liest sich die Ansprache von Papst Franziskus an die Kirche in Deutschland anlässlich des Ad-limina-Besuchs der deutschen Bischöfe im November 2015[36] wie eine Interpretation seiner Worte in *Evangelii gaudium*. Er beschreibt die vielfältige und ambivalente Situation des kirchlichen Lebens in unserem Land, in dem eine kulturelle Transformationskraft des Evangeliums kaum noch zu bemerken ist. Er spricht „angesichts dieser Tatsachen von einer Erosion des kirchlichen Glaubens in Deutschland"[37]. Der Papst fordert, dass das katholische

Papst Franziskus an die Bischöfe, an die Priester und Diakone, an die Personen geweihten Lebens und an die christgläubigen Laien über die Verkündigung des Evangeliums in der Welt von heute vom 24. November 2013 (Verlautbarungen des Apostolischen Stuhls 194), hg. vom Sekretariat der Deutschen Bischofskonferenz, Bonn 2013; online: https://www.dbk-shop.de/de/publikationen/verlautbarungen-apostolischen-stuhls/apostolisches-schreiben-evangelii-gaudium-papst-franziskus.html#files (Abruf 21.10.2022). [= EG]

36 Vgl. Ansprache von Papst Franziskus an die Deutsche Bischofskonferenz zu ihrem Besuch „Ad limina apostolorum" vom 20. November 2015, https://www.vatican.va/content/francesco/de/speeches/2015/november/documents/papa-francesco_20151120_adlimina-rep-fed-germania.html (Abruf 21.10.2022).

37 Ebd.

Profil in den Einrichtungen der Kirche gewahrt bleibt, damit es eine kulturelle Kontur in der Gesellschaft gewinnt. Diese Linie, die seine gesamte Verkündigung in ihrer Ausrichtung auf eine Neuevangelisierung durchzieht, hat er bei seiner Pastoralreise nach Ungarn und in die Slowakei im September 2021 in einem bildhaften Vergleich erneut unterstrichen: „Man gewinnt nur dann an Höhe, wenn man in der Tiefe verwurzelt ist."[38] Wie aber kann das gehen? – Nicht ohne Mut zum Inhalt! Nicht ohne eine Unterscheidung der Geister und bisweilen in der katechetischen Praxis auch in der selbstkritischen Reflexion, die Geister nicht mehr loszuwerden, die man selbst gerufen hat.

Als Papst Benedikt 2010 den Päpstlichen Rat zur Förderung der Neuevangelisierung gründete[39] und im Jahr 2012 die Katechese von der Kleruskongregation in diesen Kontext transferierte[40], ging es ihm um eine größere inhaltliche Vergewisserung unseres christlich-kirchlichen Glaubens. Das fundamentale Anliegen bestand darin, den Mut zum eigenen Standpunkt auf dem Fundament der Kirche zu wecken. Der Halt, den viele Ortskirchen der Welt im Katechismus der Katholischen Kirche von 1992[41] finden – was

38 Apostolische Reise von Papst Franziskus zur Abschlussmesse des 52. Eucharistischen Weltkongresses in Budapest und in die Slowakei (12.–15. September 2021), Begegnung mit den Repräsentanten des Ökumenischen Rats der Kirchen und jüdischer Gemeinschaften Ungarns vom 12. September 2021, https://www.vatican.va/content/francesco/de/events/event.dir.html/content/vaticanevents/de/2021/9/12/budapest-consiglioecumenico.html (Abruf 21.10.2022).

39 Vgl. Apostolisches Schreiben in Form eines „Motu proprio" *Ubicumque et semper* von Papst Benedikt XVI., mit dem der Päpstliche Rat zur Förderung der Neuevangelisierung errichtet wird, vom 21. September 2010, https://www.vatican.va/content/benedict-xvi/de/apost_letters/documents/hf_ben-xvi_apl_20100921_ubicumque-et-semper.html (Abruf 21.10.2022).

40 Vgl. Ansprache von Papst Benedikt XVI. bei der letzten Generalkongregation der XIII. Ordentlichen Generalversammlung der Bischofssynode vom 27. Oktober 2012, https://www.vatican.va/content/benedict-xvi/de/speeches/2012/october/documents/hf_ben-xvi_spe_20121027_sinodo.html (Abruf 21.10.2022).

41 Vgl. Katechismus der Katholischen Kirche [1992], München 1993, aktua-

sich von seiner Rezeption in Deutschland unterscheidet –, zeigt, wie sehr eine Verkündigung in den Stürmen gesellschaftlicher bzw. politischer Bedrängnis verbürgte Verlässlichkeit braucht. Ein Buch, das bei uns vor 30 Jahren eigentlich nicht zur Welt kommen durfte und schon heruntergeschrieben war, ehe es überhaupt erschien[42], hat in der Weltkirche eine breite Aufmerksamkeit gefunden und ist dort zum Referenztext geworden. Als späte, aber nahrhafte Frucht erweist sich inzwischen auch der YOUCAT[43], der als Jugendkatechismus eine Auflage erreicht hat, die nur noch durch die Bibel selbst übertroffen wird.[44] In diesem Zusammenhang ist auch bemerkenswert, dass beim XXXI. Weltjugendtag in Krakau 2016 eine weitere Wirkung des Weltkatechismus vorgestellt werden

lisierter Nachdruck 2019; online: https://www.vatican.va/archive/DEU0035/_INDEX.HTM (Abruf 23.10.2021). [= KKK]

42 Vgl. dazu: Heinz-Joachim Fischer, Wozu sind wir auf Erden? Die Schwierigkeiten der katholischen Kirche mit ihrem neuen Weltkatechismus, in: Frankfurter Allgemeine Zeitung vom 21. September 1990, 16. – Zur pastoral-liturgischen Praxis vgl. die anders akzentuierten Beiträge von Konrad Baumgartner, Klaus Müller u. a. in: Hubert Windisch (Hg.), Der Weltkatechismus in der Predigt. Ein Werkbuch für die pastorale Praxis, Graz 1994, hier 37–50 und 137–150.

43 Vgl. YOUCAT. Jugendkatechismus der Katholischen Kirche. Mit einem Vorwort von Papst Benedikt XVI., hg. von der Österreichischen Bischofskonferenz, München 2011. – Bereits ein Jahr nach der Erstveröffentlichung findet sich unter den endgültig abgestimmten Voten der XIII. Ordentlichen Generalversammlung der Bischofssynode zur Neuevangelisierung vom 7. bis 28. Oktober 2012 in Rom der Hinweis: „The World Youth Day celebrations and YOUCAT are special instruments of the New Evangelization", in: Final List of Propositions, https://www.vatican.va/news_services/press/sinodo/documents/bollettino_25_xiii-ordinaria-2012/02_inglese/b33_02.html (Abruf 23.10.2022).

44 Der YOUCAT wurde in wohl mehr als 85 Sprachen übersetzt und hatte bereits im Herbst 2017 eine Gesamtauflage von mehr als sieben Millionen Exemplaren erreicht; vgl. Jugendkatechismus „Youcat" bereits in 72 Sprachen übersetzt, https://www.katholisch.at/aktuelles/2017/10/10/jugendkatechismus-youcat-bereits-in-72-sprachen-uebersetzt vom 10.10.2017. Zu den Übersetzungen nach 2017 gibt der Katalog der Deutschen Nationalbibliothek Auskunft.

konnte: der DOCAT[45], eine katechetische Erschließung der katholischen Soziallehre.

Versucht man sich der gegenwärtig aber neu entfachten Spannung von Identität und Relevanz zu stellen, hat man es nicht leicht. Mit einem Plädoyer für mehr Identität durch Inhalt ist man eigentlich fast immer in der Defensive eines vermeintlichen Kulturpessimismus. Nicht selten folgt aber dem beteuerten Anspruch auf Inhalt in Lehrplänen faktisch der Freispruch von selbigem. Pädagogische Konzepte, die derzeit stärker auf ein kompetenzorientiertes Lernen bei Zielgruppen in der Katechese (und auch im Religionsunterricht) abzielen, lassen dann Inhalte eher als Mittel zum Zweck erscheinen oder gar als gänzlich obsolet, wenn die Teilnehmenden genügend Eigenes einzubringen haben. Dass die dringende Bitte von Papst Franziskus, bei allen Erneuerungsbemühungen der Kirche die Perspektive der Evangelisierung zum leitenden Prinzip zu machen, in Deutschland vom sogenannten Synodalen Weg nicht ausdrücklich aufgenommen wurde, belegt zudem mindestens, welche Verunsicherung mangelnder Mut zum Inhalt zeitigt.[46]

Noch wagt kaum jemand den Einspruch, obwohl längst auf der Hand liegt, dass der immer größere Glaube so kaum noch zu Herzen gehen kann. Wenn der Evangelist Johannes in seinem ersten Brief davon spricht, „dass Gott größer ist als unser Herz“ (1 Joh

45 Vgl. DOCAT. Was tun? Die Soziallehre der Kirche. Mit einem Vorwort von Papst Franziskus, hg. von der Österreichischen Bischofskonferenz, erarbeitet von Arnd Küppers und Peter Schellenberg, Königstein im Taunus 2016.

46 In der ersten Lesung des Entwurfs für die Präambel des Synodalen Wegs (2. Vollversammlung vom 30. September bis 2. Oktober 2021) war über folgenden Änderungsantrag (Ä6) abzustimmen: „Die Antragskommission empfiehlt, die Intention der Evangelisierung, die Papst Franziskus in seinem Brief ‚An das pilgernde Volk Gottes in Deutschland‘ und in der Ankündigung des weltweiten Synodalen Wegs in den Mittelpunkt gestellt hat, im Text insgesamt stärker herauszustellen.“ Der Antrag fand 94 Ja-Stimmen, 86 Nein-Stimmen und 15 Enthaltungen und war damit abgelehnt, da satzungskonform Enthaltungen als Gegenstimmen gezählt werden; vgl. https://www.synodalerweg.de/fileadmin/Synodalerweg/Dokumente_Reden_Beitraege/2021-10-01_SVII_TOP2_1_Abstimmungsprotokoll-alle.pdf (Abruf 23.10.2022).

3,20), müssen zwangsläufig die Inhalte unserer Verkündigung den Gesetzen der Alltagsvernunft standhalten und sie zugleich übersteigen. Sonst gibt es keine Verkündigung der Verlässlichkeit. Um sie aber auf den Weg zu bringen, braucht es eine Vergegenwärtigung von Kriterien in der Katechese, die Standfestigkeit ermöglichen und weiche Knie entlarven.

1. Mundtoter Glaube braucht den Mut zur Ansprache

Mit dieser Gefährdung des Glaubens beginnt das Lukasevangelium. Schon im ersten Kapitel ist die Rede davon, dass die Verkünder selbst vom Zweifel an der Botschaft besetzt werden können. Zacharias aus der Priesterklasse Abija verrichtet den Tempeldienst und hat die Aufgabe, das Rauchopfer darzubringen. Während das Volk draußen wartet, begegnet der Engel Gabriel im Inneren dem betagten Zacharias. Wie der Engel später im Lukasevangelium Maria die Botschaft von der Menschwerdung Gottes bringt, geht es hier um die Verheißung der Geburt Johannes' des Täufers. Was von Gott her als Gabe gedacht ist, wird durch Zacharias in Frage gestellt und in Zweifel gezogen. Sein Einwand ist kein Vorwand. Er zeigt, wie sehr das Leben am Glauben gezehrt hat. Seine Worte klingen wie eine Kapitulation, und man könnte in der Retrospektive meinen, dass sie die Kirche an einem toten Punkt sehen. Die Rhetorik des Zacharias ist Resignation. Seine Worte zeigen wenig Hoffnung. Sie reden klein, was der Engel groß ankündigt: „Woran soll ich das erkennen? Ich bin ein alter Mann und auch meine Frau ist in vorgerücktem Alter“ (Lk 1,18).

Wo die Hoffnung stirbt, dass Gott das Große gibt, wird der Glaube immer kleiner, bis er ganz verstummt. „Der Engel erwiderte ihm: Ich bin Gabriel, der vor Gott steht, und ich bin gesandt worden, um mit dir zu reden und dir diese frohe Botschaft zu bringen. Und siehe, du sollst stumm sein und nicht mehr reden können bis zu dem Tag, an dem dies geschieht, weil du meinen Worten nicht geglaubt hast, die in Erfüllung gehen, wenn die Zeit dafür da ist“ (Lk 1,19–20).

Bisweilen drängt sich die Frage auf, ob es auch in unserer Katechese einen Zacharias-Effekt gibt. Der Tempelpriester ist ein Mann des Glaubens, dem aber der Schwung einer verbürgten Hoffnung abhandengekommen ist. Er verrichtet treu seinen Dienst, aber die Worte der Verheißung versetzen ihn nicht mehr in eine innere Schwingung, so dass er nach außen keine Resonanz findet. „Inzwischen wartete das Volk auf Zacharias und wunderte sich, dass er so lange im Tempel blieb. Als er dann herauskam, konnte er nicht mit ihnen sprechen“ (Lk 1,21–22).

Die Versuchung des Verstummens im Glauben und seiner Weitergabe hat es mit sich gebracht, dass seine Inhalte immer mehr individualisiert und relativiert werden. Was passend und plausibel scheint, kann Alltagstauglichkeit für sich beanspruchen. Christen aber leben vom Sonntag her; von einer irdisch letztlich unbegreifbaren Gewissheit, die geglaubt und bezeugt werden will.

Diesen Zusammenhang hat schon 1983 der damalige Kardinal Joseph Ratzinger in einer großen Rede zur Krise der Katechese aufgezeigt. Liest man heute seine damalige Ansprache in Frankreich, ist sie wie eine Vorschau in unsere Zeit. In seiner feinen, glasklaren und treffenden Sprache bringt er die Versuchung zu verstummen so ins Wort:

> „Man muss wohl hinter [...] [den unterschiedlichen] Gründen, die man für die Absage an den Katechismus und den Zusammenbruch der klassischen Katechese nennen kann, einen tiefer reichenden Vorgang suchen. Dass man den Glauben nicht mehr als organische Ganzheit aus sich selbst darzustellen wagte, sondern nur noch in ausschnitthaften Spiegelungen von einzelnen anthropologischen Erfahrungen her, beruhte letztlich darauf, dass man zu dieser Ganzheit kein Zutrauen mehr hatte. Es beruhte auf einer Krise des Glaubens; genauer: des Mitglaubens mit der Kirche aller Zeiten. Dies hatte zur Folge, dass in der Katechese das Dogma weitgehend ausgelassen wurde und dass man den Glauben direkt von der Bibel her zu konstruieren versuchte.“[47]

47 Joseph Kardinal Ratzinger, Die Krise der Katechese und ihre Überwindung. Rede in Frankreich (Kriterien 64), Einsiedeln 1983, 16 f.

Wo es in der Glaubensweitergabe den Mut zum Inhalt gibt, kommt gerade das Leben in den Blick. Mit der Bereitschaft, die Botschaft beim Namen zu nennen, kommt wieder eine Sprach- und Sprechfähigkeit in die Katechese. Bei der Beschneidung Johannes' des Täufers reicht man Zacharias ein Schreibtäfelchen; er „schrieb darauf: Johannes ist sein Name. Und alle staunten. Im gleichen Augenblick konnte er Mund und Zunge wieder gebrauchen und er redete und pries Gott" (Lk 1,63–64). Vielleicht lernen wir in den gegenwärtigen Umbrüchen der Kirche, dass eine Katechese der Larmoyanz, die sich selbst kleinredet, keine Faszination und Attraktivität hat. Wie weit ist es bis zu der Erkenntnis, die der Literat Gilbert Keith Chesterton einmal in einem bildhaften Bonmot zum Ausdruck gebracht hat: „Wenigstens fünfmal ist mit den Arianern und den Albigensern, mit dem humanistischen Skeptiker, mit Voltaire und Darwin der Glaube allem Anschein nach vor die Hunde gegangen. In jedem dieser fünf Fälle war es aber der Hund, der starb."[48] Diese nüchterne Unterscheidung, die den Mut hat, zu sehen und zu sagen, was Christen im Glauben gegeben ist, und die zu erkennen vermag, was eine wirkliche Katechese einschüchtert, öffnet die Augen für das, was doch möglich ist.

In diesem Zusammenhang ist das Buch des muslimischen Schriftstellers Navid Kermani „Ungläubiges Staunen"[49] geradezu wie ein Weckruf an die Kirche geworden. Er darf sagen, was Christen sich oft nicht mehr trauen. Er macht uns bewusst, welche Kraft der Verkündigung kirchlicher Liturgie innewohnt. Er wagte es vor einigen Jahren nach seiner großen Rede bei der Verleihung des Friedenspreises des Deutschen Buchhandels in der Frankfurter Paulskirche, ein Gebet zu sprechen und sich den Applaus zu verbieten.[50] Wo wir beim Tischgebet im Restaurant verschämt beiseiteschauen, kommt uns im Staunen Kermanis geradezu unser Glaube mit einem Selbstbewusstsein entgegen, das wir scheinbar verloren haben.

48 Gilbert Keith Chesterton, Der unsterbliche Mensch, Bonn 2011, 260.

49 Vgl. Navid Kermani, Ungläubiges Staunen. Über das Christentum, München 2020.

50 Vgl. Friedenspreis des Deutschen Buchhandels: Die Rede des Preisträgers Navid Kermani „Jacques Mourad und die Liebe in Syrien", in: Frankfurter Allgemeine Zeitung vom 19. Oktober 2015, 10.

Angesichts der Aufmerksamkeit, die Kermanis Buch und seine Geste vor einigen Jahren in der Frankfurter Paulskirche gefunden haben, lassen auch Worte aufhorchen, die der Chefredakteur der Wochenzeitschrift „Christ in der Gegenwart“, Johannes Röser, so ganz und gar nicht in einem vielleicht eher erwarteten relativierenden Tenor als seinen Standpunkt pointiert formuliert hat:

> „Die Kirchen haben sich angepasst. Nur nicht irritieren, nur nicht Anstoß erregen mit befremdlichen Botschaften. Des Himmels muss man sich schämen, das Jüngste Gericht ist aus der Alltagstheologie ausgeblendet, allenfalls noch in Portalen von Kathedralen präsent. Vom ewigen Leben wagt kaum noch ein Pfarrer zu predigen. Der Opiumvorwurf der Jenseitsvertröstung hat tief getroffen. Nur hilft der Rückzug aufs Wohlgefällige wenig angesichts der Tatsache, dass Jedermann und Jedefrau, jegliche Kreatur sterben muss und dass auch unser schöner blauer Planet mitsamt Ökosonne zur Auslöschung bestimmt ist.“[51]

Röser stellt dann die unterscheidende und entscheidende Frage: „Wann darf die Religion wieder Religion werden, wann wird sich das Christsein wieder der Auferstehungshoffnung des Christusglaubens zuwenden?“ Und seine Antwort wird zu einem klaren Bekenntnis, das unserer Katechese unbedingt wieder mehr Mut zum Inhalt geben sollte. Röser sagt: „Noch gibt es sie ja, die Agenda 30 aus jenem ungefähren Jahr 30, als Jesus am Kreuz starb und Zeitzeugen die frohe Botschaft verkündeten, er sei von Gott auferweckt, in den Himmel erhoben worden.“[52] Daraus zieht Röser die pointierte Schlussfolgerung: „Eine Kirche, die nicht mehr vordringlich davon erzählen und das als Mitte feiern will, kann abdanken. Ihre Existenz hat nur eine Berechtigung: Wir wollen den Himmel wagen.“[53]

51 Johannes Röser, Wenn Gott fehlt – oder: Eine Kirche der Fragen. Die Zukunft des christlichen Glaubens, in: Christ in der Gegenwart 71 (1/2019), 3.

52 Ebd.

53 Ebd.

Vom Glauben und im Glauben so zu sprechen, dass die bisweilen scheinbar auch verordnete Versuchung zu verstummen überwunden wird, ist sicher kein deduktives Dozieren, sondern mehr das, was Zacharias bezeugt: mit Gott sprechen, um von ihm sprechen zu können. Denn der Katechet ist immer zuerst Zeuge, „der unmöglich schweigen kann über das, was er gesehen und gehört hat“ (vgl. Apg 4,20). Auf diesen Zusammenhang verweist ein zweiter Aspekt.

2. Zeugen setzen Zeichen

Es war vor dem Weltjugendtag in Köln im Jahr 2005. In einer größeren deutschen Tageszeitung ging seinerzeit ein Journalist der Frage nach, was junge Menschen motiviert, an einer solchen Großveranstaltung teilzunehmen. Zu lesen war dort auch ein Interview mit einem Jugendlichen, der nach der Bedeutung des Papstes für dieses Ereignis befragt wurde. Die Antwort des jungen Christen war von entwaffnender Spontanität. Er sagte: „Der Papst ist wie meine Oma. Sie sagt immer dasselbe. Und was sie sagt, das tue ich nicht – aber ich spüre: Sie hat recht!“[54] In dieser scheinbaren Diskrepanz von Wort und Tat verbirgt sich zugleich eine tiefe Sehnsucht nach einer inneren Einheit. Es ist der Wunsch nach einer Authentizität, die junge Menschen für ihr Leben suchen und die sie in Persönlichkeiten finden, aus denen eine innere Standfestigkeit spricht.

Der Mystiker Meister Eckart spricht von den „Lese- und Lebemeistern“, die es braucht, um Orientierung zu finden.[55] Bisweilen

54 Judith Lembke, Überraschend heiter und gelassen. Junge Katholiken und der neue Papst, in: Frankfurter Allgemeine Zeitung Nr. 106 vom 9. Mai 2005, 4. – Das Zitat findet sich erneut bei Peter Seewald, Papst Benedikt XVI. – Ein strenger Vater. Er hat den Handkuss abgeschafft und will lieber schlicht als ergreifend sein. Papst Benedikt XVI. trifft mit seinem konservativen Denken den Nerv der jungen Gläubigen, in: Der Stern Nr. 33 vom 13. August 2005, https://www.stern.de/gesellschaft/papst-benedikt-xvi--ein-strenger-vater-3298740.html (Abruf 24.10.2022).

55 Vgl. dazu: „Es spricht Meister Eckhart: Nötiger wäre ein Lebemeister als tausend Lesemeister; aber lesen und leben ohne Gott, dazu kann niemand

wird das eine dem anderen gegenübergestellt – so, als wäre der Lesemeister der theoretische und trockene Dozent und der Lebemeister der kundige und kompetente Kenner. Nur wo beides in einer Person komplementär zusammenfindet, wird der, der im Glauben Auskunft gibt, zum Zeugen, der sich verbürgt. Die Pädagogik spricht in diesem Zusammenhang vom „signifikant Anderen", den es in der Erziehung braucht, um die eigene Persönlichkeit auszuprägen.

Wie sehr in diesem Zueinander ein grundlegender Wesenszug von Evangelisierung und Katechese besteht, hat schon Papst Paul VI. mit seinem großen Apostolischen Lehrschreiben *Evangelii nuntiandi*[56] zum Ausdruck gebracht. Er spricht davon, dass das „Zeugnis des Lebens" immer nach dem „Wort des Lebens" (EN, Art. 22) verlangt. In dieser wechselseitigen Ausrichtung hat eine authentische Verkündigung ihr Fundament (vgl. EN, Art. 21–24).

In der bisweilen wieder aufflackernden heilsamen Diskussion um die Inhalte im Religionsunterricht behandelt schon das Wort der deutschen Bischöfe „Der Religionsunterricht vor neuen Herausforderungen" aus dem Jahr 2005 diese Dimension.[57] Dort heißt es:

> „Religionslehrerinnen und Religionslehrer stehen mit ihrer Person auch für den Glauben der Kirche ein. Sie sind gesandt, Zeu-

kommen" (Meister Eckhart, Predigten – Traktate – Sprüche, neu hg. von Klara Neuhaus-Richter, Berlin 2021, 106).

56 Vgl. Apostolisches Schreiben *Evangelii nuntiandi* Seiner Heiligkeit Papst Pauls VI. an den Episkopat, den Klerus und alle Gläubigen der Katholischen Kirche über die Evangelisierung in der Welt von heute vom 8. Dezember 1975 (Verlautbarungen des Apostolischen Stuhls 2), hg. vom Sekretariat der Deutschen Bischofskonferenz, Bonn 1975, Neuauflage 2012; online: https://www.dbk-shop.de/de/publikationen/verlautbarungen-apostolischen-stuhls/apostolisches-schreiben-evangelii-nuntiandi-seiner-heiligkeit-papst-paul-vi.html (Abruf 21.10.2022). [= EN]

57 Vgl. Der Religionsunterricht vor neuen Herausforderungen vom 16. Februar 2005 (Die deutschen Bischöfe 80), hg. vom Sekretariat der Deutschen Bischofskonferenz, Bonn 2005, ^{6}2017; online: https://www.dbk-shop.de/de/publikationen/die-deutschen-bischoefe/hirtenschreiben-erklaerungen/der-religionsunterricht-neuen-herausforderungen.html (Abruf 23.10.2022).

> gen des Glaubens in der Schule zu sein. Für viele Schülerinnen und Schüler sind sie die Kontaktpersonen zur Kirche. Religionslehrerinnen und Religionslehrer werden so zu Brückenbauern zwischen Kirche und Schule [...].“[58]

Sie sind also „signifkant Andere“, die das Eigene im jungen Menschen fördern wollen, indem sie ihm das Zeugnis des Lebens und des Wortes mitgeben. Die scheinbare Zumutung des Inhaltes wird zu einer Versprachlichung des Glaubens, wenn die Lehrenden den Lernenden daran teilhaben lassen, wo und wie sie selbst im Lauf ihres Lebens das Wort des Glaubens als den größeren Horizont begriffen haben. Damit kommt von selbst zur Sprache, wie auch im Inhalt das Leben verdichtet ist.

Ein solches Sprechen ist oft zuerst ein Stammeln. Gerade in Glaubensgesprächen mit erwachsenen Taufbewerbern gibt es die Erfahrung vom Ringen nach Ausdrücken, die greifen und begreifen. Das Suchen nach Worten, die die Wahrheit des Glaubens im Bekenntnis der Kirche anklingen lassen wollen, ist immer auch ein Prozess der eigenen Glaubensvergewisserung, die den Suchenden mitnehmen kann. So können Katechese und Religionsunterricht mit Inhalten Identitäten formen und zum Schwingen bringen, was der Vertiefung in einem dritten Kriterium bedarf.

3. Glaube bedarf der Gestaltung

Im ersten Teil seiner Autobiographie „Mein Leben“, die der im Jahr 2014 verstorbene Journalist Peter Scholl-Latour vor seinem Tod noch fertigstellen konnte, findet sich ein Kapitel zu seiner Internatszeit bei Jesuiten in Fribourg.[59] Dort gibt er einen tieferen Einblick in die Bedeutung, die die Vermittlung des Glaubens für ihn in der Liturgie der Kirche bekommen hat. Er beginnt mit zunächst zurückhaltenden Formulierungen:

58 Ebd., 38.

59 Vgl. Peter Scholl-Latour, Mein Leben, München 2015, 38–56.

> „Ich beabsichtige nicht, in diesem Buch eine Beichte abzulegen. Ein sehr frommer Mensch bin ich im Lauf meines Lebens nicht gewesen, aber der Kirche habe ich die Treue gehalten. Die ‚practiques religieuses', die mir empfohlen wurden, haben sich ihrerseits gründlich und meiner Ansicht nach bedauerlich verändert."[60]

Er fährt fort und beklagt den Ersatz verbindender Riten durch vermeintlich subjektive Kreativität. Für sich selbst resümiert er, dass in der Feier der Liturgie der Kirche das größere Geheimnis des Glaubens seinen Ausdruck findet und den Horizont des Einzelnen übersteigt.[61]

In diesem Sinn ist gerade der eingangs erwähnte Ansatz der französischen Bischöfe, die Katechese der Kirche aus der Feier der Osternacht zu begreifen und zu formen, bedenkenswert. Es ist das Prinzip der Kirchenväter, die in der Katechese mit den Neugetauften reflektierten, wie Gott in der Liturgie sakramental an ihnen gehandelt hat. In diesem Sinn haben sie mitgeholfen, mit Inhalten Identitäten zu formen.

In seinem ersten großen Apostolischen Schreiben *Evangelii gaudium* hat Papst Franziskus die Bedeutung einer solchen mystagogischen Katechese hervorgehoben. Er spricht von der *via pulchritudinis* (dem Weg der Schönheit), deren Bedeutung in diesem Buch noch unter verschiedenen Aspekten erörtert werden soll. Franziskus sagt:

> „Es ist gut, dass jede Katechese dem ‚Weg der Schönheit' *(via pulchritudinis)* besondere Aufmerksamkeit schenkt. Christus zu verkündigen, bedeutet zu zeigen, dass an ihn glauben und ihm nachfolgen nicht nur etwas Wahres und Gerechtes, sondern etwas Schönes ist, das sogar inmitten von Prüfungen das Leben mit neuem Glanz und tiefem Glück erfüllen kann. In diesem Sinn können alle Ausdrucksformen wahrer Schönheit als Weg anerkannt werden, der hilft, dem Herrn Jesus zu begegnen. Es

60 Ebd., 54.
61 Vgl. ebd., 55.

> geht nicht darum, einen ästhetischen Relativismus zu fördern, der das unlösbare Band verdunkeln möchte, das zwischen Wahrheit, Güte und Schönheit besteht, sondern darum, die Wertschätzung der Schönheit wiederzugewinnen, um das menschliche Herz zu erreichen und in ihm die Wahrheit und Güte des Auferstandenen erstrahlen zu lassen" (EG, Art. 167).

Papst Franziskus beleuchtet mit diesen Worten, wie gleichsam im Licht der Osterkerze eine Dimension von Glaubensfeier aufscheint, die das letztlich unaussprechlich Größere unseres Glaubens erspüren lässt. In der Liturgie der Kirche erschließt die Katechese eine Dimension, die das Dogma zu dem macht, was die Dichterin Nelly Sachs einmal im Blick auf die Psalmen als „Nachtherberge für die Wegwunden"[62] bezeichnet.

Wo die Pädagogik schon seit geraumer Zeit gerade unter Jugendlichen eine sogenannte „Not der Formlosigkeit" beobachtet, wird zugleich bewusst, dass das Leben Riten aus dem Glauben braucht, die deuten und verbinden. Wo in diesem Sinne das Verbindliche einem kreativen Subjektivismus weichen muss, geht der Liturgie ihre kirchliche und katechetische Kraft verloren. Es sind gerade Riten aus dem Glauben und seiner Geschichte, die unsere Gegenwart in den Horizont der Verheißungen stellen, wie in einem vierten Kriterium anschaulich wird.

4. Pilger der Hoffnung auf der Schwelle des Umbruchs

„Die Schwelle der Hoffnung überschreiten", so lautet der Titel eines bewegenden Buches[63], mit dem Papst Johannes Paul II. den

62 Zeile aus ihrem David-Gedicht: „... im Mannesjahr maß er, ein Vater der Dichter, in Verzweiflung die Entfernung zu Gott aus und baute der Psalmen Nachtherbergen für die Wegwunden" (Nelly Sachs, Fahrt ins Staublose. Gedichte, Frankfurt a. M. 1961, 104).

63 Vgl. Johannes Paul II., Die Schwelle der Hoffnung überschreiten (Interview), hg. von Vittorio Messori, Hamburg 1994.

Transitus in das neue Jahrtausend überschrieben hat. Verkündigung im Allgemeinen und Katechese im Besonderen sind fast immer ein Ereignis, das an Schwellen im Leben von Menschen anknüpft und sie als Stufen im Glauben begreift. Über Schwellen gelangt der Mensch in neue weite Räume, die eine neue Perspektive mit sich bringen.

Schon die Initiative und Einladung von Papst Franziskus zum Heiligen Jahr der Barmherzigkeit *Misericordes sicut pater* (2015/2016) hat in diesem Sinn für viele Menschen bewusst und anschaulich gemacht, wie konkret Kirche Katechese versteht.[64] Gerade nach allen Einschränkungen für das öffentliche und kirchliche Leben in der Zeit der COVID-Pandemie soll zudem das Motto für das bevorstehende Heilige Jahr 2025 zur Einladung werden, pilgernd jene Schwelle zu nehmen, die oft auch innerlich von den notwendigen Neuaufbrüchen im persönlichen Leben abhält. „Pilger der Hoffnung" lautet entsprechend die Einladung, die sich im Logo vertieft, wo das Kreuz Christi angenommen und umfasst wird, um durch diese Verbundenheit den tröstenden Blick in die Zukunft zu richten. Das Durchschreiten der Heiligen Pforte in der Gesinnung der Umkehr kann so auch zu einer Verdichtung der Verheißung werden, die Menschen begreifen lässt, wie sehr unser Glaube in seinen Inhalten Hand und Fuß in unserem Leben hat.

Wer so bald wieder im Heiligen Jahr 2025 in St. Peter in Rom über die Schwelle tritt, kann am linken, offen stehenden Türflügel in Augenhöhe das Kreuz Christi berühren. Dabei wird bewusst, wie viele Menschen hier zuvor Halt gesucht haben. So blank gegriffen wie dieses Bildfeld der Porta Santa ist, so sehr zeigt es, wie Menschen nach dem greifen, was Halt und Hoffnung gibt. Der Glanz des Abgegriffenen ergibt hier eine ganz neue Aura. Zu sehen, wie

64 Vgl. Papst Franziskus, *Misericordiae vultus*. Verkündigungsbulle des außerordentlichen Jubiläums der Barmherzigkeit vom 11. April 2015 (Verlautbarungen des Apostolischen Stuhls 200), hg. vom Sekretariat der Deutschen Bischofskonferenz, Bonn 2015, Art. 12; online: https://www.dbk-shop.de/de/publikationen/verlautbarungen-apostolischen-stuhls/misericordiae-vultus-verkuendigungsbulle-papst-franziskus-ausserordentlichen-jubilaeum-barmherzigkeit.html (Abruf 22.10.2022).

innig Pilger die offene Tür der Kirche ertasten und so konkret den Trost des Glaubens suchen, ist Katechese zum Anfassen. Es ist eine Elementarisierung, die im Bild der Türe und in der Botschaft von Umkehr und Vergebung neu anstößt und verdichtet, was es zu verkünden gibt. Es ist die Verheißung am Ende der Bibel (in ihrem letzten Buch), die dem Menschen im Glauben einen neuen Anfang schenken will. Es ist die Zusage Gottes: „Ich habe vor dir eine Tür geöffnet, die niemand mehr schließen kann" (Offb 3,7).

Weil bei vielen Christen heute die Tür zugefallen scheint, die Gott in Taufe und Firmung geöffnet hat, braucht es die neue Entdeckung, dass die Tür nicht fest verschlossen ist. Vielmehr ist sie vielleicht doch nur angelehnt und lässt sich öffnen, wenn wir sie berühren. Weil Glaube mehr ist als ein Gefühl, vermittelt sich seine Tragkraft nur, wo wir uns den inneren Gehalt erschließen lassen und darüber in das größere Geheimnis finden, das Gott ist. Wer aufhört, sich im Glauben zu bilden, läuft Gefahr, zu klein von Gott zu denken und die Nahrung des Glaubens nur unter dem Aspekt des Nutzens zu betrachten. Wer anfängt, über den Glauben zu sprechen, und dann am Anfang mehr Fragen als Antworten hat, wird erleben, wie sich vermeintlich zugefallene Türen wieder öffnen. Wo Gott ins Wort kommt, gewinnt der Mensch im Gebet eine neue Tiefe. So vermittelt sich, dass das Gesetz des Betens das Gesetz des Glaubens ist. Was wir beten, spiegelt, was wir glauben.

In dem schon erwähnten Apostolischen Lehrschreiben *Evangelii gaudium* bedenkt Papst Franziskus auch, worin eine Glaubensvermittlung auf der Schwelle – sozusagen der Dienst an den Türen – besteht: „Nähe, Bereitschaft zum Dialog, Geduld, herzliches Entgegenkommen, das nicht verurteilt" (EG, Art. 165). Was der Papst hier als „hauptsächliche Verkündigung" (EG, Art. 164) bezeichnet, spiegelt sich in einer Sehnsucht, wie sie beim Literaten Franz Kafka in einer Kurzgeschichte anklingt, die er „Heimkehr" nennt. Er kommt nach vielen Jahren einer inneren und äußeren Entfernung zurück in sein Elternhaus. Alles ist noch vertraut und doch so fremd. Er zögert, die Küche zu betreten, wo er seine Familie wähnt, und traut sich doch nicht. Kafka schreibt:

„Ich wage nicht an der Küchentür zu klopfen. Nur von der Ferne horche ich, nur von der Ferne horche ich stehend, nicht so, dass ich als Horcher überrascht werden könnte. Und weil ich von der Ferne horche, erhorche ich nichts, nur einen leichten Uhrenschlag höre ich oder glaube ihn vielleicht zu hören, herüber aus den Kindertagen. Was sonst in der Küche geschieht, ist das Geheimnis der dort Sitzenden, das sie vor mir wahren."[65]

Und Kafka stellt dann fest: „Je länger man vor der Tür zögert, desto fremder wird man. Wie wäre es, wenn jemand die Tür öffnete und mich fragte."[66] Damit der Mensch an sein Ziel kommt, damit er „Hoffnung für die Zukunft" hat, braucht unser Glaube Inhalte, die seiner Verkündigung Verlässlichkeit geben.

5. Synergetische Katechese in synodaler Spiritualität

Gute und gelingende Katechese ist nie die Referierung eines Satzglaubens, sondern immer die Referenz von verschiedenen Erfahrungsräumen des christlich-kirchlichen Glaubens. Ihre wirksame Synergie besteht darin, dass Worte und Begebenheiten der Heiligen Schrift und die zu allen Zeiten gestaltete lebendige Überlieferung des Glaubens in Zeugnissen des Wortes, des Gebetes, der Liturgie, der Vita von Heiligen und Seligen, der Kunst und Kultur, von Taten der Nächstenliebe sowie von Dokumenten und Ereignissen der Kirche zusammenfinden. Diese Welten so in einen Dialog miteinander zu bringen, dass sie sich gegenseitig erläutern und miteinander auf das Christusgeheimnis ausgerichtet sind, begründet eine synodale Wesenhaftigkeit kirchlicher Katechese. Gegen bisweilen anzutreffende Verkürzungen im Sprachgebrauch und in der Praxis ist Synodalität nicht in einer Analogie zu Formen eines gesellschaftlich-

65 Franz Kafka, Heimkehr (1920/22), in: ders., Die Erzählungen, Frankfurt 1961, 327.

66 Ebd.

politischen Diskurses zu verstehen, der sich soziologischer oder parlamentarischer Parameter bedient. Eine synergetische Katechese, die sich immer dialogisch vollzieht, kann sich nur in einer synodalen Spiritualität entfalten, wie sie Papst Franziskus in seiner Enzyklika *Fratelli tutti* als kirchlichen Grundvollzug eines emphatischen Hörens versteht.[67] Seine Initiative, das Thema der Synodalität zum Einübungs- und Beratungsgegenstand der Weltbischofssynode 2023 zu machen, deren geplante Dauer inzwischen noch um ein Jahr verlängert wurde[68], zeigt die Bedeutsamkeit dieses spezifisch kirchlichen Kommunikationsstils.

Die Aufmerksamkeit für den anderen ist eine Qualität des Glaubens und hat eine katechetische Dimension, wo sie nicht nur rezipiert, was gesagt wird, sondern mitfühlt, wessen der andere bedarf. Zu hören, was nicht gesagt, aber gemeint wurde, und zu verstehen, was nottut, ist das Prinzip einer komplementären Katechese. Sie stülpt nicht Wissen über auf Fragen, die nicht gestellt wurden, sondern ergründet, was der Ergänzung bedarf. Diese synodale Vorgehensweise ist eine gemeinsame Annäherung an eine oft noch im Geheimnis verborgene Wahrheit und ein Weg dorthin, wo der eine des anderen mit seiner jeweiligen Wahrnehmung bedarf. Mystagogie als der Weg in das Geheimnis des Glaubens ist nie nur individualisierte oder gar private Intuition, sondern immer eine Communio-Erfahrung, bei der jeder das ihm Eigene einbringt und darum weiß, dass er der komplementären Ergänzung der anderen bedarf.

In diesem Sinne hat Papst Franziskus mit der erwähnten Sozialenzyklika das Proprium einer synergetischen Katechese in synodaler Spiritualität konturiert, wenn er schreibt:

67 Vgl. Enzyklika *Fratelli tutti* von Papst Franziskus über die Geschwisterlichkeit und soziale Freundschaft vom 3. Oktober 2020 (Verlautbarungen des Apostolischen Stuhls 227), hg. vom Sekretariat der Deutschen Bischofskonferenz, Bonn 2020, Art. 48–49; online: https://www.dbk-shop.de/de/publikationen/verlautbarungen-apostolischen-stuhls/enzyklika-fratelli-tutti-papst-franziskus-geschwisterlichkeit-soziale-freundschaft.html (Abruf 23.10.2022). [= FT]

68 Vgl. Papst Franziskus, Angelus auf dem Petersplatz vom 16. Oktober 2022, https://www.vatican.va/content/francesco/de/angelus/2022/documents/20221016-angelus.html (Abruf 24.10.2022).

> „Der echte Dialog innerhalb der Gemeinschaft setzt die Fähigkeit voraus, den Standpunkt des anderen zu respektieren und zu akzeptieren, dass er möglicherweise gerechtfertigte Überzeugungen und Interessen enthält. Schon von seinem personalen Sein her hat der andere etwas beizutragen, und es ist wünschenswert, dass er seine eigene Position vertieft und darlegt, damit die öffentliche Debatte noch umfassender wird. Sicher kommt es der Gesellschaft auf die eine oder andere Weise zugute, wenn eine Person oder eine Gruppe kohärent lebt, Werte und Überzeugungen fest vertritt und eine Meinung entwickelt. Dies geschieht aber nur in dem Maß, in dem eine solche Entwicklung im Dialog und in Offenheit gegenüber anderen stattfindet. Denn ‚in einem wahren Geist des Dialogs wächst die Fähigkeit, den Sinn dessen zu verstehen, was der andere sagt und tut, auch wenn man es nicht als eigene Überzeugung für sich selbst übernehmen kann. Auf diese Weise wird es möglich, aufrichtig zu sein und das, was wir glauben, nicht zu verbergen, dabei aber doch weiter im Gespräch zu bleiben, Berührungspunkte zu suchen und vor allem gemeinsam [...] zu arbeiten und zu kämpfen‘. Wenn die öffentliche Diskussion wirklich allen Raum gibt und Informationen nicht manipuliert oder verheimlicht, ist sie ein ständiger Ansporn zur besseren Wahrheitsfindung oder wenigstens zu ihrer besseren Vermittlung. Sie verhindert, dass die verschiedenen Bereiche in ihrer Sichtweise und in ihren begrenzten Interessen bequem und selbstgenügsam werden. Denken wir daran: ‚Unterschiede sind kreativ, sie erzeugen Spannungen und in der Auflösung einer Spannung liegt der Fortschritt der Menschheit‘“ (FT, Art. 203).

Diese Grundgegebenheit des sozialen Miteinanders auf das katechetische Wirken der Kirche zu extrapolieren ist das Anliegen einer synodalen Spiritualität. Glaubensweitergabe gewinnt in diesem Horizont eine Weite und Tiefe von kirchlicher Überlieferung in schriftgemäßer Orientierung an den beiden Offenbarungsquellen des Glaubens, wo sie einen Dialog mit den Zeichen der Zeit sucht. In seiner Ansprache an die Teilnehmerinnen und Teilnehmer beim

Treffen der Katechese-Verantwortlichen der Europäischen Bischofskonferenzen im September 2021 hob Papst Franziskus in der Linie von *Fratelli tutti* hervor:

> „Die Evangelisierung ist niemals bloße Wiederholung der Vergangenheit, niemals. Die großen heiligen Evangelisierer, wie Kyrill und Methodius, wie Bonifatius, waren kreativ, mit der Kreativität des Heiligen Geistes. Sie haben neue Wege eröffnet, neue Sprachen, neue Alphabete erfunden, um das Evangelium weiterzugeben, für die Inkulturation des Glaubens. Das setzt voraus, dass man auf die Menschen zu hören weiß, auf die Völker zu hören weiß, denen man die Verkündigung bringt: auf ihre Kultur, ihre Geschichte hören, und nicht oberflächlich hören, wobei man bereits an die vorgefertigten Antworten denkt, die wir im Koffer haben. Nein! Wirklich zuhören und jene Kulturen, jene Ausdrucksweisen – auch und vor allem das Ungesagte, das nicht zum Ausdruck Gebrachte – vor das Wort Gottes, vor Jesus Christus, das lebendige Evangelium, bringen. [...] Tradition ist lebendig oder sie existiert nicht. Und Katechese ist Tradition, es ist Weitergeben, ‚tradere', aber eine lebendige Tradition, von Herz zu Herz, von Geist zu Geist, von Leben zu Leben. Also: leidenschaftlich und kreativ mit dem Impuls des Heiligen Geistes. Ich habe das Wort ‚vorgefertigt' in Bezug auf die Ausdrucksweise gebraucht, aber noch mehr Angst habe ich vor Katecheten mit einem ‚vorgefertigten' Herzen und ebensolchen Haltungen und Gesichtern. Nein, entweder ist der Katechet frei oder er ist kein Katechet. Der Katechet lässt sich von der Realität treffen, die er vorfindet, und gibt das Evangelium mit großer Kreativität weiter, oder er ist kein Katechet."[69]

69 Ansprache von Papst Franziskus beim Treffen der Katechese-Verantwortlichen der Europäischen Bischofskonferenzen im Clementina-Saal vom 17. September 2021, https://www.vatican.va/content/francesco/de/speeches/2021/september/documents/20210917-nuova-evangelizzazione.html (Abruf 24.10.2022).

Worin besteht jene notwendige Kreativität, die von Katecheten gefordert ist? Sie setzt zunächst voraus, dass diejenigen, die den Glauben weitergeben, ihn selbst in einer Tiefe durchdrungen haben, dass sie zu einer persönlichen Erfahrung und Sprachfähigkeit gefunden haben. Schöpferisch mit den Inhalten des Glaubens umgehen zu können bedeutet, sie in verschiedenen schon genannten Kontexten aufzuspüren und sie in immer wieder neuen Synergien zu vermitteln. Diese Kreativität unterscheidet sich von jeder Banalität, in deren Versuchung eine Katechese gerät, die angesichts fortschreitender Entkirchlichung und schwächer gewordener religiöser Sozialisation meint, schon in der Unterhaltung und Eventisierung Orientierung geben zu können. Wo am Ostersonntag in einer Kirche eine Murmelstation aufgebaut wird, um Kinder und junge Familien für die Botschaft der Auferstehung gewinnen zu wollen, indem sie den Stein des Grabes ins Rollen bringen[70], verkennt man, dass nachhaltige Katechese sich nicht in einer Infantilisierung verlieren darf, die den zentralen Inhalt des christlich-kirchlichen Glaubens dermaßen verniedlicht, verkleinert und im Ergebnis banalisiert.[71] Und wo mangels noch vorhandener Glaubenssubstanz Katechese auf eine Hinführung zur Biodiversität reduziert wird, indem die Pastoral im Interesse eines sicher berechtigten Klimaschutzes auf Kartoffelpakete setzt, führt ein solcher Niveauverlust dazu, dass die Botschaft des christlich-kirchlichen Glaubens mit der Zeit immer mehr verwässert und nicht mehr ernst genommen wird.[72]

70 Vgl. Mehr als ein „Gag". In St. Marien Delmenhorst rollen ab Ostern Murmeln. Insbesondere Familien mit Kindern sind angesprochen, https://www.kirche-und-leben.de/artikel/mehr-als-ein-gag-in-st-marien-delmenhorst-rollen-ab-ostern-murmeln vom 6.4.2022 (Abruf 22.10.2022). Vgl. dazu auch die zweifelhafte Initiative, auf den christlich-kirchlichen Glauben aufmerksam zu machen bzw. mit ihm zu begründen, dass die Einladung zu einem Tattoo-Stechen in einer Frankfurter Kirche im Dienst wirklicher Evangelisierung steht. Wo geprägte religiöse Kontexte in die Dynamik eines Spektakels geraten, büßen sie eine nachhaltige identitätsstiftende Glaubenszugehörigkeit ein und dienen nicht einer Katechese, die in den Glauben einführen will; https://www.katholisch.de/artikel/31719-mit-dem-segen-der-kirche-taetowieren-vor-dem-altar (Abruf 18.1.2023).

71 Vgl. dazu die eingangs aufbereitete Problemskizze als Hinführung: 21–27.

72 Vgl. Der Kartoffelanbau kann starten. 225 Kartoffelpakete werden ver-

Eine Sensibilisierung für Gottes Schöpfung und die Hinführung zu menschlicher Verantwortung im Umgang damit braucht mehr. Synergetische Katechese in synodaler Spiritualität hat sehr wohl mit einer Elementarisierung zu tun, die im Detail das größere Ganze aufspürt. Sie verwehrt sich aber einer Versuchung, die Verunsicherung und Verluste in der Kenntnis von Glaubensinhalten mit banalen Spielchen kompensiert.

Die vorangehend erörterten fünf Aspekte verstehen sich als eine fundamentale Hinführung zu Kriterien einer Katechese, die schon der Hebräerbrief entsprechend intoniert: „Glaube aber ist Feststehen in dem, was man erhofft, Überzeugtsein von Dingen, die man nicht sieht“ (Hebr 11,1). In diesem Buch der Bibel geht es dann im gesamten folgenden 11. Kapitel darum, zu zeigen, wo Zeugen sich dies zu eigen gemacht haben. In einer großen Aufzählung heißt es dort: „Aufgrund des Glaubens haben die Alten ein ruhmvolles Zeugnis erhalten ...“ (Hebr 11,2). Dann werden die genannt, die gestanden und eingestanden sind, wo andere sich weggeduckt haben; die geblieben sind, wo andere gegangen sind (vgl. Hebr 11,4–12).

Wie sehr eine solche Standfestigkeit im Bild zur Botschaft werden kann, vermag eine Replik auf das 27. Kapitel der Apostelgeschichte bewusst zu machen. Dort wird von der stürmischen Überfahrt des Paulus als Gefangener von Cäsarea in Palästina durch das Mittelmeer nach Rom mit dem Schiffbruch vor Malta berichtet (Apg 27,27–44). Mitten in dieser Krise – als auf dem Boot Panik um sich greift – wird der Apostel gleichsam zum Fels in der Brandung. Die Hoffnung auf Rettung, die er in sich trägt, geht auf die Mitreisenden über. Seine Worte finden Resonanz und werden zur Katechese: „Keinem von euch wird auch nur ein Haar von seinem Kopf verloren gehen. Nach diesen Worten nahm er Brot, dankte

schickt, https://bistumlimburg.de/beitrag/der-kartoffelanbau-kann-starten/ vom 1.4.2022 (Abruf 22.10.2022). – Bei dieser Initiative handelt es sich um ein Projekt der (Erz-)Diözesen Freiburg, Rottenburg-Stuttgart und Limburg sowie der Landeskirchen von Baden und Westfalen; vgl. https://kartoffelaktion.de/ (Abruf 22.10.2022).

Gott vor den Augen aller, brach es und begann zu essen. Da fassten alle Mut und nahmen Nahrung zu sich" (Apg 27,34b–36).

In diesen wenigen Versen schwingt das Zeugnis eines Apostels, der in der Krise Mut zum Wort hat und nicht verstummt. Hier spricht einer, der in den heiligen Schriften zu Hause ist und sie mit seinem Leben bezeugt. Hier bricht einer das Brot für die vielen und gibt in Riten Rat und Halt. Hier überschreitet ein Zeuge im wahrsten Sinn des Wortes die Schwelle zum Land und macht allen Mitreisenden Mut zum nächsten Schritt. Hier vermag einer in der Not der anderen so zuzuhören, dass allen neue Worte zuwachsen. Es kommt zu einem Pragmatismus, der Positionen hat, und zu einem Handeln, das einer Kontemplation entspringt. Die Apostelgeschichte zeichnet ein lebhaftes Bild: „Als es nun Tag wurde, entdeckten die Matrosen eine Bucht mit flachem Strand; auf ihn wollten sie, wenn möglich, das Schiff auflaufen lassen; das Land selbst war ihnen unbekannt. Sie machten die Anker los und ließen sie im Meer zurück" (Apg 27,39–40).

Wer heute auf Malta an der nordöstlichen Küste in die Buchten schaut, hat diese Szene vor Augen und damit eine Hoffnung im Herzen: Im Sturm hat der Anker die Menschen im Boot gehalten, so dass sie jetzt im Schiffbruch sicher an Land kommen können. In den scheinbaren Brüchen des Lebens gibt es den verbürgten Anker der Hoffnung. Er ist mehr als ein Stück Stein oder Eisen. Die Anker in der Kirche sind jene, die sich festmachen in Gott – wie Paulus und wie alle, die „aufgrund des Glaubens" (vgl. Hebr 11,2–4) in der Krise aushalten. Sie zu finden und zu fördern bedarf einer Katechese, die gleichsam zum Echolot wird. So wie dieser schon erwähnte Begriff im griechischen Wort „kat-*echein*" enthalten ist, besteht das Wesen kirchlicher Katechese darin, dass sie das Kerygma mit geistlicher Schwingung ortet; dass sie Resonanz gibt und gewinnt.

Historische Forschungen können hier für die Katechese zu einer sprechenden Komplementarität werden. Durch die konstruktive Zusammenarbeit von Archäologen und Tauchern wurden vor Malta Artefakte gesammelt, die aufmerksam machen. Sie belegen den Fund eines großen und schweren Ankers aus Stein in einer westlichen Bucht vor dieser Insel. Aufgrund von ägyptischen Schriftzeichen wird er als Teil eines alexandrinischen Kornschiffes aus der Römerzeit identifiziert. Sosehr vieles für eine authentische Entdeckung spricht – noch aussagekräftiger sind die Zeitumstände, die dann im Bild zur Botschaft werden: Es ist der Morgen des 24. April 2005 – ein Sonntag –, als ein Taucher in 36 Metern Tiefe auf dem Meeresgrund diesen „Anker des Paulus" entdeckt, der 2,25 Meter lang und 700 Kilo schwer ist.[73] Dieser sensationelle Fund ereignet sich genau am Tag der Amtseinführung von Papst Benedikt XVI. als 265. Nachfolger des hl. Petrus. In seiner zweiten großen Enzyklika über die göttliche Tugend der Hoffnung vom 30. November 2007[74] lenkt er unseren Blick auf den Anker, der das Leben in den Stürmen hält. Er schreibt:

> „Wer Gott nicht kennt, kann zwar vielerlei Hoffnung haben, ist aber im Letzten ohne Hoffnung, ohne die große, das ganze Leben tragende Hoffnung (vgl. Eph 2,12). Die wahre, die große und durch alle Brüche hindurch tragende Hoffnung des Menschen kann nur Gott sein – der Gott, der uns ‚bis ans Ende' geliebt, ‚bis zur Vollendung' (vgl. Joh 13,1 und 19,30) geliebt hat und liebt. Wer von der Liebe berührt wird, fängt an zu ahnen, was dies eigentlich wäre: ‚Leben' [...] das ewige Leben" (SpS, Art. 27).

Wo manchmal fast defätistisch gesagt wird: „Die Hoffnung stirbt zuletzt!", weiß der Glaube, dass unsere Hoffnung als Christen trägt

73 Vgl. Michael Hesemann, Paulus von Tarsus. Archäologen auf den Spuren des Völkerapostels, Augsburg 2008, 206–220. – Papst Benedikt bekam den Anker anlässlich seiner Apostolischen Reise nach Malta (17.–18. April 2010) gezeigt; vgl. Volksfest und stilles Gedenken vom 17. April 2010, https://www.domradio.de/artikel/papst-besucht-zum-auftakt-seiner-reise-die-paulusgrotte-malta-feiert (Abruf 24.10.2022).

74 Vgl. Enzyklika *Spe salvi* von Papst Benedikt XVI. über die christliche Hoffnung vom 30. November 2007 (Verlautbarungen des Apostolischen Stuhls 179), hg. vom Sekretariat der Deutschen Bischofskonferenz, Bonn 2007, korr. ^{3}2008; online: https://www.dbk-shop.de/de/publikationen/verlautbarungen-apostolischen-stuhls/enzyklika-spe-salvi-papst-benedikt-xvi.html (Abruf 24.10.2022). [= SpS]

– über Brüche hinweg, über den Tod hinaus. Darum brauchen wir in der Katechese der Kirche neuen Mut zum Inhalt, eine Stimme, die sich selbst traut und nicht verstummt, weil sie dem vertraut, der ihr das Evangelium aufgetragen hat.

II. Katechetische Orientierungen – oder: Was sagen und raten die kirchlichen Dokumente?

Kirchliche Dokumente spiegeln immer lebendige Kirchengeschichte. Sie verdichten, was der *sensus ecclesiae* als Orientierung für die Vermittlung des Glaubens in einer bestimmten Epoche der Kirche lehramtlich aufgenommen hat und ratifiziert. Als Zäsur in der Katechese und als wegweisend für die vor uns liegende Zeit können derzeit zwei Dokumente begriffen werden, die die Veränderungen in der Kultur der vergangenen Jahre als Zeichen der Zeit im Licht des Evangeliums (vgl. GS, Art. 4)[75] reflektieren und nachhaltige Impulse für die gegenwärtige Glaubensweitergabe geben wollen. Das Direktorium für die Katechese aus dem Jahr 2020[76] und das gewissermaßen daraus hervorgegangene Motuproprio von Papst Franziskus zur Installierung eines eigenen Katechetendienstes[77] wollen in diesem Sinn Neues auf den Weg bringen. Mit dieser Innovation verbindet sich die theologische Frage, worin das Spezifische einer Katechese besteht, die mehr ist als eine Information über den Glauben, und worin ihre sakramentale Qualität gründet, wenn der Glaube nie menschliches Machwerk bzw. das Ergebnis einer perfekten Didaktik ist, sondern vom Hören auf das Wort und den Geist Gottes kommt. Damit verbindet sich im Blick auf beide hier nachfolgend vorgestellten Dokumente auch die Frage, welche besondere Formation Christen brauchen, um als Katecheten bestellt werden zu können.

75 Vgl. Zweites Vatikanisches Konzil, Pastorale Konstitution *Gaudium et spes* über die Kirche in der Welt von heute, promulgiert von Papst Paul VI. am 7. Dezember 1965, https://www.vatican.va/archive/hist_councils/ii_vatican_council/documents/vat-ii_const_19651207_gaudium-et-spes_ge.html (Abruf 24.10.2022). [= GS]

76 Vgl. Anm. 18.

77 Vgl. Anm. 19.

Schon in der Hinführung dieses Buches ist in einem fundamentalkatechetischen Sinn die Herkunft des Wortes *kat-echein* für Vermittlungsprozesse im Glauben angedeutet worden, was hier weiter aufgegriffen und bedacht werden soll. Nicht nur als etymologische Grundlage für die Weitergabe des christlich-kirchlichen Bekenntnisses kommt in der wörtlichen Übersetzung schon viel von dem zum Ausdruck, was damit gemeint ist. In transitiver Form bezeichnet dieses Verb die Vorstellung von Schwingung und Resonanz, Wellen, die mich erreichen und mich damit selbst zum Klangkörper machen, der weitergibt, was er empfangen hat. Das uns bekannte Wort „Echo" ist daraus abgeleitet und bringt ins Bild, was die Osterbotschaft ins Wort holt. Erst in der intransitiven Form des Verbs *catechizare* scheint auf, was Katechese auch ist: Unterricht – Lehre – Einführung, ohne dass es aber Letzteres in der Unterlassung des Ersteren gibt bzw. geben darf.[78]

Verwandelnde Kraft hat unser Glaube dort, wo er in Schwingung versetzt, im Herzen bewegt und zugleich darum weiß, dass jede Resonanz an Töne gebunden ist, die für erkennbare und verstehbare Inhalte stehen. Die französischen Bischöfe haben diese Erkenntnis – wie erwähnt – in ihrem letzten großen Brief zur Katechese aus dem Jahr 2005, der an der Liturgie der Osternacht orientiert ist und diese Ur-Schwingung unseres Glaubens zum Ausdruck bringt, treffend in ein verstehbares Bild übersetzt. Sie sprechen davon, dass es Grundnoten braucht, auf denen Akkorde gebildet werden können; erst diese miteinander ergeben Melodie und Harmonie, Rhythmus und Schwingung. Wo Herz und Verstand zusammenkommen, wird Katechese zur Hinführung und Einführung in einen Glauben, der Kakophonien des Lebens zu tragen und zu überwinden weiß[79] und der vermittelt, was der Kirchenvater Ignatius von Antiochien einmal so ins Wort gebracht hat: „Nehmt Gottes Melodie in euch

78 Vgl. dazu: Franz-Peter Tebartz-van Elst, Der Erwachsenenkatechumenat in den Vereinigten Staaten von Amerika. Eine Anregung für die Sakramentenpastoral in Deutschland, Altenberge 1993, 35 f.

79 Vgl. Französische Bischofskonferenz, Nationales Dokument (Anm. 26), hier bes.: Das Ostergeheimnis, Mittelpunkt der Initiation (Kapitel 2), 35–44.

auf!"[80] Die Katechese der Kirche zielt auf eine solche Intonation. In diesem Sinn sind die drei Direktorien, die seit dem Zweiten Vatikanischen Konzil 1971, 1997 und jüngst 2020 erschienen sind, gleichsam ein Libretto für die Weitergabe des Glaubens unter spezifischen Zeitumständen.

1. Das neue Direktorium für die Katechese (2020)

Vergleicht man die drei genannten bisherigen Direktorien für die Katechese, erkennt man in ihnen jeweils eine markante Zäsur in der kirchlichen Zeitgeschichte. Verdankt sich das erste Direktorium von 1971[81] gerade der Notwendigkeit, die Beschlüsse des Zweiten Vatikanums auch für die Katechese zu adaptieren, so reagiert das zweite Dokument von 1997[82] auf das Erscheinen des Katechismus der Katholischen Kirche[83] im Jahr 1992. Die vielfältigen Bezüge, die hier hergestellt werden, machen bewusst, wie mit dem Weltkatechismus seinerzeit erstmals nach dem Zweiten Vatikanischen Konzil ein inhaltliches Kompendium des Glaubens vorliegt, das seitdem in verschiedensten Adaptionen und Editionen – nicht zuletzt durch die vielen verdienstvollen Initiativen von YOUCAT[84] – eine breite katechetische Rezeption erfahren hat.

Zwanzig Jahre später schien es naheliegend – wieder entsprechend den gesellschaftlichen Entwicklungen –, eine Revision des Dokumentes von 1997 vorzunehmen. Ein erster Austausch dazu mit

80 Ignatius an die Epheser, 4. Kapitel (BKV 35, 119).

81 Vgl. Heilige Kongregation für den Klerus, Allgemeines katechetisches Direktorium [vom 11. April 1971], Übersetzung mit Erlaubnis der Heiligen Kongregation besorgt von Raphael von Rhein, Fulda 1973.

82 Vgl. Kongregation für den Klerus, Allgemeines Direktorium für die Katechese vom 15. August 1997 (Verlautbarungen des Apostolischen Stuhls 130), hg. vom Sekretariat der Deutschen Bischofskonferenz, Bonn 1997; online: https://www.dbk-shop.de/de/publikationen/verlautbarungen-apostolischen-stuhls/allgemeines-direktorium-katechese.html#files (Abruf 22.10.2021). [= DK 1997]

83 Vgl. Anm. 41.

84 Vgl. dazu: https://www.youcat.org/de/ (Abruf 22.10.2022) und Anm. 43.

Experten aus allen fünf Kontinenten zeigte schon bald, dass sowohl die gesellschaftlichen Veränderungen und Herausforderungen von Säkularisierung und Digitalisierung als auch die seitdem erfolgten innerkirchlichen Initiativen und Publikationen zur Glaubensweitergabe eine grundlegend neue Bearbeitung verlangten. Hier sind vor allem der 2010 von Papst Benedikt XVI. gegründete Päpstliche Rat zur Förderung der Neuevangelisierung[85] als auch die Weltbischofssynode 2012[86] zum gleichnamigen Thema sowie das erste große und zugleich Nachsynodale Apostolische Schreiben von Papst Franziskus *Evangelii gaudium*[87] vom Herbst 2013 zu nennen.

Das neue Direktorium für die Katechese vom 23. März 2020[88], das im Juni desselben Jahres der weltkirchlichen Öffentlichkeit vorgestellt wurde, weiß sich in dieser Spur. Es nimmt die Inspirationen des Vorgängerdokumentes auf, nach denen Katechese sich grundsätzlich in katechumenaler bzw. post- oder quasikatechumenaler Dynamik (um einen Begriff aus dem bahnbrechenden Schreiben von Papst Johannes Paul II. *Catechesi tradendae*[89] von 1979 aufzunehmen) ereignet. Zugleich – und das ist einer der Hauptunterschiede zum Vorgängerdokument – stellt es sich der Frage, wie unter den Bedingungen einer postmodernen und digitalen Denk- und Lebensweise, die die gesamte Kommunikationswelt von Menschen verändert, der Glaube ins Wort gebracht und in Erfahrungen vertieft werden kann.[90] Durch-

85 Vgl. *Ubicumque et semper* (Anm. 39).

86 Vgl. XIII Assemblea Generale Ordinaria. La nuova evangelizzazione per la trasmissione della fede cristiana (7 28 ottobre 2012); alle Dokumente online: https://www.vatican.va/roman_curia/synod/index_it.htm (Abruf 22.10.2022).

87 Vgl. Anm. 35.

88 Vgl. Anm. 18.

89 „Die Katechese ist [...] offen für die missionarische Dynamik“, in: Apostolisches Schreiben *Catechesi tradendae* Seiner Heiligkeit Papst Johannes Paul II. über die Katechese in unserer Zeit vom 16. Oktober 1979 (Verlautbarungen des Apostolischen Stuhls 12), hg. vom Sekretariat der Deutschen Bischofskonferenz, Bonn 1979, Art. 24; online: https://www.dbk-shop.de/de/publikationen/verlautbarungen-apostolischen-stuhls/papst-johannes-paul-ii-apostolisches-schreiben-catechesi-tradendae-katechese-unserer-zeit.html#files (Abruf 22.10.2022). [= CT]

90 Vgl. dazu weiterführend: Henri Derroitte / Catherine Chevalier, Nouveau

gängig ist dabei die theologische Linie, die im folgenden Abschnitt zur Sprache kommt.

a) Der fundamentaltheologische Ansatz des neuen Direktoriums für die Katechese

Das neue Direktorium für die Katechese gliedert sich in drei Teile, wovon der erste den grundlegenden fundamentaltheologischen Denkansatz dieses Dokumentes ausführt. Seine Überschrift „Die Katechese in der evangelisierenden Sendung der Kirche" deutet schon auf jene Vergewisserung hin, die den Glauben der Kirche in der biblischen Offenbarung Jesu begründet sieht. Katechese als inhaltliche Glaubensunterweisung im Dienst einer umfassenden Evangelisierung versteht den Weg des Menschen hin zu Christus und zur Gemeinschaft der Glaubenden als ein fundamentales Beziehungsgeschehen. Glaube ist zuerst und in allem Beziehung – zum Gott und Vater Jesu Christi – durch ihn und im Heiligen Geist. Aus dieser *Teilhabe* erwächst die Begabung und das Bedürfnis zur *Teilnahme* aneinander. Katechese ist demnach fundamental ein dialogisches Geschehen, und so wie Beziehungen unter Menschen ihre spezifischen Inhalte brauchen, kommt auch der kulturelle und spirituelle Erfahrungsraum des Glaubens nicht ohne eine vergewissernde Katechese aus, die benennt, was verbindet, und darum weiß, dass das Argument für den Glauben immer auf den Zeugen verweisen können muss, der es lebt.

In dieser Ausrichtung übernimmt das neue Direktorium für die Katechese eine Akzentuierung und einen Begriff, wie Papst Franziskus ihn im Nachsynodalen Apostolischen Schreiben *Evangelii*

Directoire pour la catéchèse: continuités et nouveautés, in: Lumen Vitae 76 (2/2021), 122–141; Henri Derroitte, Le pape François, inspirateur du Directoire?, ebd., 169–180; Jacqueline Martin-Bagnaudez, Paul e le ministère de catéchiste, in: Lumen Vitae 77 (1/2022), 29–39; Tadeusz Panuś, Situation der Katechese in Europa zu Beginn des 21. Jhs. Nach der Veröffentlichung des *Directorium catechisticum generale*, in: Analecta Cracoviensia 46 (2014), 121–153.

gaudium geprägt hat: „Kerygma“. An anderem Ort soll dieses Grundverständnis weiter bedacht und entfaltet werden.[91]

In allem geht es dabei um eine Authentizität und Unmittelbarkeit des Glaubens, die nicht Strategie, sondern Zeugnis geschenkter und gelebter Erfahrung ist. Diese muss sich – so das neue Direktorium für die Katechese – in den mannigfachen kulturellen Kontexten und sozialen Herausforderungen gleichermaßen als echt und stimmig vermitteln. Art. 58 bündelt diesen fundamentalen Anspruch so:

> „Die Kirche muss das Kerygma für die Bedürfnisse ihrer Zeitgenossen verkörpern, indem sie sich dafür einsetzt und dazu ermutigt, dass auf den Lippen der Katecheten (vgl. Röm 10,8–10) aus der Fülle ihres Herzens (vgl. Mt 12,34) aus einer gegenseitigen Dynamik des Zuhörens und Dialogs heraus (vgl. Lk 24,13–35) glaubwürdige Verkündigungen, lebendige Glaubensbekenntnisse und neue christologische Hymnen erblühen, um jedem die Frohe Botschaft zu verkünden ...“ (DK, Art. 58).

Kerygma in der Katechese ist also nicht ein frommes Superadditum, sondern im Kern das Wesen einer Glaubensweitergabe, die Gewissheit im authentischen Zeugnis des Katecheten findet. Wo es zu solchen Initialzündungen kommt, gelangt eine katechumenale Dynamik in die Katechese.

b) Katechumenale Dynamik als Prozess der Katechese

Unmittelbar nach der Bestimmung der Bedeutung des Kerygmas für die Katechese verweist das neue Direktorium in den Artikeln 61 bis 65 auf den Katechumenat als *die* Inspirationsquelle für jede Form der Katechese in der Kirche. Nicht nur im Blick auf die Ungetauften und Taufbewerber, für die die Kirche schon in ihrer Frühzeit diesen Weg der Eingliederung in ihre sakramentale Gemeinschaft entwickelt hat, sondern auch für alle, die nach ihrer Eingliederung

91 Vgl. in diesem Buch: 90–93.

einer nachgeholten Evangelisierung bzw. eines Prozesses der Re-Initiation bedürfen, stellt das neue Direktorium den Katechumenat als ein Paradigma vor. Es spricht nicht mehr wie *Catechesi tradendae* 1979 von Quasikatechumenen (CT, Art. 44), sondern – ähnlich wie bereits das vorherige Direktorium (vgl. DK 1997, Art. 90) – von einem Katechumenat im analogen Sinn bzw. von einer durch den Katechumenat inspirierten Katechese (vgl. DK, Art. 61–62).

Dabei hebt es sechs Aspekte hervor, die in direkt katechumenalen bzw. analogen Prozessen unbedingt zur Geltung kommen sollten: (1) der österliche Charakter, (2) der besondere Initiationscharakter, (3) der liturgische, rituelle und symbolische Charakter, (4) der gemeinschaftliche Charakter, (5) der Charakter der ständigen Umkehr und des Zeugnisses, (6) die stufenweise Entwicklung des Bildungsgeschehens bzw. ein Ereignis in Phasen und Stufen, das in den *rites de passage* immer zugleich einen Reifungsfortschritt im Glauben bewusst macht (DK, Art. 64).

Ein Bewusstsein für das katechumenale Paradigma aller Katechese wächst aber nur, wo der Weg der Eingliederung in die Kirche auch inmitten der Gemeinde und auf der Ebene der Ortskirche erlebt wird. Dass die Bekehrung Einzelner die vielen in eine persönliche Umkehr und Erneuerung ihres Glaubens im Taufversprechen führen kann, zeigt die österliche Praxis der Feier des Katechumenats gerade in der Osternachtliturgie. Wo diese in den letzten Jahren vermeintlich coronabedingt ausgesetzt bzw. reduziert wurde, ist zu befürchten, dass ein Bewusstseinsprozess, der gerade in den vergangenen dreißig Jahren in deutschsprachigen Landen in Gang gekommen war, stagniert oder gar das Augenmerk verstärkt auf strukturelle Fragen und Themen gelenkt wird.[92] „Die Mutter Kirche gebiert [aber nur dort] neue Kinder" – um ein Wort der Kirchenväter aufzunehmen –, „wo sie selbst im Ostergeheimnis lebt."[93] Dann

92 Vgl. Franz-Peter Tebartz-van Elst, Handbuch der Erwachsenentaufe. Liturgie und Verkündigung im Katechumenat, Münster 2002, 164–194.

93 Aus der Tagesmeditation von Papst Franziskus in der Frühmesse im vatikanischen Gästehaus *Domus Sanctae Marthae* am erstmalig gefeierten Gedenktag „Maria, Mutter der Kirche" (Pfingstmontag 2018); vgl. Die Kirche ist Frau und Mutter vom 21. Mai 2018, https://www.vatican.va/content/

mag sogar zutreffen, was bisweilen reformfreudige Amerikaner im Blick auf den Katechumenat und seine Dynamik salopp so formuliert haben: „It's not sheperds that make sheep but sheep that make sheep!“[94]

c) *Lex orandi* als *lex catechizandi* im neuen Direktorium für die Katechese

Schon von den Kirchenvätern her hat im Katechumenat die Liturgie eine eminent katechetische Bedeutung. Dieser Fokus findet sich auch ausdrücklich im neuen Direktorium für die Katechese. Im zweiten Kapitel des ersten Teils wird die Identität der Katechese wesentlich im Kontext der Liturgie definiert und diese als eine der zentralen Quellen für jede katechetische Vermittlung herausgestellt, „und zwar nicht nur, weil die Katechese aus der Liturgie Inhalte, Sprachen, Gesten und Worte des Glaubens schöpfen kann, sondern vor allem, weil diese im eigentlichen Akt des Glaubens zusammengehören“ (DK, Art. 95).

Wenn Walter Kasper gar die Theologie als „gedachte Liturgie“[95] apostrophiert, kommt darin ebenfalls zum Ausdruck, dass das kognitiv reflektierte Bekenntnis unseres Glaubens immer zugleich eines feiernd mystagogischen Resonanzbodens bedarf, damit der Glaube, der vom Hören kommt, auch zu Herzen gehen kann. Christlich-kirchliche Identitätsbildung braucht diese doppelte Ausrichtung, die sich seit alters im theologischen Axiom von der wesenhaften Bezüglichkeit einer *lex orandi* und *lex credendi* verdichtet hat. Dass Liturgie gesungene Dogmatik ist und Dogmatik gedachte Liturgie beinhaltet, markiert in dieser pointierten Formu-

francesco/de/cotidie/2018/documents/papa-francesco-cotidie_20180521_kirche-frau-und-mutter.html (Abruf 6.12.2022).

94 Balthasar Fischer, The Rite of Christian Initiation of Adults. Rediscovery and New Beginnings, in: Worship 64 (2/1990), 98–196, hier 104.

95 Walter Kasper, Die Wissenschaftspraxis in der Theologie, in: Handbuch der Fundamentaltheologie, Bd. 4: Traktat Theologische Erkenntnislehre, Tübingen 1988, 244 f.

lierung ein konstitutives Wechselverhältnis, das oft wenig bewusst ist und pastoral wie katechetisch in der Glaubensweitergabe bisher zu wenig Berücksichtigung findet.

Gerade im pastoralliturgischen Bereich ist mit Sorge zu beobachten, dass eine Eventisierung in der Vorbereitung und Gestaltung z. B. von Kinder- und Jugendgottesdiensten in dem Maße zunimmt, wie die Kenntnis von Glaubensinhalten schwindet. Einen Beleg für diese Tendenzen hat die Zeitschrift „Gottesdienst" vor einigen Jahren als Zitat aus einer Regionalzeitung pointiert präsentiert: „Eine Kartoffelmesse findet am Sonntag um 11.15 in St. Joseph statt. In diesem Familiengottesdienst wird in einem Spiel der Kindergarten St. Hedwig die Herkunft und Bedeutung der Kartoffel vorstellen. Nach der Messe kann man im Kräutergarten neben der Kirche erleben, wie Kartoffeln geerntet werden. Kartoffeln und Kräuterquark werden im Pfarrsaal angeboten."[96]

Umgekehrt ist manche dogmatisch-katechetische Vergewisserung des Glaubensbekenntnisses gerade aufgrund der entstandenen Verdunstung von Glaubensinhalten für viele Christen immer noch zu anspruchsvoll formuliert, so dass sich die Probleme in der wechselseitigen Bezüglichkeit beider Disziplinen vor allem im Bereich der Vermittlung zeigen. Diese Problemwahrnehmung macht bewusst, wie sehr die Theologie insgesamt in ihrer lebendigen Vermittlung mystagogischer Kontexte bedarf (vgl. DK, Art. 97–98), in denen Glaubensinhalt und Glaubenserfahrung synergetisch eine Glaubensidentität freisetzen. Die pastorale Ausgangssituation in der Glaubensverkündigung verlangt unter den heute gegebenen gesellschaftlichen Lebensbedingungen angesichts zunehmend schwindender äußerer, milieubezogener Stützen für den Einzelnen nach Wegen und Orten, die ihm das Ineinander einer *fides quae* (Glaubensinhalte) und *fides qua* (Glaubenswege) als innere Plausibilitätsstruktur des christlich-kirchlichen Glaubens eröffnen.

Um dieses Miteinander und Ineinander im Prozess der Glaubensvermittlung wieder deutlicher zur Geltung zu bringen, bedarf es zu-

96 So in: Tebartz-van Elst, Der Ton macht die Musik (Anm. 20), 149. Vgl. dazu auch die kontextuellen Hinweise in diesem Buch: 55 f.

nächst einer Vergewisserung von solchen mystagogischen Erkenntniskontexten (z. B. der Osternachtliturgie), die durch Schrift und Tradition in der Kirche bezeugt sind. Damit ergibt sich eine normative Inspiration und Orientierung, die helfen kann, in Liturgie und Katechese wieder ausdrücklicher zusammenzuführen, was zusammengehört. Sowohl in der Vorbereitung und Durchführung von Gottesdiensten mit Kindern und Jugendlichen im Rahmen der Erstkommunion- und Firmvorbereitung als auch in der Gestaltung katechetischer Stundenentwürfe scheint es immer dringender zu werden, eine Kriteriologie zu entwickeln, die in den Primärsymbolen der Liturgie Inhalte des Glaubens begreifen lässt, statt Sekundärsymbole in Feier und Verkündigung des Glaubens zu tragen, worauf nicht selten eine Diffusion der Inhalte folgt.

Diesen Horizont verfolgt das neue Direktorium für die Katechese, indem es betont: „Liturgie und Katechese sind, wenn sie trotz ihrer jeweiligen Besonderheiten im Licht der Überlieferung der Kirche begriffen werden, nicht nebeneinanderzustellen, sondern im Kontext des christlichen und kirchlichen Lebens zu verstehen und beide auf das Erleben der Liebe Gottes ausgerichtet. Denn das alte Prinzip *lex credendi – lex orandi* verweist auf die Liturgie als konstitutives Element der Überlieferung" (DK, Art. 95). In diesem Sinn darf man – gerade um der katechetischen Kraft in den Riten der Liturgie gerecht zu werden – vielleicht auch (und dafür plädiere ich immer wieder) die *lex orandi* als den „vorzüglichsten Ort der Katechese des Gottesvolkes" (DK, Art. 96; KKK 1074) begreifen, in der sich die *lex credendi* zeigt und aus der eine *lex catechizandi* folgt. Dieser Zusammenhang verweist auf einen weiteren Kontext, dem das neue Direktorium besondere Aufmerksamkeit schenkt.

d) *Via pulchritudinis* als Anknüpfung und Ansatz für die Katechese

Es sind vor allem die Artikel 106 bis 109, in denen das neue Direktorium einen herausgehobenen Impuls von Papst Franziskus, wie er ihn in seinem Nachsynodalen Apostolischen Schreiben *Evangelii gaudium* betont, aufnimmt. Es spricht vom „Weg der Schönheit“ und zitiert damit, wie Franziskus in *Evangelii gaudium* die *„via pulchritudinis“* (EG, Art. 167) begreift.

Dieser Linie folgt das neue Direktorium für die Katechese ausdrücklich. In den genannten Artikeln entfaltet es „Schönheit“ als Ergriffenheit von der Wahrheit und Güte Gottes und sieht gleichsam das wirklich Schöne in der Person Jesu dargestellt. Urbild und Abbilder stehen in einem inneren Zusammenhang – und in der Linie des großen Schreibens zur Katechese von Papst Johannes Paul II., *Catechesi tradendae*, steht in der Mitte aller Katechese immer die Person Jesu (CT, Art. 5–9), wie alles wirklich Schöne in der Welt auf ihn verweist.

Aus dieser grundsätzlichen Vergewisserung folgt dann auch die Anwendung auf die verschiedenen zeitgenössischen kulturellen Kontexte der Katechese, wie sie das 10. Kapitel im dritten Teil des neuen Direktoriums („Die Katechese in den Teilkirchen“) durchdringt. Es geht dabei um die Herausforderung durch Pluralismus und Komplexität unter den Gegebenheiten unterschiedlicher Lebensorte und Lebenswelten, durch ökumenisch und religiös plurale Bekenntnisse und Religionsstile, soziokulturelle Verschiedenheiten, bioethische und ökologische Fragestellungen und ganz besonders um den Einfluss einer rasant zunehmenden digitalen Kultur in ihren kaleidoskopischen Aspekten.

Hier betritt das neue Direktorium wirklich Neuland: in der Reflexion darüber, wie die digitale Revolution in eine katechetische Interpretation finden kann. Diese Frage war auch eine der zentralen Herausforderungen, die bei der universalkirchlichen Entwicklung dieses Dokumentes im Päpstlichen Rat für die Förderung der Neuevangelisierung bewusst machte, wie sehr sich seit dem letzten Direktorium von 1997 die Bedingungen menschlicher und damit auch katechetischer Kommunikation verändert haben und warum nicht eine Revision, sondern nur die Edition eines neuen Direktoriums die adäquate Reaktion sein kann.

In diesem Zusammenhang bietet sich gerade das 10. Kapitel im dritten Teil des neuen Direktoriums („Die Katechese im zeitgenössischen kulturellen Kontext“) an, um der „digitalen Kultur als einem religiösen Phänomen“ nachzugehen.[97] Näherhin sind es die Artikel 365 bis 372, in denen die Chancen und Grenzen dieser neuen technischen Möglichkeiten als Konditionen für einen grundlegenden Mentalitätswechsel im Denken und im Austausch miteinander bedacht werden. So kann das neue Direktorium einerseits feststellen: „Die Entwicklung von Formen und Werkzeugen, welche die anthropologischen Anliegen, die diesen [digitalen] Phänomenen zugrunde liegen, entschlüsseln können, und die Ausarbeitung ganz neuer Möglichkeiten der Evangelisierung ermöglichen ein Angebot an pastoralen Maßnahmen, die ebenso global sind wie die digitale Kultur global ist“ (DK, Art. 367). Konkret hat sich das in der Corona-Pandemie als neue Form der Kommunikation in Liturgie (vgl. die Streaming-Gottesdienste) und auch in der Katechese gezeigt.

Genauso bleibt aber zu bedenken, wie die sozialen Medien auf neue Weise ein erzieherisches Potenzial bzw. einen Einfluss entwickeln, dessen Ambivalenz sich mehr und mehr begreifen lässt. Dass mit der Veränderung von Zeichen im digitalen Kontext und einer Kommunikation, die sich darin bewegt, auch die Semiotik von Liturgie und Katechese sich nachhaltig verändert, gilt es weitgehend noch zu erforschen, weil es gegenwärtig allenfalls nur erahnt werden kann. Deshalb bleibt festzuhalten, was Art. 371 des neuen Direktoriums gleichsam als Orientierung ausgibt: „Die eigentliche Frage im Prozess der Evangeliumsverkündigung ist nicht, wie die neuen Technologien für die Evangelisierung eingesetzt werden können [bei aller anfänglichen Begeisterung, die bisweilen auch blenden kann], sondern wie man zu einer evangelisierenden Gegenwart auf dem digitalen Kontinent werden kann“ (DK, Art. 371). Hier stehen wir offensichtlich erst am Anfang eines Prozesses der Unterscheidung der Geister, bei dem ein vorschneller Enthusiasmus oder gar Euphemismus für alles technisch Mögliche nicht verdrängen

97 Vgl. dazu weiterführend: Stefan Kopp / Benjamin Krysmann (Hg.), Online zu Gott? Ausdrucksformen und Erfahrungen im Medienzeitalter (Kirche in Zeiten der Veränderung 5), Freiburg i. Br. 2020; Petroc Willey / Joseph D. White, Companion to the Directory for Catechesis, London 2021, bes.: Foreword by Franz-Peter Tebartz-van Elst, 4–10.

darf, was nachhaltig ist und bleibt, wenn Menschen im Glauben kommunizieren. In diesem Sinn stellt auch das neue Direktorium fest: „Die Katechese, die sich nicht einfach so digitalisieren lässt, muss natürlich die Macht des Mediums kennen und all seine Potenziale und positiven Aspekte nutzen, allerdings in dem Bewusstsein, dass Katechese nicht allein durch den Einsatz digitaler Werkzeuge erfolgt, sondern durch das Anbieten von Räumen für Glaubenserfahrungen" (DK, Art. 371) – und so möchte man noch ergänzen: durch leibhaftige personale Präsenz. Gerade diese Wahrnehmung bringt ein weiterer Fokus des neuen Direktoriums zur Geltung.

e) Zielgruppen der Katechese im neuen Direktorium

Schon das Vorgängerdokument von 1997 hat der Differenzierung von Ziel- und Altersgruppen in der Katechese besondere Aufmerksamkeit geschenkt (DK 1997, Art. 171–192). Letztlich geht es bei diesem Bemühen darum, zu extrapolieren, was Papst Johannes Paul II. in seinem Apostolischen Lehrschreiben *Catechesi tradendae* schon 1979 fundamental im V. Kapitel festgehalten hat: „Alle bedürfen der Katechese" (vgl. CT, Art. 35–45). Neben den damit gegebenen Einzelgruppen ist es im neuen Direktorium vor allem die Betonung der Familie als des genuinen katechetischen Lernortes, aus dem alle weitere Differenzierung in diesem Dokument folgt. Die Wahrnehmung, dass „die Familie Gemeinschaft der Liebe und des Lebens ist [und] in ihr sich vielfältige interpersonale Beziehungen herausbilden – die bräutliche, die väterliche und die mütterliche, die kindliche, die geschwisterliche –, durch die jede menschliche Person in die ‚Familie der Menschheit' und die ‚Familie Gottes', die Kirche, eingeführt wird" (DK, Art. 226), hat eine katechetische Qualität. Wie eng kirchliches Leben zudem mit dem gesellschaftlichen verwoben ist, weiß auch dieses Dokument zu betonen, wenn es folgend von der Familie als der „Keimzelle der Gesellschaft" (ebd.) spricht und entsprechend „die Kirche [als] Familie der Familien" (ebd.) und damit als Gemeinschaft der Hauskirchen versteht. Dass diese Annahme und begründete Voraussetzung allerdings durch vielfältige gesellschaftliche und wirtschaftliche Entwicklungen längst relativiert erscheint, weiß auch das Dokument und versucht, in den folgenden Kapiteln mit der Inspiration und Initiierung einer Familienkatechese dem wenigstens exemplarisch entgegenzuwirken. Die fundamentale pastorale Problematik, dass heute die Familie in vielen Ländern als Keimzelle der Katechese ausfällt, kann auch das neue Direktorium nicht lösen.

Die Erweiterung des Zielgruppenspektrums, wodurch – im Vergleich zum Vorgängerdokument – jetzt ausdrücklich auch Migranten, Auswanderer und Menschen am Rand der Gesellschaft in den Blick genommen werden (vgl. DK, Art. 273–282), belegt einmal mehr den Versuch, in bestimmten Lebenssituationen aufzuspüren, was der tieferen Orientierung und Deutung durch das „Kerygma", d. h. durch eine elementarisierte Erstverkündigung bedarf. Gerade im Blick darauf braucht es eine Profilierung des katechetischen Dienstes.

f) Professionalisierung und Institutionalisierung des katechetischen Dienstes

Vielleicht kann man es als den nachhaltigsten Impuls des neuen Direktoriums für die Katechese sehen, nicht nur die Vermittlung von Inhalten und den Weg der Weitergabe des Glaubens zu reflektieren und zu unterstützen, sondern die Katecheten selbst in ihrer Berufung zu bestärken und zu fördern. Dies ist die durchlaufende Perspektive aller Kapitel des neuen Direktoriums – besonders dort, wo es um den zeitgenössischen kulturellen Kontext geht (vgl. DK, 10. Kapitel). Auch alles, was die Teilkirchen dazu betragen können (vgl. DK, 9. Kapitel), steht in diesem Dienst.

Ausdrücklich erörtert aber das vierte Kapitel im ersten Teil die Bedeutung der Ausbildung der Katecheten (vgl. DK, Art. 135), bedenkt Kriterien und beleuchtet Dimensionen (vgl. DK, Art. 136–150). Schon zu Beginn heißt es hier grundlegend: „Die Bildung hat in erster Linie das Ziel, den Katecheten bewusst zu machen, dass sie als Getaufte wahre missionarische Jünger, d. h. aktive Träger der

Evangelisierung sind und auf dieser Grundlage von der Kirche befähigt werden, das Evangelium zu kommunizieren und im Glauben zu begleiten und zu erziehen“ (DK, Art. 132). Jede Institutionalisierung des katechetischen Dienstes und jede Sendung der Katecheten in ihren kirchlichen Dienst basiert also auf dem Fundament von Taufe und Firmung und begründet damit einen eigenen unableitbaren und doch auf das Miteinander aller Ämter und Dienste in der Kirche hingeordneten Dienst.[98]

Ganz in diesem Sinn ist die jüngste Initiative von Papst Franziskus mit seinem Motuproprio *Antiquum ministerium*[99] zu verstehen, das am 11. Mai 2021 vom Päpstlichen Rat für die Förderung der Neuevangelisierung vorgestellt wurde. In ihm geht es ausdrücklich um die Einrichtung eines katechetischen Dienstes mit eigenem Profil und eigener liturgischer Sendung. In Anlehnung an das Motuproprio von Papst Paul VI. *Ministeria quaedam*[100] aus dem Jahr 1972 wurden die verschiedenen Dienste in der Kirche, die bis zum Zweiten Vatikanum lediglich als „niedere Weihen“ galten, schon damals auf dem theologischen Fundament von Taufe und Firmung als ein genuiner Dienst aller Getauften verstanden. Der nun nach dem Lektorat und dem Akolythat auch für das katechetische Wirken der Kirche eigens konturierte und profilierte Dienst will ausdrücklich nicht als eine Art Klerikalisierung der Laien bzw. Laikalisierung des Klerus verstanden werden (vgl. AM, Art. 7).

Der besondere Auftrag der Kirche zur Evangelisierung in globaler und digitalisierter Welt betont, dass gerade diese Berufung des

98 Vgl. auch: Anne-Marie Boulogne / Isabelle Narring, La formation des catéchistes selon le Directoire de 2020. Quoi de nouveau?, in: Lumen Vitae 76 (2/2021), 195–204.

99 Vgl. Anm. 19.

100 Vgl. Apostolisches Schreiben in Form eines „Motu proprio“ *Ministeria quaedam* von Papst Paul VI., durch das die Disziplin bezüglich der ersten Tonsur der niederen Weihen und der Subdiakonatsweihe in der lateinischen Kirche neu geordnet wird, vom 15. August 1972, Città del Vaticano 1972; online: https://www.vatican.va/content/paul-vi/it/motu_proprio/documents/hf_p-vi_motu-proprio_19720815_ministeria-quaedam.html (Abruf 22.10.2022). [= MQ]

Katecheten in vielfältiger Ausprägung zu geschehen hat. Auch darin greift der Papst auf das Laiendekret des Zweiten Vatikanums zurück, nach dem „dieses Apostolat umso dringlicher wird, als die Autonomie vieler Bereiche des menschlichen Lebens [...] sehr gewachsen ist, wenngleich dieses Wachstum bisweilen mit einer gewissen Entfremdung von der ethischen und religiösen Ordnung und mit einer schweren Krise des christlichen Lebens verbunden ist" (AA 1).[101]

Dieser „Weltcharakter" im Dienst des Katecheten will damit ausdrücklich jeglicher Klerikalisierung dieses neuen Dienstes wehren. Ganz in dieser Absicht betont das neue Motuproprio mit *Evangelii gaudium*, dass ein wirklicher „Weltcharakter" über den innerkirchlichen Bereich hinausgehen muss, und stellt fest, wie sich bei allem gewachsenen Einsatz von Laien dieser immer noch zu wenig im „Eindringen christlicher Werte in die soziale, politische und wirtschaftliche Welt" vollzieht (AM, Art. 5).

Zusammenfassend lässt sich feststellen, dass das neue Direktorium für die Katechese einen weiteren großen Meilenstein in der katechetischen Entwicklung seit dem Zweiten Vatikanischen Konzil markiert. Sein fundamentaltheologischer Ansatz, Glaube als lebendiges Beziehungsgeschehen zu begreifen, zu fördern und zu leben, durchzieht alle Kapitel dieses Apostolischen Schreibens. Katechese im Dienst der Neuevangelisierung beinhaltet damit das Kerygma des Glaubens unter den verschiedenen Aspekten des Lebens, wo und wie der Mensch in eine lebendige Freundschaft mit Jesus Christus finden kann. Jeder Lehrsatz versteht sich damit nicht als ein Satzglaube, den es nur für wahr zu halten gilt, sondern als das verdichtete Zeugnis der Überlieferung des christlich-kirchlichen Glaubens, der zu unterschiedlichsten Zeiten getragen und gehalten hat, was er dem verspricht, der in eine lebendige Beziehung mit Jesus Christus findet und in ihr verbleibt; ganz im Sinne dessen, was der bayeri-

101 Dekret *Apostolicam actuositatem* über das Laienapostolat vom 18. November 1965, https://www.vatican.va/archive/hist_councils/ii_vatican_council/documents/vat-ii_decree_19651118_apostolicam-actuositatem_ge.html (Abruf 22.10.2022). [= AA]

sche Kirchenvater Johann Michael Sailer (1751–1832) einmal so auf den Punkt brachte: „Nie haben Menschen Großes gewirkt, denen nicht Großes vorleuchtete. Nie wird der geistliche Mensch große Dinge tun, wenn ihm nicht die Größe seiner Berufung durch Gottes Macht in die Seele blitzt.“[102]

Das aber ist Katechese im ureigensten Sinn des Wortes *katechein*: das Echo im Blitz, das Wort in seiner Wirkung, Gewissheit im Glauben (wie es die Apostelgeschichte nennt), das Tragende in der Tradition und das Künftige in der Innovation – kurzum: Verheißenes in der Gegenwart!

2. Das Motuproprio *Antiquum ministerium* (2021)

So wie im vorangegangenen Kapitel die Brücke vom neuen Direktorium zum daraus folgenden Motuproprio *Antiquum ministerium*[103] von Papst Franziskus bereits angedeutet wurde, soll nachfolgend weiter und detaillierter entfaltet werden, worin das Proprium eines neuen ausdrücklichen Dienstes von Katecheten besteht. Bei der Vorstellung dieses Dokumentes hat der Pro-Präfekt der ersten Sektion des neuen Dikasteriums für Evangelisierung darauf verwiesen, dass dieser neue Dienst eine Frucht und zugleich eine Konsequenz der Reflexionen ist, die das neue Direktorium für die Katechese enthält.

Das Motuproprio von Papst Franziskus *Antiquum ministerium* über die Berufung und den eigenständigen Dienst des Katecheten greift in seiner theologischen Begründung auf zwei entscheidende Quellen zurück. Aus beiden Ressourcen geht hervor, wie sehr Berufung und Dienst des Katecheten von Anfang an in der Kirche ein eigenes Charisma darstellen *(Antiquum ministerium)*, das gleichsam durch das Zweite Vatikanische Konzil (und hier vor allem in den beiden Dekreten *Lumen gentium* und *Apostolicam actuositatem*) im

102 Johann Michael Sailer, Geistliche Texte, hg. von Konrad Baumgartner, Regensburg 1981, 73.

103 Vgl. Anm. 19.

Bewusstsein der Gläubigen und im Leben der Kirche wiederbelebt worden ist.[104]

Im dritten Punkt des Motuproprios spricht Papst Franziskus davon, dass der Vielzahl von Katechetinnen und Katecheten in der Kirche eine Vielfalt an Begabungen und Einsatzfeldern entspricht. So wie sie beherzt Zeugnis geben vom Glauben der Kirche, stehen sie in einer Reihe mit den Heiligen und Seligen, den Märtyrern und Bekennern, die dem Glauben in der Verkündigung ihr Gesicht und ihre Stimme gegeben haben.

Das Anliegen von Papst Franziskus, mit diesem Motuproprio das katechetische Profil der Kirche zu stärken und den Dienst der Verkündigung nicht vom Amt her abzuleiten, wohl aber auf das Amt hin auszurichten, kommt in seiner theologischen Argumentation und in der neu geschaffenen auch rituellen Institution des katechetischen Dienstes zum Ausdruck. Im neuen Motuproprio lassen sich sieben Aspekte entdecken, die die Konturen einer eigenständigen Berufung zum Katecheten markieren.

a) Das Ministerium des Katecheten hat sein theologisches und spirituelles Fundament in Taufe und Firmung

Bereits in seinem zweiten Punkt spricht das Motuproprio davon, dass das Hören auf den Heiligen Geist und das Handeln in seinem Sinn eine Frucht der Taufe ist. Auf diesem Fundament wächst ein sichtbares Engagement in verschiedensten Ausdrucksformen, das am Wort des Apostels Paulus orientiert ist: „Es gibt verschiedene Gnadengaben, aber nur den einen Geist. Es gibt verschiedene Dienste, aber nur den einen Herrn. [...] Jedem aber wird die Offenbarung des Geistes geschenkt, damit sie anderen nützt" (1 Kor

104 Vgl. weiterführend: François-Xavier Amherdt, Points d'attention pour la mise en Œuvre des récents Motu proprio Spiritus Domini et Antiquum ministerium, in: Nouveau Revue Théologique 144 (2022), 407–423; Roland Lacroix, Un tournant pour la catéchese, in: Lumen Vitae 77 (1/2022), 5–7.

12,4–5.7). In diesem Bewusstsein wird die Kirche als Leib Christi gerade durch die spezifischen Charismen der Katecheten als Getaufte aufgebaut.

b) Das Ministerium des Katecheten ist ein Dienst in der Welt

Schon in der Konzilskonstitution über die Kirche *Lumen gentium* und ganz besonders im Dekret über das Laienapostolat *Apostolicam actuositatem* wird der besondere Weltcharakter des Laien betont. Als Berufung aus dem Volk Gottes *(laos)* lebt der Katechet mitten in der Welt, d. h. in all den einzelnen irdischen Aufgaben und Werken und den normalen Verhältnissen des Familien- und Gesellschaftslebens, aus denen ihre Existenz gleichsam zusammengewoben ist (vgl. LG 31). Dem entspricht, was Papst Franziskus im fünften Punkt des Motuproprios mit Verweis auf die schon mehrfach zitierten Artikel in *Evangelii gaudium* (163–168) als besonderen Auftrag der Kirche zur Evangelisierung in globaler und digitalisierter Welt betont und im Dienst der Katecheten in entsprechend vielfältiger Ausprägung gegeben sieht.

c) Das Ministerium des Katecheten ist ein Dienst an der Welt

Dieser „Weltcharakter" im Dienst des Katecheten profiliert ihn in seiner Berufung zum Laien ausdrücklich als „Weltchristen", wie Bischof Rudolf Voderholzer ihn ausgehend von seinen theologischen Studien bezeichnet wissen möchte, um einem falschen Verständnis von „Laie" als „Nichtfachmann" entgegenzuwirken.[105] Ganz in dieser Absicht betont das neue Motuproprio mit *Evangelii gaudium*,

105 Vgl. Rudolf Voderholzer, „Den Laien ist der Weltcharakter in besonderer Weise eigen" (LG 31). Spurensuche in der Lehre des Zweiten Vatikanischen Konzils über die Kirche, in: ders., Zur Erneuerung der Kirche. Geistliche Impulse zu aktuellen Herausforderungen, Regensburg 2020, 128–149, bes. 142–146.

dass ein wirklicher „Weltcharakter“ über den innerkirchlichen Bereich hinausgehen muss, und stellt fest, „wie sich bei allem gewachsenen Einsatz von Laien dieser immer noch zu wenig im Eindringen christlicher Werte in die soziale, politische und wirtschaftliche Welt vollzieht“ (vgl. EG, Art. 102).

d) Das Ministerium des Katecheten ist ein Dienst am Kerygma

Schon in *Evangelii gaudium* hat Papst Franziskus eine besondere Bestimmung des Begriffs „Kerygma“ vorgenommen, die sich auch im neuen Direktorium findet. Wenn er jetzt im vierten Punkt des neuen Motuproprios mit Bezug auf die Konzilsväter über den Dienst des Katecheten von der *„plantatio ecclesiae“* (AM, Art. 4) spricht, geht es ihm darum, dass das Ganze der christlichen Botschaft quasi elementarisiert im Charisma eines Katecheten zum Ausdruck kommen soll. Eine Erstverkündigung, die sich so ereignet, lässt ausgehend vom „Zeugnis des Lebens“ nach dem „Zeugnis des Wortes“ fragen und führt so in die Dynamik christlicher Initiation, wie sie der vierte Punkt des neuen Motuproprios ausdrücklich benennt.

e) Das Ministerium des Katecheten wendet sich gegen eine Klerikalisierung der Laien und eine Laikalisierung des Klerus

Im neuen Motuproprio verweist Papst Franziskus mit deutlichen Worten auf die Gefahr, dass eine Profilierung des katechetischen Dienstes nicht zu einer neuen Form der Klerikalisierung führen darf. Im siebten Punkt seines Apostolischen Schreibens spricht er von der missionarischen Berufung des Katecheten, die so zur Umsetzung kommen soll, dass er nicht irgendwelchen Ausdrucksformen des Klerikalismus verfällt. Auf dem Boden der Dignität der Taufe einen persönlichen Beitrag zum Leben aller Getauften leisten zu wollen, bewahrt vor jener Versuchung, wo sich der Einzelne im

Blick auf das Ganze versteht, und wehrt auch den Tendenzen, dass das Amt sich von der Katechese gleichsam mehr und mehr dispensiert und auf diese Weise einer eigenen Laikalisierung Vorschub leistet. In diesem Sinne hat Papst Franziskus bei einer Ansprache den Begriff seines Vorgängers, des hl. Papstes Johannes Paul II., von der „Spiritualität der Gemeinschaft" aufgenommen, die sich dadurch charakterisiert, dass der Getaufte lernt, das Positive (und je Eigene) im Leben des anderen zu sehen und es als Bereicherung für den eigenen Dienst zu begreifen (vgl. NMI, Art. 43).[106] Man wehrt jeglichem Klerikalismus, wo man komplementär denkt.

f) Das Ministerium des Katecheten entfaltet sich in einer Spiritualität der Gemeinschaft und einer Spiritualität des Gebetes

In seiner Katechese bei der Mittwochsaudienz am 14. April 2021 hat Papst Franziskus betont: „Ohne den Glauben bricht alles zusammen. Und ohne das Gebet erlischt der Glaube. [...] Darum ist die Kirche, die Haus und Schule der Gemeinschaft ist, Haus und Schule des Glaubens und des Gebets."[107] Dieser gedankliche Zusammenhang führt weiter, was im vorherigen Punkt bereits angesprochen wurde, und er wird im neuen Motuproprio ausdrücklich als ein wesenhafter innerer Zusammenhang einer authentischen Katechese

106 Vgl. Apostolisches Schreiben *Novo millennio ineunte* Seiner Heiligkeit Papst Johannes Paul II. an die Bischöfe, den Klerus, die Ordensleute und an die Gläubigen zum Abschluss des Großen Jubiläums des Jahres 2000 vom 6. Januar 2001 (Verlautbarungen des Apostolischen Stuhls 150), hg. vom Sekretariat der Deutschen Bischofskonferenz, Bonn 2000; online: https://www.dbk-shop.de/de/publikationen/verlautbarungen-apostolischen-stuhls/papst-johannes-paul-ii-apostolisches-schreiben-novo-millennio-ineunte.html (Abruf 22.10.2022). [= NMI]

107 Papst Franziskus, Generalaudienz, Bibliothek im Apostolischen Palast, Mittwoch, 14. April 2021, https://www.vatican.va/content/francesco/de/audiences/2021/documents/papa-francesco_20210414_udienza-generale.html (Abruf 22.10.2022).

herausgestellt. Katechet sein als Berufung zum Weltchristen in der Verkündigung der Kirche setzt die Integration des Katecheten in die Communio der Kirche voraus und verlangt nach einer stetigen Kommunikation mit Gott und den Gläubigen.

g) Das Ministerium des Katecheten ist Profession aus Formation

Qualität im katechetischen Dienst ist nur gewährleistet, wo es eine Begleitung und Befähigung der Katecheten zu dieser Berufung und Aufgabe gibt. Gerade in diesem Kontext ergibt sich für die Kirche die Möglichkeit, das Eigene der Berufung und Sendung zum Katecheten zu vermitteln. Im sechsten Punkt des Motuproprios betont Papst Franziskus, dass der Katechet nicht an erster Stelle liturgische bzw. pastorale Aufgaben und Verantwortungen anderer Dienste an sich ziehen soll, sondern dass er selbst in seinem Zeugnis Lehrer und Mystagoge, Begleiter und Pädagoge aus eigener Berufung und Begabung ist. In diesem Zusammenhang verweist das neue Motuproprio in seinem vierten Punkt auch auf die Hilfen, die im Katechismus der Katholischen Kirche, in *Catechesi tradendae*, in *Evangelii gaudium* und im neuen Direktorium für die Katechese als Orientierung zur Verfügung stehen. Wie konkret dieses Profil eine neue Position von Katecheten im Gesamt der christlich-kirchlichen Verkündigung bewirken kann, soll an anderer Stelle mit einigen Reflexionen zu Schulen des Glaubens, des Gebetes und der Gemeinschaft entfaltet werden, wie sie im Limburger Projekt des Bischof-Blum-Kollegs über einige Jahre praktiziert wurden.[108]

108 Zum Bischof-Blum-Kolleg vgl. 107–109. – Vgl. dazu auch: Philipp Müller, Qualitätsstandards der Katechese, in: HerKorr 76 (1/2022), 49–51. Auch wenn dieser Beitrag die universalkirchliche Perspektive des Motuproprios *Antiquum ministerium* zu wenig berücksichtigt und in seiner Anwendung und Bewertung einseitig aus deutscher Perspektive urteilt, sind die am Ende des Beitrags angefügten Verweise auf die USA anregend.

In den vorangehenden sieben Punkten habe ich versucht, wesentliche Konturen des katechetischen Dienstes im Sinne des neuen Motuproprios von Papst Franziskus *Antiquum ministerium* aufzuzeigen. Dass der Heilige Vater dieses Profil mit der Schaffung eines neuen auch rituellen Instituts einer liturgischen Beauftragung und Sendung – orientiert am Apostolischen Schreiben Papst Pauls VI. *Ministeria quaedam* – nun für die ganze Kirche herausstellt, zeigt die gewachsene Bedeutung eines eigenständigen katechetischen Dienstes für den Aufbau des Leibes Christi.

3. Wege und Wirkung einer sakramentalen Katechese

In der ersten Hälfte des Jahres 2020 sind zwei herausragende Dokumente als Verlautbarungen des Apostolischen Stuhls publiziert worden, die nachhaltige Aufmerksamkeit verdienen.[109] Mag es an der Corona-Pandemie oder daran gelegen haben, dass beide geradezu in komplementärer Weise und doch unabhängig voneinander entwickelt einen neuralgischen Punkt in der Glaubensweitergabe berühren – ihre Wahrnehmung dürfte stärker sein angesichts so vieler scheinbarer Aporien in der heutigen Glaubensverkündigung. Nicht nur sind beide Dokumente in großer Nachbarschaft zu finden. Das Schreiben der Internationalen Theologenkommission „Die Reziprozität zwischen Glaube und Sakramenten in der sakramentalen Heilsordnung" ist in den Verlautbarungen des Apostolischen Stuhls (Nr. 223, hg. vom Sekretariat der Deutschen Bischofskonferenz) erschienen und dort auf den 3. März 2020 datiert. Das neue Direktorium für die Katechese vom Päpstlichen Rat für Neuevangelisierung nimmt in den Verlautbarungen des Apostolischen Stuhls (hg. vom

109 Vgl. zu diesem Abschnitt auch: Franz-Peter Tebartz-van Elst, Ein Glaube, der zu Herzen geht. Wege und Wirkung einer sakramentalen Katechese, in: Markus Graulich / Karl-Heinz Menke (Hg.), Fides incarnata. Festschrift zum 65. Geburtstag von Rainer Maria Cardinal Woelki, Freiburg i. Br. 2021, 504–521.

Sekretariat der Deutschen Bischofskonferenz) die Nr. 224 ein und trägt als Publikationsdatum den 23. März 2020. Beide großen Nachbardokumente stehen sich aber nicht nur zeitlich nahe. Diese äußere Verwandtschaft deutet vielmehr auf eine inhaltliche Nähe hin, die sowohl in der Skizzierung des Problembewusstseins als auch in der inhaltlichen Ausrichtung darauf hinweist, wie sehr hier der theologische und pastorale Kairos getroffen ist, der deutlich macht, dass eine theologische Vergewisserung zunehmend unumgänglich erscheint, wo soziokulturelle und institutionelle Stützen einstiger Glaubensweitergabe weggebrochen sind.[110] Der allzu früh verstorbene und hoch anerkannte Kanonist P. Stephan Haering OSB hat in seiner stets pastoral ausgerichteten Auslegung des Kirchenrechts immer wieder darauf verwiesen, dass „der übernatürliche Glaube und die natürliche Gerechtigkeit die Basis und Quelle für die rechtliche Ordnung der katholischen Kirche bilden und dies besonders im Hinblick auf eine ehrfürchtige Verwaltung der Sakramente gilt“[111]. Das impliziert gerade eine besondere Wachsamkeit für die Reziprozität von Glaube und Sakramenten, wo sie in konkreten Lebenssituationen erbeten werden und es einer pastoral verantwortlichen Unterscheidung zwischen äußeren Anlässen und inneren Motiven bedarf. Gerade dort, wo sich die innere Glaubensimprägnierung volkskirchlicher Situationen zunehmend auflöst und oft nur noch ein Torso äußerer Gewohnheiten und Ansprüche anzutreffen ist, muss die Katechese reagieren und orientieren, damit die Frage nach dem Glauben in den Sakramenten relevant bleibt.

Dass diese Entwicklung durch die Corona-Pandemie noch katalysatorisch befeuert wurde, macht erst recht die zeitliche und inhalt-

110 Vgl. weiterführend: Rino Fisichella, Neuevangelisierung und Kultur, in: George Augustin / Horst Köhler (Hg.), Glaube und Kultur (Theologie im Dialog 11), Freiburg i. Br. 2014, 173–183.

111 Stephan Haering OSB, Neuerungen im Recht der lateinischen Kirche zur Taufe und zur kirchlichen Zugehörigkeit. Anmerkungen im Anschluss an das Motu proprio *De concordia inter Codices* (2016), in: Barbara Stühlmeyer (Hg.), Auf Christus getauft. Glauben leben und verkünden im 21. Jahrhundert (FS für Franz-Peter Tebartz-van Elst), Kevelaer 2019, 36–52, hier 52.

liche Dringlichkeit bewusst, was unverzichtbar gegeben sein und bleiben muss, wenn einst wenigstens äußerlich Gewähntes innerlich nicht mehr gedeckt ist. Karl-Heinz Menke hat diesen Zusammenhang schon in der Einführung zu seinem Standardwerk über Sakramentalität, das vor über zehn Jahren erschienen ist, als eine plausible Problemanzeige pointiert zum Ausdruck gebracht: „Je weniger Kirchenbesuch, desto weniger Christusglaube; je weniger Sakramentenempfang, desto weniger Hören des Evangeliums; je weniger Kirchenbindung, desto schwächer der Glaube.“[112]

Dass die einst gängige augustinische Formel im Blick auf das Verständnis und die Spendung von Sakramenten „Es kommt das Wort zum Element und es entsteht das Sakrament“[113] immer mehr die Gefahr eines automatistischen Sakramentenverständnisses in sich birgt, je weniger praktizierter und bezeugter Glaube zu erleben ist, versteht sich von selbst. Dass darin aber auch auf erhellende und erhebende Weise zum Ausdruck kommt, wie die *fides incarnata* Gottes Schöpfung in sein Heilswerk einbezieht und Sakramente die Initiative des Schöpfers sind, die der Mensch nur im Glauben als Geschenk annehmen kann, ist geradezu die entlastende Perspektive auf Gottes Heilshandeln, die von menschlichem Leistungs- oder gar Verdienstdenken befreit. Karl-Heinz Menke hat gerade die postmoderne Sichtweise in dieser Spannung als einen zentralen Hinderungsgrund diagnostiziert, wenn er im Kontext einer „beschädigten Sakramentalität und eines verwundeten Katholizismus“[114] resümiert:

> „Sakramentales Denken setzt die anthropologische Unterscheidung zwischen Ich und Nicht-Ich ebenso voraus wie die ontologische Unterscheidung zwischen einer bezeichnenden und einer bezeichneten Ebene. Sakramentales und postmodernes Denken verhalten sich zueinander wie zwei einander sich ausschließende

112 Karl-Heinz Menke, Sakramentalität. Wesen und Wunde des Katholizismus, Regensburg 2012, 7.

113 „Accedit verbum ad elementum et fit sacramentum“ (Augustinus von Hippo, Traktat über das Johannesevangelium 80,3).

114 Menke, Sakramentalität (Anm. 112), 277.

Gegensätze. Entweder ist das ‚Ich' des Menschen eine bloße Strategie der Natur bzw. des ‚Willens zur Macht'. Oder es ist im Sinne der Transzendentalphilosophie Kants und Fichtes etwas Unableitbares bzw. ‚Un-bedingtes' – theologisch gesprochen: Sakrament des schlechthin Unbedingten (Gottes). Entweder ist das ‚Nicht-Ich' bloße Funktion für das (strategische bzw. fiktive) ‚Ich' der Natur (des Willens zur Macht). Oder es ist Anrede des Schöpfers an sein geschöpfliches Ebenbild, den Menschen – mit der Konsequenz, dass jedes ‚Etwas' über seine empirische Außenseite hinaus auch eine sakramentale Bedeutung hat."[115]

In anderer und zugleich erläuternder Weise ergänzt Rudolf Voderholzer diese Feststellung:

> „Sakramentalität als Denkform setzt vielmehr voraus, dass die Wirklichkeit, die materielle Wirklichkeit selbst Träger eines über sie hinausweisenden Sinnes sein kann und ist. Sakramentales Denken heißt wahr-nehmen: Die Welt, in der wir leben, ist nicht unsere Umwelt, sondern Gottes Schöpfung. Jedes Lebewesen verweist von sich aus auf den Schöpfer. [...] Sakramentales Denken erkennt, dass der Wirklichkeit als solcher ein innerer Verweis über sich selbst hinaus innewohnt. Man könnte es auch ‚symbolisches' Denken nennen."[116]

Diese Diagnose von Karl-Heinz Menke und diese Definition von Rudolf Voderholzer implizieren auch die katechetischen Defizite in der Glaubensweitergabe. Im fundamentaltheologischen Zugang des ersten Kapitels im neuen Direktorium für die Katechese wird der Glaube an Jesus Christus grundlegend im trinitarischen Offenbarungsgeschehen verortet. Alle Katechese kann entsprechend nur ein Beziehungsgeschehen im Glauben sein, in dem der Schöpfer sein Geschöpf anspricht. So bekommt alles in der Welt Wert vor Gott,

115 Ebd., 326.

116 Rudolf Voderholzer, Vom Mehrwert der Sakramentalität. Die Denkform des Katholischen, in: ders., Zur Erneuerung der Kirche (Anm. 105), 106–111, hier bes. 107 f.

der Alltag des Menschen und seine Erfahrungsbezüge eröffnen induktive Zugänge zur Glaubensverbreitung, setzen in allem aber einen Glauben voraus, der im Blick auf Jesus Christus die Absolutheit des menschlichen Ichs übersteigt. Evangelisierung als eine Grundberufung der Kirche ist entsprechend nach dem neuen Direktorium die Weitergabe der Offenbarung im Glauben der Kirche.[117]

So wie auch das Dokument der Internationalen Theologenkommission diesen wesenhaften Zusammenhang in der Zuordnung von Glaube und Sakrament betont, geht es analog vom Grundverständnis eines trinitarischen Gottesbildes als Quelle und Ziel aller Glaubensvermittlung aus. Hier zeigt sich überzeugend, wie synergetisch beide Dokumente von zwei Seiten aus auf die Krise einer Glaubensverkündigung reagieren, die in der Praxis immer weniger in diesem Horizont zu verlaufen scheint.

a) Krise und Kritik einer mystagogischen Hinführung zum Glauben

Wenn die Apostolische Verlautbarung der Internationalen Theologenkommission schon eingangs in Art. 8 pastorale Defizite benennt, ist dem gerade im Interesse des katechetischen Grundauftrags der Kirche besondere Aufmerksamkeit zu schenken. Was hier zu lesen ist, könnte sich genauso gut im neuen Direktorium für die Katechese finden und wird dort gerade in den aufgezeigten Handlungsoptionen berücksichtigt:

> „In der Zeit nach dem Zweiten Vatikanischen Konzil haben sich unter den Gläubigen und ihren Hirten Verhaltensweisen verbrei-

117 Vgl. Päpstlicher Rat zur Förderung der Neuevangelisierung, Direktorium 2020 (Anm. 18), Art. 11–54. – Vgl. dazu auch: Franz-Peter Tebartz-van Elst, Wie der Glaube in Schwingung versetzt. Zum neuen Direktorium für die Katechese, in: Klerusblatt 100 (11/2020), 260–262; ders., Perspectives on the New Directory of Catechesis. Encouragement for Content: Openess to the Signs of the Times, in: The Catechetical Review 6 (4/2020), 12 f.

tet, die ein gesundes Verhältnis zwischen Glaube und Sakramenten geschwächt haben. Zuweilen hat man den Auftrag der Pastoral zur Evangelisierung weithin als Alternative zur Sakramentenpastoral missverstanden, was den Verlust der Balance zwischen Wort Gottes, Evangelisierung und den Sakramenten zur Folge hat. Andere haben nicht hinreichend verstanden, dass der Primat der Liebe im Leben eines Christen keineswegs eine Minderbewertung der Sakramente bedeutet. Einige Hirten haben ihren Dienst am Aufbau einer durchgängig kommunialen Kirche so forciert, dass sie dabei die entscheidende Bedeutung der Sakramente zur Verwirklichung eben dieses Zieles vernachlässigt haben. Zuweilen mangelt es auch an einer theologischen Reflexion und klugen pastoralen Begleitung der katholischen Volksfrömmigkeit hin zu einem reiferen Glauben und zur Fülle der christlichen Initiation und zu häufigerem Empfang der Sakramente. Und schließlich sind es nicht wenige Katholiken, die meinen, weil das Wesen des Christlichen ein Leben nach dem Evangelium sei, könnten sie die rituellen Dimensionen als Verfremdung des Eigentlichen geringschätzen. Dabei ignorieren sie, dass die Sakramente ein Leben aus dem Evangelium ermöglichen und stärken. Von daher ergibt sich die Notwendigkeit einer entsprechenden Verhältnisbestimmung von *martyria*, *leitourgia*, *diakonia* und *koinonia*."[118]

Diese Problemanzeige liefert ein zutreffendes Kaleidoskop einer nicht selten diffusen Katechese, die in der Praxis in der Versuchung steht, jeweils den kleinsten gemeinsamen Nenner zum Ausgangspunkt für die Hinführung zu den Sakramenten zu machen. Zudem

118 Internationale Theologische Kommission (ITK), Die Reziprozität zwischen Glaube und Sakramenten in der sakramentalen Heilsordnung vom 3. März 2020 (Verlautbarungen des Apostolischen Stuhls 223), hg. vom Sekretariat der Deutschen Bischofskonferenz, Bonn 2020, Art. 8; online: https://www.dbk-shop.de/de/publikationen/verlautbarungen-apostoli schen-stuhls/internationale-theologische-kommission-die-reziprozitaet-zwischen-glaube-sakramenten-sakramentalen-heilsordnung.html (Abruf 23.10.2022).

beschreibt diese Analyse eine in der Pastoral immer öfter anzutreffende Spannung, die zwischen dem beschriebenen postmodernen Subjektivismus und der patristisch bezeugten Mystagogie verläuft, wobei inhaltlich reduzierte Beliebigkeit oft deutlich vor der Bedeutung einer Katechese rangiert, die sich als Geleit in das Geheimnis des Glaubens versteht. Wo immer marginalere Glaubenserfahrungen Lernender dadurch kompensiert werden, dass ‚leichte' Sprache und Aktionen im Charakter eines Entertainments auffangen wollen, was faktisch gar nicht mehr an Glaubenssubstanz vorhanden ist, wird falsches Zutrauen letztlich zu einer Zumutung, weil der Glaube in seiner mystagogischen Qualität vorenthalten wird. Das Schreiben der Internationalen Theologenkommission setzt die Analyse der gegenwärtigen Krise fort:

> „Nicht selten werden die in der Pastoral Tätigen mit der Bitte um den Empfang eines Sakramentes konfrontiert, obwohl gravierende Zweifel bezüglich des Glaubens und der Intention derer bestehen, die ein Sakrament empfangen wollen. Viele andere meinen, sie könnten ohne Abstriche ihren Glauben leben unter Absehung von jeder sakramentalen Praxis, die sie als bloße Option betrachten und daher in das freie Ermessen des Einzelnen stellen. Es besteht in verschiedenen Ausprägungen, aber weit verbreitet eine doppelte Gefahr: einerseits die eines glaubenslosen Ritualismus, der die innere Beteiligung des Empfängers auf dem Altar von Gewohnheit und Tradition opfert; andererseits die einer Privatisierung des Glaubens, der seinen Inhalt auf den Innenraum des eigenen Gewissens und das eigene Fühlen reduziert. In beiden Fällen wird das Verhältnis zwischen Glaube und Sakramenten verletzt."[119]

Diese in der Pastoral weit verbreitete Plausibilität des Faktischen beschäftigt die katechetische Diskussion schon seit nahezu vierzig Jahren. Je mehr sich aber die Glaubenssubstanz aufzehrt, desto deutlicher tritt die Frage nach der sakramentalen Identität der Kir-

119 Ebd., Art. 9.

che und ihrer Katechese in den Vordergrund. Sie ist dort mehr im Blick der Praxis, wo Wege der Sakramentenvorbereitung mystagogisch ausgerichtet sind. Dafür ist auf Seiten der Katecheten ein theologisches Vor- und Selbstverständnis Voraussetzung, das zum einen im Horizont einer Haltung geschieht, die sich bewusst ist, dass Gott immer schon beim Menschen ist und um dessen Antwort auf seinen Ruf im Glauben wirbt. Je mehr sich der Mensch dafür öffnet, desto tiefer findet er in das Heilsgeheimnis des christlich-kirchlichen Glaubens hinein. Dafür braucht es zum anderen Riten, die helfen, dass der Mensch jene Schwellen bestehen und begehen kann, die ihn durch die Gnade Gottes auf eine weitere Ebene der Reifung und Vertiefung im Glauben führen. Wo sich die Sakramentenkatechese heute solche *rites de passage* zu eigen macht, entsteht eher eine Dynamik zum Glauben hin als dort, wo Reduzierung im Inhalt zu Banalisierungen in der Form der Katechese führt. Es ist damit weitgehend der Verlust der ganzheitlichen Erschließung von Riten im Rahmen der Sakramentenvorbereitung, der die Krise der Katechese zu verstehen hilft und die Kritik einer mystagogischen Praxis an den gegenwärtigen scheinbaren Plausibilitäten benennt.[120]

b) Katechetische Vergewisserung der Reziprozität von Glaube und Sakrament

In seinem Schreiben *Fides per doctrinam* zur Übertragung der Kompetenz für die Katechese an den Päpstlichen Rat zur Förderung der Neuevangelisierung hat Papst Benedikt XVI. am 16. Januar 2013 auf die Reziprozität von Glaube und Sakramentenkatechese verwiesen: „Der Glaube muss von einer Lehre getragen werden, die in der Lage ist, den Geist und das Herz der Gläubigen zu erhellen."[121]

120 Vgl. zu diesem Themenkontext: Tebartz-van Elst, Handbuch der Erwachsenentaufe (Anm. 92), 195–202.

121 Papst Benedikt XVI., Apostolisches Schreiben in Form eines „Motu proprio" *Fides per doctrinam*, mit dem die Apostolische Konstitution *Pastor*

Diesen Zusammenhang gilt es in der Katechese immer wieder neu zu bedenken. Er verlangt stets eine theologische Vergewisserung und eine spirituelle Vergegenwärtigung. Wo der Mut zum Inhalt schwächelt, leidet auch die geistliche Durchdringung des Vermittlungsgeschehens.[122] Reziprozität von Glaube und Sakrament in der Person des Katecheten ist die Weitergabe von Glaubensinhalten, die durch das Herz des Katecheten gegangen sind.[123] Papst Franziskus hat diese unabdingbare Voraussetzung schon zu Beginn seines Pontifikates im Jahr des Glaubens (2012/2013) in einer Ansprache an Katecheten aus aller Welt in Erinnerung gerufen:

> „Das Herz des Katechisten erfährt immer diese Bewegung von ‚Systole – Diastole': Einheit mit Jesus – Begegnung mit dem anderen. Es sind diese zwei Dinge: Ich werde eins mit Jesus und gehe hinaus, den anderen zu begegnen. Fehlt eine dieser beiden Bewegungen, dann schlägt das Herz nicht mehr, dann kann es

bonus modifiziert und die Zuständigkeit für die Katechese von der Kongregation für den Klerus auf den Päpstlichen Rat zur Förderung der Neuevangelisierung verlagert wird, vom 16. Januar 2013, https://www.vatican.va/content/benedict-xvi/it/motu_proprio/documents/hf_ben-xvi_motu-proprio_20130116_fides-per-doctrinam.html (Abruf 23.10.2022). – Vgl. dazu die erläuternden Ausführungen von Rino Fisichella, http://www.annusfidei.va/content/novaevangelizatio/de/segreteria/FidesPerDoctrinam.html (Abruf 23.10.2022).

122 Vgl. auch die Ansprache von Papst Franziskus vor Vertretern des Katechesebüros der Italienischen Bischofskonferenz vom 30. Januar 2021, https://www.vatican.va/content/francesco/it/speeches/2021/january/documents/papa-francesco_20210130_ufficio-catechistico-cei.html (Abruf 23.10.2022). – Er wendet sich darin entschieden gegen jene, die sich bei der Unterweisung nicht an die Kirchenlehre halten. Papst Franziskus betont: „Wer bei der Kirche ist, folgt dem Konzil. Wer dem Konzil [gemeint ist das Zweite Vatikanum] aber nicht folgt oder es nach eigenem Geschmack interpretiert, ist nicht bei der Kirche. [...] Bitte keine Zugeständnisse an jene, die eine Katechese entwerfen wollen, die nicht mit dem Kirchenlehramt übereinstimmt"; https://www.katholisch.de/artikel/28550-papst-ermutigt-zu-neuen-werkzeugen-in-der-katechese (Abruf 21.10.2022).

123 Vgl. auch Tebartz-van Elst, Der Ton macht die Musik (Anm. 20), 17–22.

> nicht mehr leben. Der Katechist erhält das Kerygma als Gabe und schenkt es seinerseits weiter. [...] Der Katechist ist sich bewusst, dass er ein Geschenk empfangen hat, das Geschenk des Glaubens, und er schenkt es den anderen weiter."[124]

Wo die Vermittlung des Glaubens diesem inneren Zusammenhang entspringt, erweist sich die Katechese der Kirche nicht als zweck-, sondern als zielorientiert. Hier ist sie von der Versuchung und vom Verdacht befreit, systemrelevant sein zu müssen bzw. zu wollen. Vielmehr erweist sie sich in dem Sinn als existenzrelevant, weil sie möchte, dass der Mensch an sein gottgewolltes Ziel gelangt. Der Kern aller Katechese ist und bleibt damit das Paschamysterium. Kreuz und Auferstehung Jesu sind die Wirklichkeit aller Lebenserfahrung und die Verheißung aller Glaubensvermittlung.[125] Eschatologischer Glaube kontrastiert hier zu einem diesseitigen Zweckrationalismus und verweist auf ein Verständnis von „Kerygma", wie Papst Franziskus es in seinem Schreiben *Evangelii gaudium*[126] darlegt und wie es Eingang gefunden hat in das neue Direktorium für die Katechese. Im zweiten Kapitel dieses Apostolischen Dokumentes über die Identität der Katechese wird das Wesen des Kerygmas, das die Reziprozität von Glaube und Heilshandeln Gottes beinhaltet, in seiner Dynamik beschrieben: „Im Kerygma ist Jesus der Handelnde, der sich im Zeugnis des Verkündenden manifestiert; das

124 Papst Franziskus, Ansprache zum Internationalen Kongress der Katechisten im Jahr des Glaubens in Rom vom 27. September 2013, https://www.vatican.va/content/francesco/de/speeches/2013/september/documents/papa-francesco_20130927_pellegrinaggio-catechisti.html (Abruf 21.10.2022).

125 Vgl. grundlegend die mystagogische Erschließung des Leidensgeheimnisses am Kreuz im Licht der österlichen Verheißung von Karl Braun, „Wer in meiner Liebe bleiben will, muss am Kreuz leben". Gedanken zur Leidensmystik, in: Stühlmeyer, Auf Christus getauft (Anm. 111), 262–272, hier bes. 262–268.

126 Vgl. Anm. 35. – Vgl. dazu auch: Franz-Peter Tebartz-van Elst, Catechesis in the Light of the Papal Magisterium of Pope Francis – *Evangelii gaudium:* An Access to the Church Mission, in: The Catechetical Review 5 (3/2019), 6–8.

Leben des Zeugen, der Heil erfahren hat, wird damit zu dem, was den Gesprächspartner berührt und bewegt“ (DK, Art. 58). Das „Kerygma“[127] ist demnach Inhalt und Akt der Verkündigung zugleich; das ‚Was‘ der Glaubensweitergabe ist nicht vom ‚Wie‘ zu trennen. Katechese in dieser Reziprozität besteht nach dem neuen Direktorium darin, „dass jeder Mensch gerade durch die Katechese entdeckt, dass es sich lohnt zu glauben. So ist sie nicht mehr nur ein bloßer Moment harmonischeren Glaubenswachstums, sondern trägt dazu bei, den Glauben selbst zu ‚erzeugen‘ und kann es ermöglichen, seine Größe und Glaubwürdigkeit zu entdecken“ (ebd.).

Eine Katechese „als Echo des Kerygmas“ (DK, Art. 59) setzt damit aber Formen und Feiern voraus, die den Glauben auch in Schwingung zu setzen vermögen, wenn er noch nicht in Formeln abschließend verdichtet werden kann. Eine bildhaft-poetische Offenheit für Sprache und Motive der Spiritualitätsgeschichte der Kirche führt in diesem Sinn weiter als so manche Reduktion in Form und Inhalt. Eine Katechese, die Glaubensidentität wecken will, braucht gerade in der Reziprozität von Form und Inhalt eine Weite, eine Höhe und Tiefe, die über den Alltag der Menschen hinausgeht. Sie ereignet sich in einer Sprache, die nicht leicht, sondern tief ist, in einer Poesie, die immer das größere Geheimnis anklingen lässt, in das es hineinzuwachsen gilt, und nicht in einer alltäglichen Prosa, die nur noch anspricht, was unmittelbar ankommt und stets in der Gefahr ist, ins Banale abzurutschen.[128]

Der Pro-Präfekt des Dikasteriums für Evangelisierung, Rino Fisichella, hat in einer Publikation zum neuen Direktorium für die Katechese darauf verwiesen, dass eine so ausgerichtete Hinführung zum Glauben immer einen Prozess darstellt, der durch das gemeinsame Hören von Lehrenden und Lernenden seine eigene theolo-

127 Eine Reflexion des Begriffs „Kerygma“ war um die Zeit des Zweiten Vatikanums in der Theologie und Pastoral sehr virulent. Später ist diese Thematik eher in den Hintergrund getreten. Die Aktivierung dieses Begriffs und der damit verbundenen Verkündigung erscheint derzeit als hochaktuell und geboten.

128 Vgl. dazu weiterführend: Tebartz-van Elst, Der Ton macht die Musik (Anm. 20), 65 f.

gische Valenz und spirituelle Qualität gewinnt. Reziprozität von Glaube und Sakrament verdeutlicht, dass wahre Katechese wie der Glaube vom Hören kommt.[129]

So miteinander auf die Botschaft des Evangeliums zu hören, dass eine innere Zusammengehörigkeit wächst, ist gerade das Wesen des katechumenalen Weges. Schon in der mehrfach erwähnten transitiven Wortbedeutung von *katechein* (dem auch der Begriff „Katechese" entstammt) bezeichnet dieses Verb die Bedeutung von „entgegentönen". Reziprozität zwischen Glaube und Katechese ist eine Schwingung, die gerade in der katechumenalen Praxis der frühen Kirche eine Resonanz bewirkt hat und damit diesen Weg der Glaubenshinführung als Paradigma sakramentaler Initiation begreifen lässt. Auch in diesem Sinn ist es nur folgerichtig, dass das neue Direktorium den erläuternden Ausführungen über ein reziprokes Verständnis von „Kerygma" noch im gleichen Kapitel die Bedeutung des Katechumenats als Inspirationsquelle für die Katechese anschließt (DK, Art. 61–65).

c) Katechumenale Katechese als Paradigma sakramentaler Initiation

Besonders in seinem dritten Kapitel „Die Wechselwirkung zwischen Glaube und Sakramenten innerhalb der christlichen Initiation" reflektiert das Schreiben der Internationalen Theologenkommission anhand von fünf Kriterien das Wesen der Initiationssakramente,

129 „Si può sottolineare, ancora, che l'annuncio kerygmatico può realizzarsi non necessariamente in modo puntuale, ma in ‚itinere'; vale a dire nel corso di un cammino comune, che renda possibile quanto i due rimangano insieme in ascolto di Dio. In questo percorso, quando la vita è interpretata a partire dalla Parola di Dio, il catechista aiuta il suo interlocutore a comprendere che la sua stessa storia è storia di salvezza, invitandolo a scoprirvi i segni di una presenza certa e affidabile che non viene meno." Rino Fisichella, Le motivazioni di fondo, i punti nevralgici e le parole-chiave nella tessitura del nuovo *direttorio per la catechesi* (2020), in: Salesianum 82 (2020), 614–631, hier 624 f.

dem der Glaube des Empfängers entsprechen muss. Gerade in katechetischer Hinsicht tut sich hier eine hilfreiche Methodologie auf, nach der die inhaltliche Sakramentenvorbereitung ausgerichtet sein sollte. Dazu gehören (1) die biblische Grundlegung, (2) das Verhältnis zwischen dem jeweiligen Sakrament und dem für seinen Empfang erforderlichen Glauben, (3) Probleme, die sich für die Verhältnisbestimmung von Glaube und Sakrament ergeben, (4) ausgewählte Momente der Tradition und (5) theologische Vorschläge für eine Pastoral, die für die notwendige Beachtung des Glaubens bei der Feier jedes Sakramentes sorgt.[130]

Für die Reziprozität von Glaube und Taufe sind demnach in biblischer Grundlegung die Bekehrung und Antwort jedes Einzelnen auf die Verkündigung des Evangeliums hin notwendig und untrennbar mit dem Ritus der Taufspendung verbunden. Das Sterben mit Christus, symbolisiert durch das Eintauchen ins Wasser, die Auferstehung mit Christus, sichtbar gemacht im Auftauchen aus dem Wasser, die Überreichung des österlichen Lichtes und des Taufkleides versinnbildlichen, dass der Getaufte „Christus als Gewand angelegt hat“ (Gal 3,27) und fortan mit ihm bekleidet ist. Glaube teilt sich hier mit als die Frucht einer Evangelisierung, die der Sakramentalisierung vorausgeht. Glaube ist die Antwort des Sakramentenempfängers auf den zuvor von Gott her ergangenen Ruf. Darin wird deutlich, wie sehr dem Weg zu den Sakramenten der Kirche ein dialogischer Glaube vorausgeht und weiterhin damit kontinuierlich korrespondiert.

Gerade an Aufbau und Struktur, am theologischen Verständnis und an der katechetischen Vermittlung des Katechumenats der frühen Kirche, wie er mit dem Zweiten Vatikanischen Konzil wiederbelebt wurde, lässt sich begreifen und aufzeigen, wie der Prozess der Hinführung zum persönlichen und kirchlichen Glauben ein Geschehen in einer Dynamik von Phasen und Stufen ist, das den Empfänger des Initiationssakramentes immer tiefer in Christus und seine Kirche einverleibt. Dem Minimum an Glaubensausdruck und -ver-

130 Vgl. ITK, Die Reziprozität zwischen Glaube und Sakramenten (Anm. 118), Art. 80.

innerlichung (das Bekenntnis zum dreieinen Gott, der Wunsch und die Überzeugung, in Christus wiedergeboren zu werden zu einem neuen Leben, das eine Existenz im Licht einer tieferen Gotteserkenntnis ist) entsprechen die Gaben des Sakramentes: das Geschenk des Heiligen Geistes, die Vergebung der Sünden und die heiligmachende Gnade (Rechtfertigung). So wie der katechumenale Prozess in der spirituellen Begleitung des Taufbewerbers und in der katechetischen Unterweisung wie Communio-bezogenen Einladung durch die Gemeinde die katechumenale Dynamik erfährt, scheint die Reziprozität von Glaube und Sakrament überzeugend gewährleistet zu sein.[131]

Das neue Direktorium für die Katechese formuliert entsprechend, dass die vom Zweiten Vatikanischen Konzil erfolgte Wiederaufnahme des Katechumenats „eine wahre Schule der Bildung für das christliche Leben ermöglicht" (DK, Art. 63) und einen Prozess in zeitlichen Perioden eröffnet, der darauf abzielt, den Katechumenen zur vollständigen Begegnung mit dem Geheimnis Christi im Leben der Gemeinschaft zu führen. Aus diesem Grund verstehe sich der Katechumenat als typischer Ort der Initiation, der Katechese und der Mystagogie. Damit kommt ihm aber zugleich die Bedeutung zu, Inspiration für die gesamte Katechese der Kirche zu sein, d. h. seinen Stil und seine Dynamik auch auf andere Wege der Glaubenshinführung und -vertiefung hin zu adaptieren. In diesem Sinn lässt sich grundsätzlich feststellen, „dass kerygmatisch und missionarisch gesehen die Katechese eine Initiationspädagogik fordert, die sich am katechumenalen Weg orientiert und in pastoraler Weisheit auf die Vielfalt der Situationen eingeht" (DK, Art. 65).

Wie sehr Glaube und Sakramente in reziproker Zuordnung stehen, vermittelt im Katechumenat der Kirche auch das Zueinander von individuellen und Communio-bezogenen Lernschritten in der

131 Vgl. dazu weiterführend: Friederike Dostal, Erwachsenentaufe als Weg in die Communio und ihre pastorale Bedeutung für die Gemeinde. Begleitung und Zeugnis als Chance zur Entdeckung einer vergessenen Dimension des Glaubens, in: Stühlmeyer, Auf Christus getauft (Anm. 111), 53–66, hier bes. 57 f. – Vgl. dazu auch: Tebartz-van Elst, Der Ton macht die Musik (Anm. 20), 148–172.

Katechese sowie Reifungsschritten in der Spiritualität. Diesen Ansatz betont besonders Bernd Lutz in seiner pastoralen Evaluierung katechumenaler Prozesse.[132] Dass es dadurch gerade auf pfarrlicher Ebene zu einer neuen Wahrnehmung des Taufsakramentes kommt und bei den als Kindern bereits Getauften die eigene Taufidentität neu bzw. erstmalig wiederentdeckt und vergegenwärtigt wird, ist ebenfalls eine Frucht des wiederbelebten Erwachsenenkatechumenats.[133]

Rino Fisichella vertieft diese Wahrnehmung, indem er für den Weg und die Gestaltung einer mystagogischen Glaubenseinführung bzw. einer durch den Katechumenat ermöglichten Erneuerung dieser Praxis auf einige Charakteristika hinweist, die Papst Franziskus in *Evangelii gaudium* ausdrücklich erwähnt.[134] Er verweist darauf, dass eine mystagogische Einführung in den Glauben im Wesentlichen ein gestuftes Bildungsgeschehen darstellt, an dem die ganze Gemeinde beteiligt ist. Zugleich spricht er von einer zu erneuernden Wertschätzung der liturgischen Zeichen für die christliche Initiation. Sosehr die sakramentale Eingliederung ein gemeinsames Hören auf die Botschaft Gottes voraussetzt und damit zwangsläufig auf das Wort konzentriert bleibt, braucht es aber immer auch zugleich seine angemessene Einbettung, eine attraktive Motivierung sowie (an-)sprechende Symbole. Sie muss eingebunden sein in einen breiten Prozess des Wachstums und verlangt die Integration aller Dimensionen der Person auf einem gemeinsamen Weg des Dialogs im Glauben und mit der Kirche.[135]

Wo Reziprozität zwischen Glaube und Sakrament auf diese Weise wachsen kann, kommt es zu einer nachhaltigen Identitätsbildung im Glauben. Alle Hilfen dazu, die hier bereits angesprochen sind

132 Vgl. Bernd Lutz, Der Erwachsenenkatechumenat als herausfordernde Inspiration, in: Stühlmeyer, Auf Christus getauft (Anm. 111), 210–221.

133 Vgl. auch weiterführend: Tebartz-van Elst, Der Erwachsenenkatechumenat (Anm. 78); ders., Handbuch der Erwachsenentaufe (Anm. 92), hier bes. 213–219.

134 Vgl. „L'ispirazione catecumenale della catechesi", in: Fisichella, Le motivazioni di fondo (Anm. 129), hier 625.

135 Vgl. EG, Art. 166.

und indiziert werden, verweisen auf die große Bedeutung der Liturgie für die Katechese. Sie ist kein Superadditum, das einem vermeintlichen Unterricht folgt und damit bisweilen die eigentliche, aber nachfolgende Feier einer Taufe, der Firmung oder der Eucharistie als angehängt oder gar aufgesetzt erscheinen lässt, sondern integraler Bestandteil einer mystagogischen Glaubenshinführung in die Herzmitte eines Sakramentes.

d) Liturgie als „gesungene Dogmatik"

Wenn man die Liturgie der Kirche gerade in ihrem katechetischen Kontext als „gesungene Dogmatik"[136] bezeichnet, kommt darin zum Ausdruck, dass sie in besonderer Weise eine Inhaltlichkeit in der Glaubenshinführung verkörpert.[137] Gerade im Sinn des schon mehrfach herangezogenen und liturgietheologisch fundamentalen Axioms *lex orandi – lex credendi*[138] kommt in der Feiergestalt des christlich-kirchlichen Bekenntnisses der Glaube unmittelbar zum Ausdruck, der sich in den Sakramenten artikuliert. Dass Sakramente das Heil bewirken, das sie bezeichnen, darf man bisweilen als Firmspender bewegend erleben, wenn Jugendliche losgelöst vom Gruppendruck und anderen äußeren Rollenerwartungen in einer Einzelbegegnung die Gabe des Heiligen Geistes so empfangen, dass ihnen die innere Berührung anzumerken ist. Mehr als Worte sagt hier ein Zeichen, das aufgrund seiner Eindeutigkeit in der liturgischen Praxis der Kirche seine unmittelbare Aussagekraft entfalten kann und damit jeder Diffusion bzw. Inflation entzogen ist, die selbstkreierte Sekundär- oder Tertiärsymbole allenfalls enthalten. Hier wird anschaulich, wie Riten, die an Schrift und Tradition, den Glauben und die Gemeinschaft der Kirche rückgebunden sind, ihre

136 Vgl. dazu auch: Tebartz-van Elst, Der Ton macht die Musik (Anm. 20), hier bes. 148–172.

137 Vgl. exemplarisch: Konrad Baumgartner, Credo und Sakramente. Gottesdienste mit Ansprachen, München 1993, hier bes. 72–75.

138 Vgl. in diesem Buch: 67–69.

katechetische Kraft nicht verlieren. Das erwähnte liturgietheologische Axiom *lex orandi – lex credendi* entfaltet eine Wirkung, in der das, was wir feiern, nicht nur bezeichnet, was wir glauben, sondern die Form, wie wir feiern, auch indiziert, wen bzw. wem wir glauben. So ist die *lex orandi* auch aufs engste mit einer *lex catechizandi* verwoben, die es in der Glaubenshinführung wiederzuentdecken und der es mehr zuzutrauen gilt. Dabei ist es immer das Ineinander von Wort und Zeichen, die sich gegenseitig erläutern. Katechese in dieser Ausrichtung ist ebenso wenig verkopftes Pauken von Inhalten wie gefühlsbetontes Schwelgen in Phrasen. Wo die Liturgiekatechese ihren – schon patristisch bezeugten – originären Stellenwert eingebüßt hat, braucht die Katechese der Kirche eine neue Hinwendung zu ihr. In einer Zeit und Gegenwartskultur, in der die Alltagssemiotik einer Selbststilisierung und -inszenierung bisweilen eine so problematische Bedeutung bekommen hat, ist es umso angezeigter, dass sich die Katechese im Kontrast dazu wieder auf das besinnt, was sie wie niemand sonst bezeugen und vertreten kann.

Kaum ein Theologe hat den Zusammenhang zwischen Liturgie und Dogmatik für die Katechese so fruchtbar dargestellt wie Joseph Ratzinger/Papst Benedikt XVI. Im 11. Band seiner Gesammelten Schriften, der den Titel trägt „Theologie der Liturgie“, äußert sich Joseph Ratzinger auch zum Begriff des Sakramentes und seiner Implikationen für eine mystagogische Katechese. So wie seine theologischen Reflexionen immer wieder den Bezug zur Liturgie herstellen und er in ihrem Vollzug das eigentliche Glaubensgeschehen verortet, zeigt er auch hier auf, wie symbolische Kommunikation in Riten zur sakramentalen Erfahrung in der Katechese werden kann:

> „Symbole stehen nicht einfach in sich selbst, sozusagen zu beliebigem Gebrauch abrufbar; sie ereignen sich und sie sind nur wirksam in der von der Vollmacht der Gemeinschaft getragenen Ereignung, die der Einzelne nicht einfach selbst herbeiführen kann. Diese gemeinschaftliche Ereignung ist das Fest. Das Fest ist als ein Geschehen besonderer Art der Raum, der das Symbol trägt und lebendig werden lässt; beides zusammen bildet den

menschlichen Horizont, in dem das Sakrament zu verstehen ist."[139]

Im weiteren Verlauf dieser Reflexionen bedenkt Joseph Ratzinger diese Grundgegebenheit auf die verschiedenen Dimensionen der Liturgie in ihrer Leibhaftigkeit, was Hören und Sehen, Haltungen und Ritualisierungen betrifft. Darin vermittelt sich, wie Katechese gerade dann zum Glauben der Sakramente führt, wenn sie sich im Raum der Feier bewegt und ihre Primärsymbole zu Trägern der Botschaft macht. Beispielhaft sei hier nur darauf verwiesen, wie Ratzinger mit seiner Theologie der Kirchenmusik hier einlöst, dass und wie Liturgie „gesungene Dogmatik" ist.[140]

In einem weiteren Aspekt, den das neue Direktorium für die Katechese ausdrücklich und an mehreren Stellen aufnimmt, wird anschaulich, wie Dogmatik sich in der Liturgie und damit der Inhalt des Glaubens in seiner Form ausdrückt. Das Apostolische Dokument greift hier auf den bereits erwähnten Begriff zurück, den Papst Franziskus in Art. 167 von *Evangelii gaudium* so ausdrücklich bedacht hat, und spricht damit von der *via pulchritudinis*.[141] Er markiert hier die Richtung eines katechetischen Weges, der in seinen Details viele Orientierungen und Möglichkeiten aufzeigt.

In diesem Horizont gibt es einen Trost der Bilder in der Kunst, eine Erhebung der Herzen in der Musik, ein Staunen über große Ar-

139 Joseph Ratzinger, Gesammelte Schriften, Bd. 11: Theologie der Liturgie. Die sakramentale Begründung christlicher Existenz, hg. von Gerhard Ludwig Müller in Verbindung mit dem Institut Papst Benedikt XVI. Regensburg, Freiburg i. Br. 2008, 216. – Vgl. auch: Michael Gassmann, Die Schönheit, der Geist und die Sinne. Zur Theologie der Kunst und Kirchenmusik Joseph Ratzingers, in: Jan-Heiner Tück (Hg.), Der Theologenpapst. Eine kritische Würdigung Benedikts XVI., Freiburg i. Br. 2013, 464–474; Holger Zaborowski, Via Pulchritudinis. Papst Benedikt und die schönen Künste, ebd., 475–486.

140 Vgl. Tebartz-van Elst, Der Ton macht die Musik (Anm. 20), 148–171.

141 Vgl. „La via della bellezza", in: Fisichella, Le motivazioni di fondo (Anm. 129), hier 627 f. – Vgl. dazu auch: Antonio Escudero, L'esperienza estetica della catechesi. La *via pulchritudinis*, indizio e impulso del rinnovamento, in: Salesianum 82 (2020), 755–778.

chitektur, wo Deutendes so in den Blick kommt, dass es nach innen führt und zugleich auch nach außen miteinander verbindet. Das neue Direktorium behandelt in den Artikeln 106 bis 108 ausdrücklich „den Weg der Schönheit“ in seiner Bedeutung für die Katechese. Glaube und Sakrament in reziproker Zuordnung verdichten sich nach dem Zeugnis der Heiligen Schrift in der Schönheit Gottes, die in Jesus Christus aufstrahlt. Wo Liturgie und Katechese sich um Ausdrucksformen des Schönen bemühen, geht es einzig darum, Gott in seinem Sohn Jesus Christus und dessen Evangelium zum Leuchten zu bringen. In diesem Sinn betont das neue Direktorium:

> „Schönheit ist immer und untrennbar von Güte und Wahrheit durchdrungen. Deshalb ruft die Kontemplation der Schönheit im Menschen Gefühle wie Freude, Vergnügen, Zärtlichkeit, Fülle und Sinnlichkeit hervor und öffnet ihn so für das Transzendente. Der Weg der Evangelisierung ist der Weg der Schönheit und deshalb ist jede Form von Schönheit Quelle der Katechese“ (DK, Art. 109).

Rino Fisichella, der Pro-Präfekt der ersten Sektion des neugebildeten Dikasteriums für Evangelisierung, verweist mit Bezug auf ein Wort von Papst Benedikt XVI., das sein Nachfolger, Papst Franziskus, sich in *Evangelii gaudium* zu eigen gemacht hat, darauf, dass „die Kirche nicht durch Proselytismus, sondern durch ‚Anziehung‘ wächst“ (EG, Art. 14)[142], und bedenkt in diesem Zusammenhang jene Grenze, die sowohl das Apostolische Schreiben von Papst Franziskus als auch das neue Direktorium thematisieren. Dieser Gedanke wird auch im zweiten Dokument aufgenommen und konkretisiert: Der Erfahrung, „dass jede Schönheit ein Weg sein kann, der zur Begegnung mit Gott beiträgt“ (DK, Art. 108), steht immer auch die Versuchung gegenüber, in einen Ästhetizismus abzurutschen, wie er in den vielen Weisen postmoderner Alltagskultur verbreitet ist. Sich dessen bewusst, formuliert das neue Direktorium im Blick

142 Vgl. dazu weiter: „La via della bellezza“, in: Fisichella, Le motivazioni di fondo (Anm. 129), hier 628.

auf die Suche nach geeigneten Formen der Katechese: „Das Kriterium ihrer Authentizität kann nicht ästhetischer Natur sein. Unterschieden werden muss zwischen wahrer Schönheit und scheinbar schönen, jedoch leeren oder gar schädlichen Formen wie die verbotene Frucht im Paradies (vgl. Gen 3,6)“ (DK, Art. 108). Orientierung für eine Unterscheidung der Geister gibt die Heilige Schrift: „Was immer wahrhaft, edel, recht, was lauter, liebenswert, ansprechend ist [...], darauf seid bedacht! (Phil 4,8).“ Das Direktorium zeigt damit auf, wo und wie Reziprozität zwischen Glaube und Sakramenten anschaulich wird. Dieser Zusammenhang kommt auch in den Blick, wo der Inhalt des Glaubens und die Formen seiner Weitergabe in der Sendung der Kirche authentisch zusammenfinden müssen.

e) Pastorale Interdependenz von *fides qua* und *fides quae*

So wie das erwähnte und reflektierte liturgietheologische Axiom *lex orandi – lex credendi* für die Katechese von Bedeutung ist, so ist auch die dogmatische Verhältnisbestimmung von *fides qua* und *fides quae* eine weiterführende Hilfe, wenn es darum geht, die Reziprozität von Glaube und Sakrament zu ergründen. Mit dieser Unterscheidung wird seit dem Kirchenvater Augustinus der Akt des Glaubens *(fides qua)* vom Inhalt des Glaubens *(fides quae)* unterschieden. Versteht sich die *fides quae* in ihren Objektivierungen, wie sie sich aus Schrift, Tradition und Dogmen ergeben, als das Wort des sich selbst offenbarenden und mitteilenden Gottes[143], so begreift die *fides qua* den Menschen als von Gott angesprochenen und zur Antwort berufenden Hörer des Wortes Gottes. Die *fides qua* ist also kein selbstbezogener Akt des Subjektes, das in den Glauben eingeführt wird, sondern versteht sich als das wachsende Bekenntnis zu Jesus Christus. Es ist also Antwort auf das von Gott zuvor ergangene Wort und markiert damit die dialogische Grundstruktur des

143 Vgl. dazu auch: Joçl Molinario, La nature de la doctrine dans le Directoire pour la catechèse, in: Lumen Vitae 76 (2/2021), 143–155.

christlich-kirchlichen Glaubens. Die *fides qua* ist demnach die Frucht des Hörens und damit der gehorsamen Umsetzung des Willens Gottes. Die Interdependenz von *fides qua* und *fides quae* ist damit immer auf den sich in seinem Wort seiner Kirche mitteilenden Gott ausgerichtet und bildet sich, wie Lothar Lies betont, in einem dialektischen Prozess. Kirche als Gemeinschaft der Glaubenden ist damit der Ort, an dem dieses Spannungsgefüge immer wieder neu austariert werden will. In einem so verstandenen produktiven Spannungsgefüge ist damit zugleich der Gefahr gewehrt, dass die *fides quae* nur sachhaft als ein *depositum* von Glaubenssätzen verstanden wird und die *fides qua* nur als ein rein subjektiver Vollzug.[144]

Bezieht man diese hilfreiche Unterscheidung und Zuordnung in der Reziprozität von Glaube und Sakramenten nun auf pastorale Herausforderungen und katechetische Implikationen der Gegenwart, eröffnet sich das große Handlungsfeld christlich-kirchlicher Mission. Wie kann heute der Glaube in seinen Inhalten so durch den Zeugen vermittelt werden, dass Identität und Authentizität gewährleistet sind? Karl-Heinz Menke hat in diesem Kontext mit seinem Verständnis von „christlicher Mission als inklusiver Stellvertretung" eine Verstehenshilfe entwickelt, die davor bewahrt, Mission vordergründig als Vereinnahmung zu verdächtigen.[145] Den vielen sprachlichen Differenzierungsversuchen in diesem Zusammenhang, wie z. B. dem Schreiben der französischen Bischöfe im Jahr 1996 anlässlich der deutlichen Formulierung einer Missionsperspektive und -priorität für die Pastoral „Proposer la foi dans une société actuelle", ist anzumerken, wie sehr es darum geht, jedweder Fehlinterpretation von Mission als Vereinnahmung entgegenzutreten. Auch wenn die deutsche Übersetzung, den Glauben anzubieten, vorzulegen bzw. vorzuschlagen[146], im Unterschied zur französischen Dik-

144 Vgl. Lothar Lies, Art. Fides qua – fides quae (creditur), in: LThK[3] 3, 1274 f.

145 Vgl. Karl-Heinz Menke, Christliche Mission als inklusive Stellvertretung, in: Stühlmeyer, Auf Christus getauft (Anm. 111), 87–101, hier bes. 91–93.

146 „Das Wort ‚proposer' kann für den deutschen Leser mehrere Bedeutungen haben, z. B. vorschlagen, vorlegen, einbringen und anbieten. Um deut-

tion ‚weichgespülter' klingt, so bleibt doch die Frage, wie Identisches als nicht Exklusives ausgedrückt und Authentisches nicht als Subjektives entwertet werden kann. In seinen Ausführungen über „die Untrennbarkeit der exklusiven Stellvertretung des Erlösers von der inklusiven Stellvertretung des Erlösten"[147] diskutiert Karl-Heinz Menke mit Bezug auf Hans Urs von Balthasar und Dietrich Bonhoeffer einen interessanten Denkansatz, den er dann in enger Anlehnung an Joseph Ratzinger als eine überzeugende Denkrichtung entwickelt. In dessen Christologie der Stellvertretung ist das Verständnis der Gnade des Glaubens an das Christusereignis (Ursakrament) und an dessen geschichtliche Vermittlung durch die Kirche (Grundsakrament) zurückgebunden. Demnach ist die Abgrenzung der durch Taufe, Firmung und Eucharistie verbundenen Communio von denen, die noch nicht dazugehören, „nicht die Abgrenzung der Erlösten von den Nichterlösten, sondern im Gegenteil die Art und Weise, in der das Christusereignis alle erreichen kann und soll"[148]. Nach Ratzinger gehört es wesenhaft zur Kirche, „dass sie in der Nachfolge Christi, des Einen, die Schar der Wenigen darstellt, durch die Gott die Vielen retten will, – dass – anders gesagt – ihr Dienst zwar nicht von allen, wohl aber für alle getan wird"[149].

Identität und Authentizität, *fides quae* und *fides qua* in der christlich-kirchlichen Mission korrespondieren also aufs engste mit den Kategorien von Darstellung und Stellvertretung, wie sie zum Verständnis einer positiven Sakramentalität gehören, nach dem es – gerade in der Evangelisierung und Mission der Kirche – darum geht, zu leben und zu zeigen, was allen im Glauben verheißen ist.

Neue Wege in der Katechese verlangen in postchristlicher Zeit danach, dass das Spannungsgefüge zwischen *fides quae* und *fides*

lich zu machen, dass es um ein Angebot an alle Menschen geht, ist für die deutsche Übersetzung das Wort ‚anbieten' gewählt worden, man wird aber die anderen, ‚vorschlagen' zumal, mithören müssen", so im Vorwort von: Den Glauben anbieten in der heutigen Gesellschaft (Anm. 24), 7.

147 Vgl. Menke, Christliche Mission (Anm. 145), 93.

148 Ebd., 99.

149 Ebd.

qua auf diese Weise neu zur Geltung kommt. Es geht explizit in der Pastoral um jene ausdrücklich gewollte und nicht durch einen gesellschaftlichen Mainstream nivellierte Handlungsoption im Sinne der Konklusion, wie Menke sie beschreibt:

> „In eben dem Maße, in dem sich Gläubige eucharistisch in die Proexistenz Christi inkludieren lassen, können sie die nichtchristliche Welt verändern. Sammlung und Sendung sind die zwei Seiten ein und derselben Medaille. Die Kirche soll jene Einheit in Vielfalt realisieren, die das Konzil als Ikone der Trinität beschreibt. Dann ist sie nicht nur in ihren sieben Grundfunktionen, sondern insgesamt ‚Sakrament, das heißt Zeichen und Werkzeug für die innigste Vereinigung mit Gott wie für die Einheit der ganzen Menschheit' (LG 1)."[150]

In der Liturgie der Osternacht begreift die Kirche immer wieder neu das Exodus-Ereignis Israels auch in seiner mystagogischen Bedeutung für das Sakrament der Initiation als *das* Paradigma einer Reziprozität von Glaube und Sakrament. Das überlieferte und bezeugte Heilshandeln Gottes an Israel spiegelt sich in der Biographie dessen, der die Taufe empfängt bzw. erneuert, und umgekehrt weiß der Einzelne seinen persönlichen Exodus in der Geschichte Israels und der Kirche vorgebildet. Das Zeugnis trägt das Wagnis, und tastender Glaube findet in den Fluten des Lebens Halt am Heiligen. Der Exodus der Geschichte wird zum Introitus in den Glauben.

Beim koptischen Patriarchen Schenuda III. findet sich eine eigenwillige und doch anregende Geschichte, die erzählt, dass sich das Rote Meer beim Durchzug der Israeliten nicht teilte, als Mose es mit dem Stock schlug, sondern dass die Wassermassen erst in dem Moment beiseitegetrieben wurden und den Weg freigaben, „als der erste Mensch seinen Fuß ins Wasser setzte". Nicht die ausgestreckte Hand des Mose, sondern der tastende Fuß eines Israeliten bewirkt den spürbaren Fortschritt. Das Wasser fließt beiseite und gibt dem Volk Israel den Weg für den Exodus trockenen Fußes

150 Vgl. ebd., 101.

frei.[151] Im Rückblick begreift Israel Gottes Initiative, und Mose stimmt das Danklied an: „Gott, du lenktest in deiner Güte das Volk, das du erlöst hast“ (Ex 15,13). So kommen Glaube und Sakrament zusammen. In diesem Sinn sind auch die beiden zeitlichen Nachbardokumente der Internationalen Theologenkommission und das neue Direktorium für die Katechese inhaltlich komplementär.

4. Schulen des Glaubens – Kollegien für Katechese[152]

„*Contemplata aliis tradere*“ – „An andere weitergeben, was man durch Studium und Betrachtung gelernt hat!“[153] Dieses Prinzip des hl. Thomas von Aquin markiert eine Priorität, mit der sich treffend das Anliegen einer missionarisch ausgerichteten Erwachsenenkatechese beschreiben lässt.

Vieles ist in den vergangenen Jahren an Initiativen gestartet worden. Es gibt in unserer Gesellschaft eine neue Aufmerksamkeit für die Frage nach Gott. Ansätze für neue geistliche Aufbrüche sind nicht zu übersehen und machen Mut. Dabei darf man die Augen allerdings nicht davor verschließen, dass ein alarmierend gesunkener „Grundwasserspiegel des Glaubenswissens“ uns dringend herausfordert, den Glauben so ins Wort zu bringen – sprachfähig und auskunftsfähig zu werden –, dass wir verinnerlicht haben, wer wir sind: „Die Kirche ist nicht ein Verein, der eine bestimmte Sache voranbringen will. In ihr geht es nicht um eine Sache. In ihr geht es um die Person Jesu Christi, der auch als der Auferstandene Fleisch geblieben ist“ (vgl. Lk 24,39). „Er hat Leib. Er ist selbst da in seiner Kirche, ‚Haupt und Leib‘, ein einziges Subjekt, wird Augustinus sagen“ (Benedikt XVI.).[154]

151 Koptisch-Orthodoxes Patriarchat St. Antonius Kloster (Hg.), Bücher seiner Heiligkeit, des dreifach seligen Papstes Schenouda III., Teil 1: Befreiung der Seele, Kröffelbach-Waldsolms ³2015, 11.

152 Vgl. zu diesem Kapitel: Tebartz-van Elst, Der Ton macht die Musik (Anm. 20), 207–216.

153 Thomas von Aquin, Summa theologica II-II, q. 188,6 c.

154 Predigt von Papst Benedikt XVI. in der Vesper zur Eröffnung des Pau-

Daraus spricht die Erkenntnis, dass die uns heute aufgegebene Suche nach missionarischen Wegen der Glaubensverkündigung und Gemeindebildung für morgen zuerst den geistlichen Dialog mit der Schrift und der Überlieferung als den beiden Quellen unseres katholischen Glaubens braucht. Zukunftsfähige Erneuerung ist kein pragmatisches, sondern ein geistliches Geschehen.

Gerade angesichts der großen Glaubwürdigkeitskrise, die die Kirche derzeit durchlebt, wirbt Bernhard Meuser, der Initiator des YOUCAT, darum, nicht politische Kosmetik an den Symptomen zu betreiben, sondern profunder nach dem zu fragen, was die Kirche um des Glaubens willen wieder an ihren gottgewollten Anfang bringt. In Anlehnung an die von ihm vorgelegten zwölf Thesen[155] lassen sich im Sinne einer primären Ausrichtung auf die Pastoral zwölf Perspektiven formulieren, die sich (1) für eine Befreiung von gesellschaftlicher Zweckrationalität, (2) für ein Christsein aus Einsicht und persönlicher Entscheidung (Augustinus), (3) für eine Überwindung der Diastase zwischen Akteuren und Rezipienten, (4) für die bonifatianische Trias von Zellen, Zeugen und Zeichen, (5) für eine stärkere Profilierung des Amtes als sakramentalen Dienst an der Gemeinschaft aller Gläubigen, (6) für katechumenale Lernschritte im Glauben, die an die Gabe der Kontemplation rückgebunden sind und zu ihr hinführen, (7) für eine deutlichere Vergegenwärtigung und Rezeption der Heiligen Schrift, (8) für eine gelebte Jesus-Ökumene, (9) für eine Aufwertung geistlicher Gemeinschaften und ihre Vernetzung mit örtlichen Pfarrgemeinden, (10) für eine Berufungspastoral im Blick auf die evangelischen Räte sowie auf die sakramentale Bedeutung von Ehe und Familie, (11) für die Neujustierung einer Interdependenz, die bewusst macht, dass nicht Gemeinden die Nachfolge Christi produzieren, sondern die Nachfolge Christi Gemeinden hervorbringt, und schließlich (12) für

lusjahres vom 28. Juni 2008, https://www.vatican.va/content/benedict-xvi/de/homilies/2008/documents/hf_ben-xvi_hom_20080628_vespri.html (Abruf 24.10.2022).

155 Vgl. Bernhard Meuser, Wie die Kirche der Zukunft aussieht, in: Deutsche Tagespost vom 17. März 2022, 2.

einen entschiedeneren Stellenwert einer sakramentalen Katechese in katechumenaler Ausrichtung aussprechen.

Solche Erfahrungen liegen bereits anfanghaft der Gründung von „Schulen des Glaubens, des Gebets und der Gemeinschaft" zugrunde, wie sie z. B. im Bistum Limburg in den Jahren von 2011 bis 2015 existiert hat.[156] Die Initiative dazu war *eine* Frucht des Bistumsprozesses „Bereitschaft zur Bewegung".[157] Nach beinahe zweijähriger Projektphase, in der sich sechs größere Pastorale Räume aufgemacht hatten, auf vielen verschiedenen Ebenen und in verschiedenen Themenfeldern der Pastoral zukunftsfähige Formen der Glaubensweitergabe und der Gemeindeentwicklung zu erkunden, führte dieser Prozess zu einem – wenigstens befristeten – Ergebnis.[158]

Für die „Schule des Glaubens, des Gebets und der Gemeinschaft", die im Sinne einer missionarischen Erwachsenenkatechese der Förderung und Begleitung von Ehrenamtlichen in den Pfarrgemeinden dienen sollte[159], kam im Kontext einer diözesangeschicht-

156 Vgl. Christof May, Bischof-Blum-Kolleg. Glaube – Gebet – Gemeinschaft, in: Franz-Peter Tebartz-van Elst (Hg.), Glaube – Gebet – Gemeinschaft. Das Bischof-Blum-Kolleg im Bistum Limburg als Beitrag zu einer neuen Evangelisierung (Positionen und Perspektiven 4), Limburg 2012, 75–89. – Wo solche Initiativen bisweilen als ‚Kaderschulen' verdächtigt werden, stellt sich die Frage, ob hinter dieser vordergründigen Kritik ein wirkliches Interesse an einer Vertiefung des christlich-kirchlichen Glaubens oder doch nicht eher kirchenpolitische Auspizien zu vermuten sind.

157 Der Prozess wurde mit einem Hirtenwort begonnen; vgl. „Bereitschaft zur Bewegung". Perspektiven für die Seelsorge im Bistum Limburg. Hirtenbrief von Bischof Dr. Franz-Peter Tebartz-van Elst, Pfingsten 2008. – Vgl. auch: Franz-Peter Tebartz-van Elst, Wer glaubt, sieht mehr! Perspektiven und Prioritäten, Kevelaer 2009, 51–56.

158 Vgl. Thomas Lütkemeier, Eine Schule mit nur einem Lehrer. Zur Entwicklung des Bischof-Blum-Kollegs, in: Tebartz-van Elst, Glaube – Gebet – Gemeinschaft (Anm. 156), 91–97.

159 Vgl. Ehrenamtliche fördern, ein Gebot der Stunde. Das Bistum Limburg gründet das Bischof-Blum-Kolleg für Haupt- und Ehrenamtliche – Ein Gespräch mit Bischof Franz-Peter Tebartz-van Elst von Regina Einig, in: Die Tagespost 64 (2011), Nr. 69, 20; online: https://www.die-tagespost.

lichen Orientierung bei der Suche nach geistlichen Aufbrüchen in gesellschaftlichen und kirchlichen Krisenzeiten der Name des dritten Bischofs von Limburg in den Blick: Bischof-Blum-Kolleg. So stehen in der Mitte des 19. Jahrhunderts in einigen deutschen Diözesen profilierte Bischöfe für eine synergetische Formierung des Glaubens, die Bildung und Kultur, Liturgie und Volksfrömmigkeit in einer Weise zu vermitteln verstehen, dass gerade Multiplikatoren ihn neu zu lernen beginnen. In Regensburg ist es Johann Michael Sailer, der die Herausforderungen der Aufklärung mit einer rational reflektierten und liturgisch-spirituellen Glaubensbegründung so nachhaltig zu vereinen weiß, dass eine profunde Erneuerung des kirchlichen Lebens daraus erwächst. In Mainz versteht es Bischof Wilhelm Emmanuel von Ketteler, Katechese mit der sozialen Frage zu korrelieren, und in Limburg sieht sich Bischof Peter Joseph Blum (1808–1884) vor der gleichen Herausforderung: Wie kann es zu einer inhaltlichen und geistlichen Vertiefung unseres Glaubens und zu einer angemessenen Förderung missionarischer Multiplikatoren kommen? Es sind vor allem sein Mut und seine Entschiedenheit, die in einer Phase schwerer Erosion des religiösen Lebens aufgrund von Säkularisierung und Säkularisation damals die Dringlichkeit bewusst machten, zuerst geistlich in die Tiefe zu bauen.[160] Diese Priorität seiner Pastoral kann auch in den gegenwärtigen Umbrüchen des kirchlichen Lebens zur Inspiration werden.

In allen Auseinandersetzungen seiner Zeit weiß er darum, dass eine „Bereitschaft zur Bewegung“ nur wachsen kann, wenn die Kirche dort zu Hause ist, wo sie nach Ostern begonnen hat: im Gebet der Apostel, der Frauen und Brüder vereint mit Maria im Abendmahlssaal. Bischof Peter Joseph Blum und die genannten Mitbrüder wussten in ihrer Zeit darum, dass nur eine betende Kirche eine verkündende und bezeugende Kirche ist, die nachhaltig in einer Gesellschaft etwas bewirken kann.

de/aktuelles/forum/ehrenamtliche-foerdern-ein-gebot-der-stunde-art-125164 (Abruf 26.10.2022).

160 Vgl. Friedhelm Jürgensmeier, Bischof Peter Joseph Blum (1808–1884). Prägende Gestalt in fordernder Zeit, in: Tebartz-van Elst, Glaube – Gebet – Gemeinschaft (Anm. 156), 99–109.

Aus dieser Perspektive, die sich im Laufe des skizzierten Prozesses „Bereitschaft zur Bewegung“ als zukunftsweisend gezeigt hat, lassen sich Kriterien für eine Katechese erkennen, die im Dienst einer umfassenden Glaubensweitergabe und zugleich einer missionarischen Gemeindeentwicklung stehen.

a) Auskunftsbereitschaft

Der Glaube kommt vom Hören. Er ist ein Geschenk Gottes. Der Mensch kann ihn sich nicht selbst geben. Wo der Mensch lernt, auf Gottes zuvorkommende Initiative zu antworten, kommt Glaube zu Bewusstsein und bringt in Bewegung. In dieser Dynamik entsteht eine Offenheit für das Lebenszeugnis der Schwestern und Brüder im Glauben und ein Interesse an dem Bekenntnis, das sie darin zum Ausdruck bringen. So öffnet sich ein Raum für die Frage nach dem Grund der Hoffnung, die die Jünger Christi erfüllt und sie drängt, Rede und Antwort von dem zu geben, was sie im Glauben bewegt (vgl. 1 Petr 3,15). Verkündigung und missionarisches Christsein beginnen, wo Menschen nach dem Evangelium leben und handeln.

Zu dieser elementaren Situation gehört aber auch die Wahrnehmung, dass es bisweilen eine große Scheu vor dem religiösen Bekenntnis gibt, mit eigenen Worten Zeugnis für den Glauben abzulegen. Nach dem Zeugnis des Neuen Testaments beginnt missionarische Glaubensweitergabe aber damit, Auskunft zu geben über das, was „mitten ins Herz trifft“ (vgl. Apg 2,37). Dass und wie wir aus dem Glauben Stärke und Zuversicht gewinnen, darüber dürfen wir nicht schweigen (vgl. Apg 4,20).

Das „Zeugnis des Lebens“ drängt nach dem „Zeugnis des Wortes“. Auskunftsfähigkeit bereitet in diesem Sinn einer Erwachsenenkatechese den Weg. In der Gemeinschaft mit der ganzen Kirche wird das den Einzelnen nicht überfordern, wenn er durch sie in einer „Schule des Glaubens, des Gebets und der Gemeinschaft“ begleitet wird, das eigene Zeugnis auszusprechen. Dazu gehört auch die Sensibilität, Persönliches von Privatem zu unterscheiden.

b) Sprachfähigkeit

„Auskunftsbereitschaft setzt Sprachfähigkeit voraus."[161] Der Blick auf den Anfang der Kirche zeigt, dass die auch im pastoralen Alltag zuweilen vorkommende Sprachnot, der scheinbare Mangel an Worten, auch den Jüngern zunächst nicht fremd ist. Die Zeit zwischen Ostern und Pfingsten wird für sie zu einer Sprachschule des Glaubens. Mit dem Karfreitag sind den Jüngern die Worte ausgegangen. Erst die Osterbotschaft führt sie wieder zusammen und lässt sie um Worte ringen. Gemeinsam begegnen die Jünger dem Auferstandenen und lassen sich von ihm ansprechen. „Da erinnerten sie sich an seine Worte" (vgl. Lk 24,8).

Ostern beginnt mit dem Zuspruch, dass es sich lohnt, um Worte zu ringen, dass der Mensch zum Sprechen berufen ist. Auf diesem Weg finden die Emmausjünger zur Auferstehung: „Sie sprachen miteinander über all das, was sich ereignet hatte. Und es geschah, während sie redeten und ihre Gedanken austauschten, kam Jesus selbst hinzu und ging mit ihnen" (Lk 24,14–15). Erwachsenenkatechese will dazu ermutigen, sich dort, wo alles zum Schweigen verurteilt scheint, das Wort des Glaubens zusprechen zu lassen und selbst zu einem Sprechenden zu werden. Sprachfähigkeit bindet ein in die Zeugengemeinschaft: Wer glaubt, ist nicht allein. Diese Gemeinsamkeit im Glauben verweist auf ein weiteres Kriterium: den gemeinsamen Vollzug des Glaubens.

c) Feierkompetenz

Glaube braucht Gestalt. Liturgie ist Ausdruck des Handelns Gottes an uns und der Antwort des Menschen darauf. An der gemeinsamen gottesdienstlichen Feier wird ablesbar, was die Gemeinde der

161 „Zeit zur Aussaat". Missionarisch Kirche sein vom 26. November 2000 (Die deutschen Bischöfe 68), hg. vom Sekretariat der Deutschen Bischofskonferenz, Bonn 2000, 19; online: https://www.dbk-shop.de/de/publikationen/die-deutschen-bischoefe/hirtenschreiben-erklaerungen/zeit-aussaat-missionarisch-kirche.html (Abruf 23.10.2022).

Christen an Überzeugungen miteinander teilt und in Verantwortung füreinander pflegt. Im vielfältigen Schatz der Liturgie der Kirche vollzieht sich gemeinsames Gebet und Gedächtnis, wird heilsame Erinnerung zur Vergegenwärtigung gläubiger Verheißung.

In der Liturgie wird der ganze Glaube der Kirche anschaulich. Hier erhält er eine Symbolgestalt, die mit dem Verstand und dem Herzen, das heißt mit allen Sinnen erfahrbar wird. Eine entsprechend liturgie-mystagogisch ausgerichtete Katechese kann die verschiedenen Lernanteile und Wege in der Katechese synchron erfahren lassen. Praktische Lernerfahrungen zeigen in diesem Zusammenhang, dass eine Feier des Taufgedächtnisses sich in dieser Ausrichtung besonders eignet, um fundamental die Taufidentität des Christen als Zuspruch und Anspruch zu erleben.[162]

Wo die katechetische Vermittlung des christlich-kirchlichen Glaubens ihren Ort hat, wird Glaubensfeier zur Lebensdeutung. Sie lebt von wiedererkennbaren und mit anderen zu teilenden Symbolen, die in ihrer Aussage eindeutig sind. Die Bezeichnung des Apostolischen Glaubensbekenntnisses als *symbolon* beispielsweise verdeutlicht in systematischer Hinsicht, was sich liturgiekatechetisch profilieren soll. Wo eine eventhaft mit Sekundär- und Tertiärsymbolen ausgestaltete Liturgie Vordergründiges so betont, dass Tiefgründiges kaum mehr erkennbar ist, droht die Glaubenseinführung und -vertiefung diffus zu werden.[163] Wo hingegen die originären Zeichen sprechen, führt die Liturgie ins Mysterium. Eine „Schule des Glaubens, des Gebets und der Gemeinschaft" versteht sich in diesem Sinn als ein exemplarischer Lernort, der „Dogmatik als gesungene Liturgie" (Walter Kasper)[164] begreifen lässt.

162 Vgl. zum Bischof-Blum-Kolleg: 107–109.

163 Vgl. dazu die Hinführung in diesem Buch und weitere beispielhafte Verweise: 69, 97.

164 Vgl. in diesem Buch: 67 f.

d) Communio

Pfingsten beginnt damit, dass sich die Jünger Jesu alle „am selben Ort“ versammeln (vgl. Apg 2,1). Das kurz darauf berichtete Sprachwunder benennt, was auch in einer „Schule des Glaubens, des Gebets und der Gemeinschaft“ von großer Bedeutung ist: Nach Ostern kommen in Jerusalem Christen von unterschiedlichen Orten zusammen. Verständigung gelingt, wo sich ihre Herzen in der Kraft des Heiligen Geistes füreinander öffnen.

In diesem Sinne versteht sich die Kirche als Gemeinschaft derer, die herausgerufen sind, zu vergegenwärtigen, dass der Herr in unserer Mitte lebt. Kirche entsteht, wo sie sich zur Feier der Eucharistie versammelt. Die Kommunion mit dem Auferstandenen ist die Mitte unserer Versammlung. Das Bewusstsein, dass sich das Wesen der Kirche in den Sakramenten zeigt und vollzieht, gilt es in unseren Gemeinden stärker zu fördern. Das verlangt nach einer missionarisch ausgerichteten Erwachsenenkatechese, für die eine „Schule des Glaubens, des Gebets und der Gemeinschaft“ zum Ort exemplarischer *communio* wird.

Die Sammlung derer, die in dem einen Glauben verbunden sind, der sich beständig an und durch die gemeinsame liturgische Feier vergewissert, führt zu einer tiefen „Gemeinsamkeit im Wollen“, zu einem gereiften Denken und Fühlen mit und im Sinne der Kirche. Die nachösterliche *communio* wird in dem Sinne zu einer pfingstlichen *con-spiratio*, die eine „Geschlossenheit im Handeln“[165] ermöglicht.

e) Sendung

Liturgie, Communio und Sendung gehören zusammen. Sie ereignen sich als Grundvollzüge der Kirche und bedingen sich gegenseitig.

165 Vgl. Dieter Böhler SJ, „Die Einheit des Geistes wahren“ (Epheser 4,3). Gemeinsamkeit im Wollen – Geschlossenheit im Handeln, in: Franz-Peter Tebartz-van Elst (Hg.), Gemeinsamkeit im Wollen – Geschlossenheit im Handeln (Positionen und Perspektiven 3), Limburg 2011, 12–29.

Wörtlich berichtet das Evangelium davon, dass Jesus die Jünger „um sich sammelnd sendet“ (vgl. Lk 9,1). Was vor Ostern beginnt, gewinnt durch den auferstandenen Herrn neuen inneren Schwung. „Wie mich der Vater gesandt hat, so sende ich euch“ (Joh 20,21b). Der Blick auf den Auferstandenen öffnet den Jüngern einen inneren Zugang. Sie begreifen, dass das österliche Geschehen ihren Kreis überschreiten will, und gehen von hier aus in die Welt.

Der Aufbruch nach Ostern beginnt mit der Aufmerksamkeit für das, was wesentlich ist. Die Jünger versammeln sich mit den Frauen, mit Maria, der Mutter Jesu, und mit seinen Brüdern im Obergemach in Jerusalem (vgl. Apg 1,14). Aus dem gemeinsamen Gebet wächst der Blick für die Prioritäten. Eine „Schule des Glaubens, des Gebets und der Gemeinschaft“ versteht sich als geistlicher Lernraum für eine Katechese, die zu Gebet und Anbetung ermutigt und hinführt. Wer betet, gewinnt den Blick für das Ganze.

So wird anschaulich, wohin eine Erwachsenenkatechese führen soll. Das Sein ist wichtiger als das Machen. Nachfolge, die erfüllend gelebt wird, ist wichtiger als Aktionismus, der sich bemüht, allen Erwartungen gerecht zu werden. Attraktiv erscheint die Botschaft des Evangeliums, wo Menschen sich bemühen, mit ihrem ganzen Leben für Gott und den Nächsten da zu sein. So führt der Blick auf den Anfang der Kirche zur Sendung in die Welt.

In dieser Dynamik ist eine „Schule des Glaubens, des Gebets und der Gemeinschaft“ auch der Entstehungs- und Erkundungsort, der dem Einzelnen, nicht zuletzt durch die Ermutigung der anderen, bewusst macht, über welches persönliche Charisma ein Christ verfügt und ob er dieses einbringen will.

f) Der Blick zurück nach vorn

Die Initiative zu einer missionarischen Erwachsenenkatechese ist nicht neu. Darauf verweist auch Bernhard Meuser, der sich im gleichen Jahr, in dem der Limburger Prozess „Bereitschaft zur Bewegung“ auf den Weg gebracht wurde, mit der Dringlichkeit einer „Schule des Glaubens“ in unserer Zeit beschäftigt.[166]

Bereits das große Apostolische Schreiben von Papst Paul VI. *Evangelii nuntiandi* – „Über die Evangelisierung in der Welt von heute“[167] sieht in der Sorge um eine geistliche Vertiefung den Ansatzpunkt für eine weiter und tiefer führende missionarische Kommunikation im Interesse der Weitergabe des christlich-kirchlichen Glaubens. Wo das Zeugnis des Lebens nach dem Zeugnis des Wortes verlangt, wo die Aufmerksamkeit und auch die biblisch bezeugte Anstößigkeit unseres Glaubens Orientierungsnotwendigkeit und -bereitschaft hervorruft, wird bewusst: „Mission braucht Mut zum Inhalt!“[168]

Das bereits erwähnte Apostolische Schreiben *Catechesi tradendae* (CT) von Papst Johannes Paul II. greift 1979 auf und führt weiter, was 1975 in *Evangelii nuntiandi* als neuer Impuls für eine Glaubensverkündigung mit Offenheit und Entschiedenheit in einer zunehmend religiös pluralen und säkularen Welt grundgelegt ist. Als künftige Perspektive für die Katechese nennt das Dokument die wachsende Gleichgültigkeit, die dazu herausfordert, im Glauben klar und konsequent zu bleiben, unbefangen die christliche und katholische Identität zu bekräftigen, den Unsichtbaren zu sehen und dem absoluten Gott derart verbunden zu sein, dass Christen seine Zeugen werden in einer Zivilisation, die ihn leugnet. „In dieser Welt muss die Katechese den Christen helfen, zu ihrer Freude und zum Dienst aller ‚Licht‘ und ‚Salz‘ zu sein“ (CT, Art. 56).

Die deutschen Bischöfe haben sich schon vor einigen Jahren in den beiden Schreiben „Zeit zur Aussaat – Missionarisch Kirche sein“ (2000)[169] und „Katechese in veränderter Zeit“ (2004)[170] mit der Thematik befasst und wichtige Perspektiven einer am Erwach-

166 Bernhard Meuser, Christsein für Einsteiger, München 2007.

167 Vgl. Anm. 56.

168 Vgl. Franz-Peter Tebartz-van Elst, Mission braucht Mut zum Inhalt, in: ders. (Hg.), Inhalte brauchen Zeugen. Mission braucht Mut zum Inhalt (Positionen und Perspektiven 1), Limburg 2011, 35–58.

169 Vgl. Anm. 161.

170 Vgl. Katechese in veränderter Zeit vom 22. Juni 2004 (Die deutschen Bischöfe 75), hg. vom Sekretariat der Deutschen Bischofskonferenz, Bonn 2004, korr. ^{3}2016; online: https://www.dbk-shop.de/de/publikationen/die

senenkatechumenat der frühen Kirche orientierten Erwachsenenkatechese entwickelt. In diesem Horizont bekommt eine „Schule des Glaubens, des Gebets und der Gemeinschaft“ durch die Erwachsenenkatechese die Bedeutung, Christen in ihrer kontinuierlichen Persönlichkeitsentfaltung so zu begleiten, dass sie ihre je eigenen Charismen entdecken und sie zum Aufbau der Gemeinschaft im Glauben einbringen.

Das Abschmelzen volkskirchlicher Lebens- und Lernvollzüge des Glaubens in der einstigen Trias „Familie – Schule – Gemeinde“ lenkt den pastoralen Blick der Kirche zunehmend auf Einzelsituationen und -personen, die es für die ‚Berufung zum Glauben‘ als ‚Zeichen für die Welt‘ zu öffnen und zu gewinnen gilt. Missionarische Glaubensverkündigung wird umso klarer, je größer die Gewissheit ist, was uns persönlich im Glauben zugewachsen ist, was wir als Geschenk empfangen haben und wozu wir berufen sind.

Die Initiative zu einer „Schule des Glaubens, des Gebets und der Gemeinschaft“ stellt sich einer Notwendigkeit, die schon der hl. Augustinus für eine Diasporasituation von Christen als unverzichtbar herausgestellt hat und die in unserer Zeit neue Aktualität bekommt: „Christsein aus Einsicht und Entscheidung“.[171] Das ist das Lernziel einer missionarischen Erwachsenenkatechese, die den Einzelnen so zum authentischen Christuszeugnis befähigt, wie ein Wort von Papst Benedikt XVI. es als das inhaltliche Profil einer „Schule des Glaubens, des Gebets und der Gemeinschaft“ formuliert:

> „Der Zeuge Christi gibt nicht einfach nur Informationen weiter, sondern er hat eine persönliche Beziehung zur Wahrheit, die er anbietet, und durch die Konsequenz seines eigenen Lebens wird er zum glaubwürdigen Bezugspunkt. Er verweist jedoch nicht

-deutschen-bischoefe/hirtenschreiben-erklaerungen/katechese-veraender ter-zeit.html (Abruf 23.10.2022).

171 Vgl. Walter Kardinal Kasper, Glaubensschule. Neue Evangelisierung – eine pastorale, theologische und geistliche Herausforderung, in: Tebartz-van Elst, Glaube – Gebet – Gemeinschaft (Anm. 156), 33–52. – Vgl. dazu auch: Reinhard Lettmann, Christsein durch Einsicht und Entscheidung. Christusmeditationen, Kevelaer 1984.

auf sich selbst, sondern auf einen, der unendlich viel größer ist als er selbst, dem er vertraut und dessen zuverlässige Güte er erfahren hat.“[172]

172 Papst Benedikt XVI., Ansprache zur Eröffnung der Pastoraltagung der Diözese Rom vom 11. Juni 2007, https://www.vatican.va/content/benedict-xvi/de/speeches/2007/june/documents/hf_ben-xvi_spe_20070611_convegno-roma.html (Abruf 24.10.2022).

III. Kontextuelle Erweiterungen – oder: Wo ergeben sich neue Anknüpfungen für die Katechese?

Katechese ist immer Kommunikation. In der Weise, wie wir miteinander sprechen, vermittelt sich immer auch der Inhalt. Seine Botschaft ist immer an konkrete Biographien gekoppelt. Das erst macht das Zeugnis des Glaubens authentisch, ohne dass es beliebig wird. In diesem Sinn besteht Katechese auch im Aufspüren solcher Zusammenhänge, die plausibel machen, unter welchen Lebensumständen, in welchen persönlichen Bildern und in welcher individuellen Sprache das Kerygma zum Klingen kommt. Nachhaltige und nachhallende Katechese als Echolot des Glaubens kommt aus jener Tiefe, in die Einzelne so weit vorgedrungen sind, dass gleichsam ihre ‚Wasserstandsmeldungen' anzeigen, wie weit die Botschaft des Glaubens im Inneren einer Biographie angekommen ist. So ergeben sich Kontexte, ohne die Katechese auf einen starren Satzglauben reduziert werden könnte.

Im Folgenden sollen fünf Kontexte so angesprochen und erläutert werden, wie sie sich dem Autor persönlich eröffnet haben. Die entsprechend notwendige Adaption werden die Lesenden selbst vornehmen müssen, um zugleich im möglichen Kontrast zu eigenen Erfahrungen das Komplementäre entdecken zu können. Wie sehr dabei die jeweils umgebende Kultur immer auch eine Hermeneutik der Katechese hervorbringt, machen sowohl volkskirchliche als auch nachchristliche bzw. diasporabezogene Lebensumstände bewusst. Letztlich ist die Geschichte der kirchlichen Katechese immer von solchen Faktoren mitbestimmt worden, die zugleich eine Fähigkeit zur notwendigen Adaption zeigen, ohne einer Versuchung zu angepasster Beliebigkeit in Inhalt und Form zu erliegen.

1. Alltag und Evangelisierung

Der kirchengeschichtlich über weite Strecken zu verfolgende Zusammenhang von Alltagskultur und Evangelisierung ist konstitutiv für die Weitergabe des Glaubens. Wo sich die Evangelisierung auf eine gesellschaftlich existente Kultur stützen kann, braucht es gewissermaßen eine eigene Osmose, damit es zur nachhaltigen Durchdringung öffentlicher Lebensvollzüge mit dem Geist des Evangeliums und den Vollzügen des kirchlichen Lebens kommen kann. Kaum irgendwo sonst als in Bayern lässt sich im Alltag auch einer zunehmend säkularen Welt erleben, wie die öffentliche Lebenskultur unter dem Einfluss des christlich-kirchlichen Glaubens eine Mentalität hervorgebracht hat, die für eine Evangelisierung und das Kerygma in der Katechese förderlich ist. Dieser Zusammenhang soll im Folgenden exemplarisch aufgezeigt werden, um daran grundlegende Anknüpfungskontexte ablesen zu können.

Terra benedictina est terra benedicta – so lautet die ursprüngliche Fassung des bekannten Diktums. Wenn man jedoch den geschichtlichen Zusammenhang bedenkt, ist auch die umgekehrte Reihenfolge zutreffend: *Terra benedicta est terra benedictina.* Hier wird ins Wort gebracht, was das Auge allenthalben wahrnimmt und der Verstand schon in der Besichtigung begreift. Folgt man dem großen bayerischen und europäischen Strom der Donau, kann man nur staunen, wie viele Benediktinerklöster sich einst wie Perlen am Rosenkranz entlang dieses Flusses aufreihten und welche eindrucksvollen Abteien davon nicht nur erhalten sind, sondern immer noch weit in das Leben der Landschaft hineinwirken. Geradezu exemplarisch wird das am Kloster St. Michael in Metten anschaulich, dessen Geschichte bis in die Gegenwart zeigt, welcher Geist diese *terra benedicta* gestaltet hat.[173]

173 Bei diesem Beitrag handelt es sich um eine vom besonderen Profil der Abtei Metten inspirierte, auf sie hin fokussierte und erweiterte Fassung des Artikels: Franz-Peter Tebartz-van Elst, Alltagskultur – ein Ansatz für Ethik und Evangelisierung, in: Personen gestalten Institutionen – Institutionen prägen Personen. Leben im Spannungsfeld individueller und so-

Schon die großen Hinweisschilder an der Autobahn, die auf die Sehenswürdigkeit der barocken Bibliothek dieser Abtei verweisen, indizieren ein Kulturgut, das mehr ist als Kunst. Bereits im Jahr 766 – zur Zeit Karls des Großen – gegründet, hat dieses Kloster alle Höhen und Tiefen der Geschichte durchlebt. Darin sind es vor allem zwei zeitliche Einschnitte, die zeigen, wie Bleibendes im Wandel dem Bayerischen eine besondere Zuversicht in Zäsuren eingestiftet hat. Als im Dreißigjährigen Krieg äußerlich im gesellschaftlichen und kirchlichen Leben alle Zeichen auf Abbruch stehen, entschließt man sich 1624, dieses Kloster in der so erhebenden barocken Architektur neu zu bauen. Morgendämmerung inmitten der Nacht. Frühling im Winter, Licht im Dunkel! Ähnlich verhält es sich mit dem Wiederaufbau des benediktinischen Lebens an diesem Ort nach den Wirren der Säkularisation und der Aufhebung des Klosters 1803. Es ist die erste Abtei, in der sich etwa 40 Jahre später wieder benediktinisches Leben ansiedeln kann, das sich nicht als Rückzug aus der Welt versteht, sondern sich gerade im Sinne der später noch zu erläuternden *liberalitas bavarica* für die Menschen des Umfeldes als lebensfördernd und kulturformend erweist. Von Beginn der benediktinischen Präsenz in Bayern an sind es zwei Komponenten, die dabei zusammenwirken: die Kultivierung des Landes durch Rodung und sachgerechte Bewirtschaftung sowie die Investition in Bildung. Als der prägende bayerische Kirchenvater Johann Michael Sailer nach der Wiederbesiedlung des Klosters Metten die Abtei zum ersten Mal besucht und die leer geräumte bzw. leer geraubte barocke Bibliothek betritt, legt er drei von ihm persönlich signierte Bände mit der Lebensbeschreibung Papst Gregors des Großen in die freien Regale. Sie werden gleichsam zum Grundstock der wieder zu füllenden Ausstattung. Bis heute zeigt man diese Beweise an gleicher Stelle. Mit der Wiederaufnahme des benediktinischen Wirkens in

zialer Verantwortung (FS Peter Fonk), Regensburg 2021, 379–404. – Vgl. auch: ders., Terra benedicta – terra benedictina. Bayerische Lebenskultur als ansprechender Kontext für die Weitergabe des Glaubens. Cum gratiarum actione assignatum est ad Monasterium Sancti Michaelis Mattensis, in: Klerusblatt 101 (2021), H. 5, 133–135; H. 6, 165–170; H. 7, 203–206; H. 8/9, 230–233.

Metten entsteht auch das Gymnasium (bis 2019 mit Internat), das bis heute zu den herausgehobenen Bildungsstätten in Bayern gehört.

Versucht man zu verstehen, wodurch die *terra benedicta* des Bayerischen so nachhaltig Identität und Mentalität geprägt hat, wird das in Metten gerade an den beiden dort existenten Bibliotheken bewusst. Es sind die barock gestaltete Einrichtung von 1722 bis 1726 im Ostflügel des Klosters und die 2009 geschaffene moderne Klosterbücherei im ehemaligen Speisesaal des Internates im Nordflügel, die im Präsenzbereich auch Lehrern und Schülern zur Verfügung steht. Zu ihrer Einweihung betonte Abt Wolfgang Maria Hagl OSB seinerzeit, dass sich die neue Einrichtung an der Qualität der Barockbibliothek messen lassen müsse, und führte weiter aus:

> „Ein besonderes Glanzstück ist die künstlerische Gestaltung der Bibliothek geworden. Ein etwa 96 Meter langes Licht-Glas-Band mit Texten aus der Heiligen Schrift, der Regel des heiligen Benedikt und der ersten Enzyklika Papst Benedikt XVI. ‚Deus caritas est' bekrönen die Regale. Was in der Barockbibliothek Stuck und Fresken als programmatische Aussage bedeuten, dem entspricht in der neuen Bibliothek das Licht-Text-Band Robert M. Webers. Großer Dank gebührt ihm für dieses Kunstwerk, mit dem er die alte klösterliche Tradition der Kalligraphie wieder entdeckt hat."[174]

Damit ist es auch der Mut der Mönche, in Zeiten kritischer Medien der Bildung ein Monument gebaut zu haben, das Geschichte und Gegenwart durch die erwähnte Kunst in einen konstruktiven Dialog bringt, der fast nur auf einem soliden benediktinischen Fundament manchen Stürmen des oft ausschließlich Zweckrationalen standzuhalten vermag. Bedenkt man im Blick auf die barocke Bibliothek der Abtei Metten, dass sie noch in gotischer Zeit eher als Studier-

174 Abt Wolfgang M. Hagl, in: Natascha Niemeyer-Wasserer, Lux ex alto. Das Licht aus der Höhe in der Glaskunst der neuen Präsenzbibliothek im Kloster Metten, München 2010, 3.

raum verstanden wurde, in der dem bzw. einzelnen Werken große Wertschätzung galt, ist der barocke Übergang zu einem Saal für Bücher gleichsam das Spiegelbild einer Veränderung bzw. Erweiterung des Bildungsverständnisses in der Zeit zwischen der Reformation und dem Ende des Dreißigjährigen Krieges. Wissen zu zeigen und Werte in ihnen zu wähnen, ist ein neues Verständnis, das Wissenschaft wie einen „blühenden Garten“ versteht und darin gerade den benediktinischen Anspruch zur Geltung bringt.[175] Diese Metaphorik ist das Grundkonzept der Mettener Barockbibliothek, das den Lesenden hier „im Garten der Weisheit“[176] weiß. Wie sehr die neue Klosterbücherei in ihrem Licht-Glas-Band, das auch auf florale Formen anspielt, dieses gerade in Bayern ansichtige Bewusstsein lieblicher Landschaft mit der Leidenschaft der Bildung zu verbinden vermag, vermitteln Geschichte und Gegenwart hier in großer Kontinuität.

Besonders für Besucher aus norddeutscher Wahrnehmung leuchtet im Bayerischen etwas Bezeichnendes auf. „Gott mit dir, du Land der Bayern ...“ ist nicht nur eine Hymne aus der Vergangenheit. Dass heute junge Menschen sie mitsingen können, Studierende sie zu rezitieren vermögen und auch Zugezogene sie im Laufe des Lebens mit immer größerer Inbrunst zu singen lernen, ist mindestens ein Verweis darauf, wie sich im bayerischen Lebenskontext lokale Identitäten in globaler Vernetzung bewahren und bewähren. Das ist keinesfalls eine Persiflage auf das vermeintliche landestypische Image von „Laptop und Lederhose“, sondern eine Hommage an eine Kultur, in der mehr als anderswo Geschichte Gegenwart inspiriert, Land die Leute prägt, eine Ethik des Alltags sich (noch) auf die Evangelisierung des Glaubens stützen kann und Brauchtum immer wieder so auf die Bibel verweist, dass Bayern sicher nicht das Gelobte Land, wohl aber ein gesegnetes ist, eine *terra benedicta*, in

175 Vgl. dazu weiterführend: ebd., 6 ff.

176 Vgl. Peter Altmannsperger, Im Garten der Weisheit, in: Werte-Magazin, Ausgabe 6, München 2015/2016, 4–10. – In diesem Zusammenhang ist auch im Editorial dieser Publikation das Wort des antiken Schriftstellers Marcus Tullius Cicero (106–43 v. Chr.) bedenkenswert: „Wenn du einen Garten und eine Bibliothek hast, wird es dir an nichts fehlen“ (ebd., 3).

der Kunst und Kultur nicht ohne Kreuz und Kirche zu verstehen sind – und auskommen. Die beiden Bibliotheken in Metten bilden in diesem Sinn eine exemplarische Synergie, wie im Überlieferten Bleibendes so aufleuchtet, dass es zu Neuem anstiftet. Eine weitere Annäherung dazu bedarf grundlegend und vorausschickend zunächst der folgenden Einsichten.

a) Fundamente bleiben Fermente

Diesen Zusammenhang hat der frühere Passauer Historiker für bayerische Landes- und Kirchengeschichte Benno Hubensteiner nachhaltig erforscht. Nicht nur in seinem in 16 Auflagen und 2006 zuletzt erschienenen Standardwerk „Bayerische Geschichte“[177] leistet er eine profunde Analyse dessen, was den inneren Konnex von Kultur, Kunst und Kirche in bayerischer Prägung ausmacht. Eine pointierte Zusammenfassung der wesentlichen Thesen hat er später selbst in einem Vortrag an der Universität Passau unternommen, den er mit dem Titel „Aspekte bayerischer Frömmigkeit“[178] überschrieben hat und der leider nur als unveröffentlichter Manuskriptdruck vorliegt. Darin erläutert er gleich am Anfang seine Ausgangsthese, nach der es sich bei der anzutreffenden bayerischen Frömmigkeit nicht um eine Höchstform des Religiösen, nicht um eine „Heroenreligiosität der Heiligen“[179], sondern um bis in die Gegenwart hineinwirkende Formen einer Alltagsfrömmigkeit von einst handelt. Nicht die theologische Reflexion oder Interaktion von Riten steht hier am Anfang, sondern ihr kultureller Gebrauch in apotropäischer oder sozialer Hinsicht. An anderer Stelle spricht er von der bayerischen Volksfrömmigkeit „als dem Handfesten und dem Do-ut-des-Denken“[180], das

177 Vgl. Benno Hubensteiner, Bayerische Geschichte. Staat und Volk, Kunst und Kultur, München [1950], Rosenheim ^16^2006. – Vgl. auch: ders. / Karl Hausberger, Bayerische Kirchengeschichte, München 1985.

178 Vgl. Benno Hubensteiner, Aspekte bayerischer Frömmigkeit (Manuskriptfassung eines Vortrags), o. O. [1980].

179 Ebd., 1.

180 Ebd.

sich geschichtlich und bis in die Gegenwart gerade im Wallfahrtswesen manifestiert, das er geradezu als ‚wahrzeichenhaft' für das ganze Land begreift.

Benno Hubensteiner beruft sich in dieser Zuordnung auf die *pietas bavarica*, wie sie schon der große bayerische Geschichtsschreiber Johannes Aventinus in der Erschauderung vor dem Numinosen bei den Germanen und verbliebenen Kelten ausmacht.[181] Was in heidnischer Zeit existierte, hat sich in christlicher Inkulturation später an archaischen Orten wie z. B. Freising und Altötting so manifestiert, dass man von der *pietas* als einem Kennzeichen bayerischer Frömmigkeit spricht, das schon im Ursubstrat des bayerischen Volkes gegeben war.

Vor diesem Hintergrund kann man kaum angemessen einschätzen, welche Zäsur die Reformation auch in der bayerischen Alltagswelt für die Menschen mit sich bringt, was abzubrechen scheint und was abgestoßen wird. Im Kontext der Gegenreformation wird dann der Barock zur ausgesprochenen Gegenbewegung, die weit mehr ist als ein Kunststil oder eine Kunstepoche. Benno Hubensteiner stellt fest, dass „sie nach dem großen Grabenbruch des 16. Jahrhunderts die einzige Wiederbegegnung von Kirche und Volk in diesem Land bedeutet"[182]. Wie sehr sich Bayern auf diese Weise im Barock gründet, macht nicht zuletzt die nur hier weltweit geschehene Weiterentwicklung zum Rokoko bewusst. Mit diesem Phänomen verbindet sich, dass die Bürger- und Bauernfrömmigkeit in dieser Zeit gerade prägend für das Land und seine Mentalität einen neuen Zug gewinnt, der als die *„visibilitas"*[183] umschrieben wird. Damit sind eine Plastizität und Sinnenhaftigkeit gemeint, mit denen sich das Innere und das Religiöse des Menschen individuell und sozial ausdrücken. Wo so das Volkshafte und die große Kunst in eine Synergie miteinander finden, kann auch die sich anbahnende Philosophie der Aufklärung nicht ins kalt Rationale absinken. Vielmehr geht mit der *visibilitas* eine Musikalität und überhaupt eine neue Aufmerksam-

181 Vgl. ebd., 3 f.
182 Ebd., 4.
183 Ebd., 8.

keit für das Inszenierte einher, die sich im Erlernen von Instrumenten, in einer gepflegten Hausmusik und gerade auch in einem entfalteten Advents- und Weihnachtsbrauchtum bzw. in Passionsspielen vermittelt.

Auch wenn das 19. Jahrhundert mit seinen krisenhaften Zäsuren – zu Beginn in der Säkularisation und am Ende im preußischen Kulturkampf – das Niveau der Sailer'schen Kirchenreform bisweilen auf eine mehr betuliche Volksfrömmigkeit zu reduzieren scheint, so bleibt doch jenes Selbstbewusstsein, das der Barock als Glaubens- und Lebenshorizont einer *liberalitas bavarica* ausgespannt hat, die später noch eingehender entfaltet werden soll. Wenn Benno Hubensteiner abschließend feststellt, dass mit den 60er Jahren des 20. Jahrhunderts diese gewachsenen Selbstverständlichkeiten in eine ideelle Krise gekommen sind[184], scheint das auf den ersten Blick soziologisch erklärbar. Dennoch zeigt die *visibilitas* des Bayerischen im Lebensalltag des Profanen auch heute eine Mentalität und Attraktivität, die mehr beinhalten muss und der nun nachgegangen werden soll.

b) Der ‚weiß-blaue Himmel' als Metapher für ‚mehr'

In der Debatte über die Konformität von Kreuzen in öffentlichen Räumen ist in den letzten Jahrzehnten gerade in Bayern immer wieder eine Diskussion entbrannt. Den erhobenen Vorwürfen, dass dabei ein religiöses Zeichen folkloristisch oder politisch missbraucht würde, steht eine Äußerung gegenüber, die den aufgeworfenen Verdacht zwar nicht zu entkräften vermag, in ihrer scheinbaren Selbstverständlichkeit zugleich aber etwas Plausibles hat. Wenn demnach „die Kreuze zu Bayern gehören wie die Berge", so weckt dieser Verweis in der Tat eine bildliche Vorstellung, wie die Bandbreite der Landschaft des Lebens die Öffnung auf den Himmel hin braucht, damit das Gegebene und Geschenkte in der Reflexion des Gewissens seinen Sinn vermittelt und zur Verantwortung bewegt.

184 Vgl. ebd., 12–15.

Wenn Eberhard Schockenhoff darauf verweist, dass das deutsche Wort „Gewissen“ im gegenwärtigen Sprachgebrauch der Öffentlichkeit den Rückbezug auf universale ethische Prinzipen und verbindliche Wertüberzeugungen weitgehend abgestreift hat, und in diesem Zusammenhang bemerkt: „Demokratische Gesellschaften neigen offenbar dazu [...], nach der Devise zu verfahren: Was die Mehrheit für richtig hält, kann nicht falsch sein“[185], zeigt sich hier ein Defizit, das bedacht werden will. Nur so lässt sich umso deutlicher in den Blick zu bekommen, welche äußeren Bedingungen helfen können, das innere Gewissen eines Menschen zu formen. Dass es hier einen Zusammenhang zwischen erlebbarer öffentlicher Kultur und persönlicher Adaption bzw. Reaktion darauf gibt, ist zu vermuten. Wo Kreuze in der Landschaft vorkommen, bewegen sie mindestens durch ein Gipfelerlebnis zum dankbaren Staunen oder lassen an Wegen innehalten, um zu lesen und zu bedenken, wie Menschen ihren konkreten Nöten Ausdruck gegeben und im Zeichen des Kreuzes Orientierung gefunden haben bzw. weitergeben wollten.[186] Die Formung des Gewissens ist kein theoretischer Akt, noch ist sie so zu erklären. Die bekannte thomistische Weisheit *„Contemplata aliis tradere“* ist eine der nachhaltigsten ‚Pro-Vokationen‘, die mindestens Konsultationen auslösen kann, wenn Menschen danach suchen, auf welchem Wertehorizont sie ihr Leben ausrichten wollen. Wenn Thomas von Aquin vom Gewissen des Menschen als „natürlicher Anlage“[187] spricht und in ihm „den angeborenen Speicher“ sieht, „der die obersten Prinzipien des morali-

185 Eberhard Schockenhoff, Das Gewissen: Quelle sittlicher Urteilskraft und personaler Verantwortung (Kirche und Gesellschaft 269), Köln 2000, 6. – Vgl. dazu auch: ders., Wesen und Funktion des Gewissens aus Sicht der katholischen Moraltheologie, in: Bernhard Nacke (Hg.), Orientierung und Innovation. Beiträge der Kirche in Staat und Gesellschaft, Freiburg i. Br. 2009, 285–299.

186 Vgl. auch die hohe Bedeutung von Bergkreuzen, Wegkreuzen, Marterln, Totenbrettern im Bayerischen Wald und – in jüngerer Zeit zunehmend – von Unfallkreuzen an Straßen- und Wegesrändern.

187 Peter Fonk, Das Gewissen. Was es ist – wie es wirkt – wie weit es bindet, Kevelaer 2004, 113.

schen Urteils enthält"[188], stellt sich umso mehr die Frage nach den Faktoren, die auf dieses ‚Gedächtnis' wirken und es füllen.[189] Die Vermutung oder gar These, dass der ‚weiß-blaue Himmel' in diesem Zusammenhang als Metapher für ‚mehr' gelten darf, kann in drei thematischen Kontexten umrissen werden.

(1) Kreuze auf den Gipfeln und Kreuze in Niederungen des Lebens lassen im Anblick einer ansprechenden Landschaft Gottes große und gute Schöpfung so in den Blick kommen, dass die Dankbarkeit und Verantwortung für sie in unmittelbarer Anschauung begriffen bzw. gelernt werden kann. Wie sehr die ‚In-Spiration' einer harmonischen Landschaft das Gemüt und den Geist bewegt, ruft auf eigene Weise die Komposition von Ludwig van Beethovens Sinfonie Nr. 6 in F-Dur (op. 68) in Erinnerung, die auch als „Pastorale" bezeichnet wird. Der Komponist war ein großer Naturliebhaber und genoss Spaziergänge in schöner landschaftlicher Umgebung. Im Jahr 1815 hat er wohl die österreichische Landschaft vor Augen, der die bayerische in vielem gleicht, als er auf einem seiner Skizzenblätter schreibt: „Mein Dekret: nur im Lande bleiben. Wie leicht ist in jedem Flecken dieses erfüllt! Mein unglückseliges Gehör plagt mich hier nicht. Ist es doch, als ob jeder Baum zu mir spräche auf dem Lande: heilig, heilig! Im Walde Entzücken! Wer kann alles ausdrücken?"[190] Wie die Schöpfung Stimme bekommen hat, macht das große Œuvre bewusst und vermittelt damit, wozu Landschaft erziehen kann und wie ihr Horizont Auswirkungen auf das Denken und Verdanken, auf das Handeln und Unterlassen eines Menschen haben kann. Was die „Pastorale" in Schwingung bringt, muss eine Pastoraltheologie in Worte fassen können, die zu moralpädagogischen Prozessen motivieren wollen.

In jüngerer Zeit hat Papst Franziskus in seiner vielbeachteten Umwelt-Enzyklika *Laudato si'*[191] diesen besonderen Wirkungszu-

188 Ebd.

189 Vgl. „Werte brauchen Wurzeln", in: Franz-Peter Tebartz-van Elst, Werte wahren – Gesellschaft gestalten. Plädoyer für eine Politik mit christlichem Profil, Kevelaer ²2012, 44–51.

190 Ludwig van Beethovens sämtliche Briefe, hg. von Emerich Kastner und Julius Kapp, Leipzig 1923, ND Tutzing 1975, 315, Nr. 507.

191 Vgl. Enzyklika *Laudato si'* von Papst Franziskus über die Sorge für das

sammenhang reflektiert und daraus das moralische Gebot der Stunde formuliert. Im zweiten Kapitel dieses Lehrschreibens spricht er vom „Evangelium der Schöpfung“ und greift zu Beginn gleich jene Einwände auf, die man auch der These vom ‚weiß-blauen Himmel‘ als Metapher für ‚mehr‘ entgegenstellen könnte. Er räumt ein, dass

> „auf dem Gebiet der Politik und des Denkens einige mit Nachdruck die Idee eines Schöpfers ablehnen oder sie als irrelevant betrachten, bis zu dem Punkt, den Reichtum, den die Religionen für eine ganzheitliche Ökologie und eine volle Entwicklung der Menschheit bieten können, in den Bereich des Irrationalen zu verweisen. In anderen Fällen geht man davon aus, dass die Religionen eine Subkultur darstellen, die einfach toleriert werden muss. Dennoch können Wissenschaft und Religion, die sich von unterschiedlichen Ansätzen aus der Realität nähern, in einen intensiven und für beide Teile produktiven Dialog treten“ (LS, Art. 62).

Was Papst Franziskus im Folgenden zur Pflege der Natur und zur Entwicklung einer Umweltethik ausführt, sieht er bei Christen gerade darin grundgelegt, „dass ihre Aufgaben im Bereich der Schöpfung, ihre Pflichten gegenüber der Natur und dem Schöpfer Bestandteil ihres Glaubens sind“. Er folgert daraus, „dass es ein Nutzen für die Menschheit und die Welt ist, dass wir Gläubigen die ökologischen Verpflichtungen besser erkennen, die aus unseren Überzeugungen hervorgehen“ (LS, Art. 64).

In diesem Sinne bietet die Offenheit für den ‚weiß-blauen Himmel‘ eine besondere Chance, eine Erdverbundenheit auszuprägen,

gemeinsame Haus vom 24. Mai 2015 (Verlautbarungen des Apostolischen Stuhls 202), hg. vom Sekretariat der Deutschen Bischofskonferenz, Bonn 2015; online: https://www.vatican.va/content/francesco/de/encyclicals/documents/papa-francesco_20150524_enciclica-laudato-si.html (Abruf 23.10.2022). – Vgl. dazu weiterführend: Rudolf Voderholzer, Die Enzyklika „Laudato si’“ (2015) von Papst Franziskus. Impulse für Verkündigung und Pastoral, in: ders., Zur Erneuerung der Kirche (Anm. 105), 180–194.

die mit beiden Beinen in Gottes Schöpfung und im Leben stehen lässt. „Das Licht, das der Glaube bietet“ (vgl. LS, Art. 63–64), verklärt den Christen nicht, noch lässt es ihn abgehoben erscheinen. Vielmehr erweist sich das Evangelium von der Schöpfung „im Blick Jesu“ (vgl. LS, Art. 96–101) als ein Prisma, die Welt im Horizont einer Verantwortungsethik zu sehen, die in der Freude an den Bergen und Seen, den Wiesen und Wäldern ‚mehr‘ erkennen lässt als Artefakte der Natur. Wo in ihnen Beziehungen aufgespürt und aufgenommen werden, entsteht ein inneres Verantwortungsbewusstsein, das zu äußeren Konsequenzen führt. Gewissensbildung und ethisches Handeln formen sich, wo eingestiftete Beziehung in einer eigenen Dynamik zunächst vage erahnt, immer mehr reflektiert, dann akzeptiert und mit der Zeit adaptiert wird. In diesem Sinne stellt Papst Franziskus fest:

> „Nach dem christlichen Verständnis der Wirklichkeit geht die Bestimmung der ganzen Schöpfung über das Christusgeheimnis, das vom Anfang aller Dinge an gegenwärtig ist: ‚... alles ist durch ihn und auf ihn hin geschaffen‘ (Kol 1,16). [...] Vom Anbeginn der Welt, in besonderer Weise jedoch seit der Inkarnation, wirkt das Christusmysterium geheimnisvoll in der Gesamtheit der natürlichen Wirklichkeit, ohne deswegen dessen Autonomie zu beeinträchtigen“ (LS, Art. 99).

Eingestiftete und für immer mehr Menschen unserer Zeit eher verborgene Beziehung besteht demnach für Papst Franziskus in einer Annäherung, die einen erkannten ethischen Imperativ auch zu einem spirituellen Indikativ werden lassen kann:

> „Auf diese Weise erscheinen uns die Geschöpfe dieser Welt nicht mehr als bloß natürliche Wirklichkeit, denn geheimnisvoll umschließt sie der Auferstandene und richtet sie auf eine Bestimmung der Fülle aus. Die gleichen Blumen des Feldes und die Vögel, die er mit seinen menschlichen Augen voll Bewunderung betrachtete, sind jetzt erfüllt von seiner strahlenden Gegenwart“ (LS, Art. 100).

(2) In einem weiteren Kontext können sich Prädispositionen kultureller und institutioneller Persönlichkeitsentwicklung erweisen, die sich aus der Auseinandersetzung mit einem tradierten Wertekonsens ergibt. Bayern ist *terra benedictina*. So wie – im eingangs schon bemühten Bild – noch bis zur Säkularisation 1803 Klöster entlang der Donau wie Perlen an der Schnur eines Rosenkranzes anzutreffen waren und auch heute noch eine beträchtliche Zahl existiert, lässt sich erahnen, wie Bildung im benediktinischen Geist stoische Tugenden in kontemplativer Vergewisserung und zugleich tatkräftiger Verantwortung verbunden hat. In diesem Geist ist grundsätzlich zu vergegenwärtigen, wie sich schon früh in der bayerischen Kultur aus der benediktinisch-katholischen Prägung eine Staatsphilosophie entwickelt hat, aus der sich bis heute ein Grundverständnis eigener Prinzipien ergibt. Albert Schmid verweist in juristischer Hinsicht darauf, dass sich die *res publica* in bayerischer Denktradition schon immer von der römischen und allgemein verbreiteten Interpretation unterscheidet. Sie ist nicht – wie gemeinhin verstanden – alles, was die öffentlichen Angelegenheiten eines Gemeinwesens ausmacht, sondern eher das, was sich mit dem Begriff des *bonum commune* als dem verbindet, das allen in einem Gemeinwesen zugute kommen kann – also nicht nur das, was alle angeht, sondern vielmehr, was allen guttut. Dahinter verbirgt sich in der ausdrücklichen Unterscheidung vom preußischen Staatsverständnis, das mehr protestantische Denktraditionen in sich aufnimmt, eine benediktinisch katholisch-soziale Sichtweise auf den Staat, der sich gegenüber dem Einzelnen und allen Vergemeinschaftungen in ihm als zugewandt-großzügig versteht. Mit diesem spezifischen Verständnis der *res publica* geht die besondere Mentalität der *liberalitas bavariae* einher, ohne die das besondere Wesen des Freistaates Bayern – etwa im Unterschied zu den Freistaaten Sachsen und Thüringen – nicht verstanden werden kann.[192]

192 Vgl. dazu weiterführend: Albert Schmid, Gott ist groß, lehrt uns Maria, in: Josef Kreiml / Veit Neumann (Hg.), 100 Jahre Patrona Bavariae. Marienverehrung in Bayern (Regensburger Marianische Beiträge 1), Regensburg 2017, 59–62.

Benno Hubensteiner beschreibt in seinen Aspekten bayerischer Frömmigkeit diese zur Mentalität gewordene Haltung noch präziser und bezeichnet sie etwas anderslautend als *„liberalitas bavarica"*. Er beruft sich damit auf den Historiker Wilhelm Hausenstein und grenzt sich von Georg Lohmeier *(„liberalitas bavariae")* ab, indem er definiert:

> „Liberalitas Bavarica, das ist bayerische Freiheitlichkeit, bayerische Freigiebigkeit, der große bayerische Zug und er meint damit die Weise, in innerer Ruhe nach seiner Art zu leben und andere in ihrer Art leben zu lassen. [...] ‚Liberalitas, liberalité, Freigiebigkeit. Eine Tugend, nach welcher Geld und andere zeitliche Güter in rechtem Maß nach bewandten Umständen anderen willig und gern mitgeteilt werden. Die Liberalitas hat zum Grunde die Liebe des Nächsten, zur Richtschnur des Nächsten Bedürfnis und ihr eigenes Vermögen. Sie steht in der Mitte zwischen dem Geiz und der Verschwendung.'"[193]

In der komplementären Spannung eines benediktinischen *Ora et labora* beheimatet zu sein, lässt Menschen auf besondere Weise reifen und in sich ruhen. Das bayerische „Mia san mia"[194] ist in diesem Sinn Ausdruck eines Selbstbewusstseins, das nichts Überhebliches hat, sondern eher in einem Understatement besteht und darum weiß, dass es der Konsens grundlegender gemeinsamer Werteprinzipien ist, der dem Einzelnen Orientierung und Beheimatung gibt. Wo in-

193 Hubensteiner, Aspekte bayerischer Frömmigkeit (Anm. 178), 11 f.

194 Bei diesem heute populären und häufig gebrauchten Ausspruch handelt es sich wohl eher um eine vulgäre Abwandlung der geschichtlich überlieferten Diktion „Extra Bavariam nulla vita, et si est vita non est ita!". Er scheint ursprünglich erstmalig um 1550 auf Ungarn angewandt worden zu sein und ist so von Rhodiginus (Lodovico Ricchieri), einem italienischen Humanisten, überliefert. In Bayern befindet sich ein Fresko an der Straßenfront der Schlosskapelle von Esting bei Olching. Es zeigt einen Fahnenträger (wohl ein Feldgeistlicher im Krieg), der die bayerische Rautenfahne mit gleichnamiger Umschrift trägt; vgl. Thomas Raff, Extra Bavariam nulla vita?, in: Schönere Heimat 98 (1/2009), 16–18.

stitutionelle Bildung sich auf Voraussetzungen stützen kann, die sie nicht stets neu zu erringen und zu vermitteln hat, trägt dies eine unaufgeregte Ruhe in den Alltag, der eher vor vorschnellen Überreaktionen bewahrt und damit in der Kontemplation einen Raum für Kreativität eröffnet, die Menschen in ihren Möglichkeiten und in ihrer Verantwortung für andere über sich hinauswachsen lässt.

Die große Fülle der Schulen und Universitäten, die in Bayern aus der ursprünglich benediktinischen Spiritualität erwachsen sind bzw. sich in diesem Fluidum mit eigenen Schwerpunkten herauskristallisiert haben, charakterisieren bis heute eine besondere Bildungslandschaft mit hoher Attraktivität. Wo verbindende Fundamente für ethische Formation fruchtbar werden, gewinnen der Einzelne und die Gesellschaft. Solche Prädispositionen und Prägungen sind aber nie monokausal. Sie werden auch durch andere Faktoren gestützt, die man unter dem ‚weiß-blauen Himmel' nicht selten in umfassenden ethischen Erziehungsprozessen beobachten kann. Wie sehr dazu auch politische Rahmenbedingungen beitragen, hat der Münchener Kirchenrechtler Stephan Haering anlässlich eines Kolloquiums zum 70-jährigen Jubiläum der Bayerischen Verfassung im Juni 2016 präzise analysiert. Er verweist darauf, dass

> „in der schließlich in Kraft getretenen Bayerischen Verfassung Gott an zwei Stellen genannt wird. Es handelt sich zum einen um die Präambel, den feierlichen Vorspruch, dessen Wortlaut indes nicht nur einen dekorativen Rahmen für die Verfassungsartikel bildet, sondern als integrativer Bestandteil der Verfassung zu lesen ist. Die andere Stelle, an der in der Verfassung Gott genannt wird, ist im Abschnitt über Bildung und Schule zu finden. In der Bestimmung über die obersten schulischen Erziehungsziele wird an erster Stelle die ‚Ehrfurcht vor Gott' aufgeführt."[195]

195 Stephan Haering, „Gott mit dir, du Land der Bayern ...". Die Verfassung des Freistaates Bayern von 1946 und ihre Bezugnahmen auf Gott, in: Alt und Jung Metten. Zeitschrift für Altmettener und Freunde der Abtei Metten 83 (2016/2017), H. 1, 79–87, hier 81.

Die in diesem Zusammenhang in anderen Bundesländern weniger bzw. gar nicht anzutreffende Hervorhebung führt die Bayerische Verfassung auch detaillierter aus:

> „Oberste Bildungsziele sind Ehrfurcht vor Gott, Achtung vor religiöser Überzeugung und vor der Würde des Menschen, Selbstbeherrschung, Verantwortungsgefühl und Verantwortungsfreudigkeit, Hilfsbereitschaft, Aufgeschlossenheit für alles Wahre, Gute und Schöne und Verantwortungsbewusstsein für Natur und Umwelt.“[196]

Die unbestreitbare Aktualität eines so definierten und differenzierten Erziehungszieles verweist schon implizit auf eine zu erlernende Ethik, die Kriterien des Evangeliums aufnimmt. Stephan Haering beleuchtet diesen Zusammenhang noch präziser, indem er darauf verweist, dass seinerzeit das ursprünglich formulierte Erziehungsziel „Gottesfurcht“ als „Ehrfurcht vor Gott und Ehrfurcht vor der religiösen Überzeugung“ modifiziert wurde. Es wurde dahingehend erläutert, dass eine „Erziehung zur Gottesfurcht [...] Erziehung zur Einhaltung der ‚zehn Grundgesetze‘, also des Dekalogs bedeute“[197]. Damit sind auch politisch die Konturen einer ethischen Erziehung auf der Basis biblischer Werte umrissen.

Die für Gewissens- und Persönlichkeitsbildung immer schon gültige pädagogische Maxime *Exempla trahunt* zeigt sich oft gerade dort, wo das Charisma eines Menschen auf günstige und förderliche Lebensbedingungen getroffen ist. Damit ist auch jener fast schicksalhafte Zusammenhang gemeint, wie er in einem Schriftumlauf am Grab Papst Hadrians VI. in der römischen Kirche Santa Maria dell'Anima zum Ausdruck kommt: „Proh dolor! Quantum refert in quae tempora vel optimi cuiusque virtus incidat“ – „Ach, wie viel hängt doch davon ab, in welche Zeit auch des besten Mannes (Menschen) Wirken fällt!“[198]

196 Ebd., 84.

197 Ebd., 84 f.

198 Der Grabspruch in der Kirche Santa Maria dell'Anima in Rom geht zurück auf Plinius den Älteren, Historia naturalis VII, 106.

Exemplarisch für diesen Zusammenhang steht die eingangs schon erwähnte Person und das Wirken von Johann Michael Sailer. Dieser wird auch als bayerischer Kirchenvater bezeichnet, weil seine Lehre und sein Leben eine Kongruenz aufweisen, die eine bis heute wirkende Bewusstseinsbildung von gedanklicher und gewissensformender Reflexion und Korrelation von Theologie und Leben ausgelöst hat. Seine Pastoraltheologie ist Moralpädagogik. Er steht im Feuer der philosophischen Auseinandersetzungen, die die Aufklärung in das Ringen um einen alltagstauglichen Glauben hineinträgt. Seine Weise, dem theologischen Axiom *fides quaerens intellectum* auch eine moraltheologische Adaption zu geben, zielt darauf, dass die Formung und Orientierung des Gewissens dort geschieht und gelingt, wo ablesbar wird, wohin ein Handeln im Sinne des Evangeliums führt. Seine Erfahrung wird zu einer Erkenntnis für moralpädagogische Prozesse schlechthin: „Nie haben Menschen Großes gewirkt, denen nicht Großes vorleuchtete. Nie wird der geistliche Mensch große Dinge tun, wenn ihm nicht die Größe seiner Berufung durch Gottes Macht in die Seele blitzt.“[199]

Was hier exemplarisch vom bayerischen Kirchenvater für den in jeder Generation neu zu leistenden Vorgang ethischer Erziehung gefolgert werden kann, verweist auf eine Erkenntnis, die Papst Franziskus in seinem lehramtlichen Schreiben zur Weltbischofssynode über die Jugend[200] als ein bewährtes Paradigma bei der Herzensbildung junger Persönlichkeiten herausstellt:

> „Das Herz der Kirche ist voll auch von jungen Heiligen, die ihr Leben für Christus gegeben haben, viele von ihnen bis zum Mar-

199 Vgl. Anm. 102.

200 Vgl. Nachsynodales Apostolisches Schreiben *Christus vivit* von Papst Franziskus an die jungen Menschen und an das ganze Volk Gottes vom 25. März 2019 (Verlautbarungen des Apostolischen Stuhls 218), hg. vom Sekretariat der Deutschen Bischofskonferenz, Bonn 2019; online: https://www.dbk-shop.de/de/publikationen/verlautbarungen-apostolischen-stuhls/nachsynodales-apostolisches-schreiben-christus-vivit-papst-franziskus-jungen-menschen-ganze-volk-gottes.html (Abruf 23.10.2022). [= CV]

> tyrium. Sie sind ein kostbarer Widerschein des jungen Jesus gewesen und erstrahlen unter uns, um uns anzuregen und uns aus der Verschlafenheit herauszuholen. Die Synode hat unterstrichen, dass viele junge Heilige die Züge des Jugendalters in all ihrer Schönheit [haben] aufleuchten lassen und für ihre Zeit echte Propheten des Wandels [waren]; ihr Beispiel zeigt, was junge Menschen vermögen, wenn sie sich für die Begegnung mit Christus öffnen" (CV, Art. 49).

Der Papst zeigt im weiteren Verlauf seines nachsynodalen Schreibens auf, wie das Beispiel junger Menschen, die aus dem Geist des Evangeliums ihr Gewissen gebildet und zu ethischen Haltungen gefunden haben, den anderen im Alltag Orientierung gibt. Er verweist darauf, wie Jugendliche mit diesem gewonnenen Profil aus gereifter Persönlichkeit und gewagter Position gerade an den Wunden der Kirche und Gesellschaft die unverstellte „erste Liebe" und Lauterkeit in der Gesinnung als versöhnendes Korrektiv zu geben vermögen (vgl. CV, Art. 50). In ihnen leuchtet geradezu auf, wie Evangelisierung und Ethik zusammengehören.[201]

(3) Eng mit vorfindlichen Kontexten von Wertevermittlung und Glaubenshinführung im Leben des Einzelnen ist im bayerischen Fluidum das Erlebnis der sozialen Zusammengehörigkeit verbunden, das sich ursprünglich vor allem in agrarischen Strukturen ausprägen konnte und doch zu einer auch politischen Priorisierung für die gesamte Gesellschaft geworden ist. Damit ist konkret z. B. eine Förderung von Ehe und Familie gemeint, die eine fundamentale Referenzgruppe darstellt, wenn es um Wertevermittlung geht. Weil persönliche Gewissensbildung immer einer sozialen Resonanzgruppe bedarf, können vorfindliche Sozialformen eine Hilfe in dem Sinne sein, dass sie Stützen sind oder ggf. auch hinterfragt werden wollen. In jedem Fall bilden sie einen Lern- und Erprobungsraum für eine ethische Erziehung, die nicht voraussetzungslos ist, sondern bereits in einer vorfindlichen Alltagskultur Anknüpfungspunkte birgt, die ansonsten oft mühsam gesucht und geschaffen werden

201 Vgl. exemplarisch das Zeugnis des hl. Karl Lwanga und Gefährten.

müssen. In diesem Zusammenhang verdient die Beobachtung der Journalistin Melanie Mühl gerade im Blick auf Ehe und Familie besondere Aufmerksamkeit, wenn sie von der „Patchworklüge“[202] spricht. Sie stellt fest: „Was früher aus guten Gründen auf Dauer angelegt war, löst sich in eine bloße Abfolge von Episoden auf. Hinter dem freundlichen Wort Patchwork freilich verbergen sich [nicht selten; Anm. d. Verf.] familiäre Tragödien und private Katastrophen.“ Und sie fragt weiter: „Können wir auf Verlässlichkeit so einfach verzichten?“[203]

Was die Soziologie heute in diesem Erfahrungshorizont neutral als Konsekutivehen bzw. -familien zu fassen und vermitteln versucht, geht einher mit einer nach wie vor hohen Wertschätzung von stabilen und verlässlichen Beziehungen, die für den Einzelnen wie für die Gesellschaft nach wie vor von großer Bedeutung sind. Wie sehr starke Bindungen eine Verbindlichkeit im eigenen Denken und Verhalten generieren und damit implizit die Gewissensbildung beeinflussen, zeigt sich auch darin, dass „sicher gebundene Menschen, die früh die Erfahrung von Kontinuität und Stabilität, emotionaler Wärme und Achtung, Schutz und Sicherheit in den Beziehungen gemacht haben, besser vorbereitet sind, mit krisenhaften Erfahrungen im Leben umgehen zu können“[204]. Die damit angesprochene konstitutive Verbindung zwischen innerfamilialen Bindungen und Lebensbewältigung ist auch im Blick auf eine implizite ethische Erziehung auszuweiten. Wo Politik und Staat sich dieses natürlichen Zusammenhangs bewusst sind und noch mehr oder weniger Gegebenes fördern, wird dies zum Dienst an der Gesellschaft insgesamt. Ehe und Familie als Konstante der Humanität, als Ort der Nachkommenschaft, als Einübung und Weitergabe einer Alltagskultur, die das Leben strukturiert und ihm dadurch Sinn verleiht, zu verstehen, macht

202 Vgl. Melanie Mühl, Die Patchworklüge. Eine Streitschrift, München 2011.

203 Ebd., Umschlagtext.

204 Sigrid Tschöpe-Scheffler, Fünf Säulen der Erziehung. Wege zu einem entwicklungsfördernden Miteinander von Erwachsenen und Kindern, Mainz ³2005, 17. – Vgl. auch Tebartz-van Elst, Werte wahren (Anm. 189), 77.

sie zur Keimzelle der Gesellschaft, indem sie Werte verkörpert und vermittelt, die Verlässlichkeit und Integration veranschaulichen. Erziehung zur Gemeinschaft ist die nachdrückliche Hinführung zu einer Verantwortungsethik. Erfahrungsräume und -orte, die in diesem Sinn gewachsen sind, können deshalb nicht hoch genug als Voraussetzungen eingeschätzt werden, von denen die Ethik eines neutralen Staates lebt, ohne dass er diese selbst hervorzubringen vermag.

Aber auch anknüpfend daran ist der Kairos solcher Gegebenheiten im Blick auf das zu bedenken, was eine Evangelisierung im Geist des christlichen Glaubens in eine säkulare Gesellschaft einzubringen vermag. Beispielhaft lässt sich das am Apostolischen Schreiben von Papst Franziskus *Amoris laetitia*[205] zu Ehe und Familie als Ergebnis der Weltbischofssynode 2014/2015 aufzeigen. In den Artikeln 263 ff. des siebten Kapitels geht es dem Papst um den Stellenwert der ethischen Erziehung von Kindern in der Familie. Sie bildet einen wesentlichen Entfaltungsraum zur „Entwicklung guter Gewohnheiten und gefühlsmäßiger Neigungen zum Guten. Das bedeutet, dass man zu lernende Verhaltensweisen und zu entwickelnde Neigungen als etwas Begehrenswertes darstellt" (AL, Art. 264). Das Apostolische Schreiben ist sich in dieser Einschätzung der Tatsache bewusst, dass es sich dabei immer um einen Prozess handelt, bei dem „der Wunsch, sich an die Gesellschaft anzupassen, oder die Gewohnheit, auf eine unmittelbare Befriedung zu verzichten, um sich einer Regel zu fügen und ein gutes Zusammenleben zu sichern, in sich bereits einen Anfangswert [darstellt], der die innere Bereitschaft erzeugt, um dann zu höheren Werten zu kommen" (ebd.). Eine so grundlegend ansetzende Evangelisierung lebt von gegebenen Zusammenhängen, die im kulturell-sozialen

205 Vgl. Nachsynodales Apostolisches Schreiben *Amoris laetitia* des Heiligen Vaters Papst Franziskus vom 19. März 2016 (Verlautbarungen des Apostolischen Stuhls 204), hg. vom Sekretariat der Deutschen Bischofskonferenz, Bonn 2016; online: https://www.dbk-shop.de/de/publikationen/verlautbarungen-apostolischen-stuhls/nachsynodales-apostolisches-schreiben-amoris-laetitia-heiligen-vaters-papst-franziskus-liebe-familie.html (Abruf 23.10.2022). [= AL]

Miteinander eine erste Plausibilität für die darin erfahrbaren Werte sieht. Sie setzt sich dann fort in dem, was *Amoris laetitia* als Dynamik zum guten Handeln versteht:

> „Die moralische Erziehung muss immer mit aktiven Methoden und einem erzieherischen Dialog vermittelt werden, der die Sensibilität der Kinder und ihren eigenen Sprachgebrauch aufnimmt. Außerdem muss diese Erziehung auf induktive Weise geschehen, so dass das Kind dazu gelangen kann, von sich aus die Bedeutung bestimmter Werte, Grundsätze und Regeln zu entdecken, anstatt dass sie ihm als unwiderlegbare Wahrheiten aufgezwungen werden" (ebd.).

Genau diese pädagogische Kontextualität, die in kulturell-sozialen Gegebenheiten immer schon veranlagt ist, kann eine implizite Erziehungsethik ermöglichen, die *Amoris laetitia* im Wissen um die im Menschen immer vorhandene Ambivalenz deutlich benennt:

> „Um gut zu handeln, reicht es nicht, ‚sachgemäß zu urteilen' oder ganz klar zu wissen, was man tun muss – obschon das vorrangig ist. Oft sind wir inkonsequent mit unseren eigenen Überzeugungen, selbst wenn diese gefestigt sind. Sosehr unser Gewissen uns ein bestimmtes moralisches Urteil eingibt, haben hin und wieder andere uns anziehende Dinge mehr Macht, wenn wir es nicht erreicht haben, dass das vom Verstand erfasste Gute sich als tiefe gefühlsmäßige Neigung in uns eingewurzelt hat. Es ist dann wie ein Wohlgefallen am Guten, das schwerer wiegt als andere Attraktionen, und es führt uns zu der Einsicht, dass das, was wir als gut erfassen, auch ‚für uns' hier und jetzt gut ist. Eine wirkungsvolle ethische Erziehung bedeutet, dem Menschen zu zeigen, wie weit es ihm selbst nützlich ist, gut zu handeln. Heute ist es gewöhnlich wirkungslos, etwas zu verlangen, das Anstrengung und Verzicht erfordert, ohne deutlich das Gute zu zeigen, das man damit erreichen kann" (AL, Art. 265).

Diese so differenziert reflektierte Dynamik einer ‚Evangelisierung zur Ethik' bedenkt, wie in den genannten drei kulturell-sozial (noch) gegebenen Kontexten unter dem sprichwörtlich ‚weiß-blauen Himmel‘ ‚mehr‘ von dem gegeben ist, was auch moral- und pastoraltheologisch ergründet werden sollte. Um dem näher auf die Spur zu kommen, braucht es einen vergewissernden Blick in die Geschichte, um die Chancen der Gegenwart sehen zu können.

c) Die Bedeutung der Geschichte für die Bewältigung der Gegenwart

Sucht man nach äußeren Zeichen, die in Bayern für eine Vergewisserung der Geschichte als Vermächtnis für die Gegenwart stehen, kann man die Mariensäule auf dem Münchener Marienplatz als ein solches äußeres Indiz begreifen. Julia Wächter bemerkt dazu:

> „Mariensäulen gehen formal auf antike Triumph-, Ehren-, Gedenk- und Votivsäulen zurück, für die die Trajanssäule oder die Säule des Marc Aurel in Rom Beispiele sind. Antike Siegessäulen galten als höchste Form des öffentlichen Ehrenmals. Im Unterschied dazu ist es als Besonderheit der Münchener Säule zu betrachten, dass sie nicht zu Ehren eines Heerführers oder Machthabers errichtet wurde, sondern zu Ehren der Gottesmutter, eben als Mariensäule.“[206]

Diese besondere Widmung ist in Bayern nicht nur die Reminiszenz an vielfältig bestandene Krisen in der Geschichte, sondern im wahrsten Sinn des Wortes eine Wegweisung, die bis in die Gegenwart hinein eine Bedeutung hat.

Man sieht sie buchstäblich auf dem Münchener Marienpatz, wenn man auf die weltbekannte Säule der Patrona Bavariae schaut. Ausgehend von diesem Ort sind alle Wege Bayerns vermessen. Hier spiegelt Kataster Kultur. Hier sieht man, wie der Mantel Mariens in

206 Julia Wächter, Siegesmotivik im Kontext der Patrona Bavariae, in: Alt und Jung Metten. Zeitschrift für Altmettener und Freunde der Abtei Metten 83 (2016/2017), H. 2, 198–209, hier 200.

der Höhe gleichsam über Bayern ausgebreitet ist.[207] Die Einführung des Festes der Patrona Bavariae am 1. Mai 1917 durch Papst Benedikt XV. hat nicht nur anlässlich des hundertjährigen Jubiläums im Jahr 2017 in Erinnerung gerufen, wie sehr davon auch eine Geistes- und Herzensbildung inspiriert wird, die Maß nimmt an den mütterlichen Zügen Mariens. Auch wenn der Journalist Paolo Rumiz in seinem jüngsten Buch über die Bedeutung der Benediktinerklöster für Europa mit seinem Blick auf Bayern eher kritisch bemerkt, dass es bisweilen den Anschein habe, als rangiere die Gottesmutter hier vor Christus[208], sollte man nicht unterschätzen, wie sehr eine praktizierte Marienfrömmigkeit in Geschichte und Gegenwart im Glauben auch dem Gefühl Raum gegeben hat, aus dem dann Haltungen hervorkommen, die die Ethik des Alltags mit formen können. An vielen Häusern die Gottesmutter mit dem Kind sehen zu können, visualisiert im Alltag einen Glauben, der auch das Gewissen berührt. Albert Schmid hat diesen sichtbaren Vordergrund auf seinen geschichtlich-juristischen Hintergrund bedacht und ausgehend vom Magnifikat reflektiert, wie sich gerade in der Patrona Bavariae Maß und Mitte des Evangeliums spiegeln, nach denen nicht der Mensch Gott groß macht, sondern Gott den Menschen so erhebt, dass er von jedem Machbarkeitswahn befreit wird und sich damit eine Mentalität entwickeln konnte, die im sichtbaren Vor-Bild immer wieder das Urbild vertrauender Gelassenheit weckt.[209]

207 In diesem Zusammenhang ist auch bemerkenswert, dass Kurfürst Maximilian an seiner Residenz in München die marianische Widmung anbringen ließ: „Rem, regem, regimen, regionem, religionem: conserva Bavaris virgo patrona tuis." Im Jahr 1645 unterschrieb Kurfürst Maximilian mit seinem Blut die Weihe Bayerns an Maria. Ein weiterer Hinweis auf diese Widmung und Verbundenheit ist die Beherbergung dieses Dokumentes und der Herzen aller Wittelsbacherherrscher bis heute im Inneren der Kapelle des marianischen Zentralheiligtums in Altötting. – Vgl. dazu weiterführend: Robert Bauer, Die bayerische Wallfahrt Altötting. Geschichte – Kunst – Volksbrauch, Regensburg ^{4}1998.

208 Vgl. Paolo Rumiz, Der unendliche Faden. Reise zu den Benediktinern, den Erbauern Europas, Wien/Bozen 2020, 47.

209 Vgl. Schmid, Gott ist groß (Anm. 192).

Wie auf diese Weise die *terra mariana* eine wärmende Mütterlichkeit in bisweilen kühler Alltagswelt zu erhalten vermag und in ihrem Wert für eine evangelisierende Ethik begriffen werden kann, hat Papst Franziskus mit einem nachhaltigen Appell in seinem Brief an „das pilgernde Volk Gottes in Deutschland“[210] im Juni 2019 zum Ausdruck gebracht. Ihm geht es darum, in so mancher gelebter Alltäglichkeit ‚mehr‘ zu sehen, wenn er schreibt:

> „Deshalb achtet aufmerksam auf jede Versuchung, die dazu führt, das Volk Gottes auf eine erleuchtete Gruppe reduzieren zu wollen, die nicht erlaubt, die unscheinbare zerstreute Heiligkeit zu sehen, sich an ihr zu freuen und dafür zu danken. Diese Heiligkeit, die da lebt im geduldigen Volk Gottes: in den Eltern, die ihre Kinder mit so viel Liebe erziehen, in den Männern und Frauen, die arbeiten, um das tägliche Brot nach Hause zu bringen, in den Kranken, in den älteren Ordensfrauen, die weiter lächeln. In dieser Beständigkeit eines täglichen Voranschreitens sehe ich die Heiligkeit einer streitenden Kirche. Oft ist das die Heiligkeit ‚von nebenan‘, derer, die in unserer Nähe wohnen und die ein Widerschein der Gegenwart Gottes sind.“[211]

In diesen Worten kommt Alltagskultur so in den Blick, wie sie unter dem ‚weiß-blauen Himmel‘ nicht selten (noch) anzutreffen ist und damit zu einem geschenkten Ansatz wird, wenn es darum geht, Wege einer nachhaltigen Evangelisierung aufzutun. Wie sehr diese Sichtweise eine durchaus marianisch geprägte Alltagskultur auch geistlich zu durchdringen und zu deuten vermag, bringt Papst Franziskus im weiteren Verlauf seines Briefes an die Kirche in Deutschland explizit ins Wort:

210 Vgl. Schreiben von Papst Franziskus an das pilgernde Volk Gottes in Deutschland vom 29. Juni 2019 (Verlautbarungen des Apostolischen Stuhls 220), hg. vom Sekretariat der Deutschen Bischofskonferenz, Bonn 2019; online: https://www.dbk-shop.de/de/publikationen/verlautbarungen-apostolischen-stuhls/brief-papst-franziskus-pilgernde-volk-gottes-deutschland.html (Abruf 23.10.2022).

211 Ebd., 21 f.

> „Das ist die Heiligkeit, die die Kirche vor jeder ideologischen, pseudo-wissenschaftlichen und manipulativen Reduktion schützt und immer bewahrt hat. Diese Heiligkeit regt uns an, erinnert daran und lädt ein, diesen marianischen Stil im missionarischen Wirken der Kirche zu entwickeln, die so in der Lage ist, Gerechtigkeit mit Barmherzigkeit, Kontemplation mit Aktion und Zärtlichkeit mit Überzeugung auszudrücken. ‚Denn jedes Mal, wenn wir auf Maria schauen, glauben wir wieder an das Revolutionäre der Zärtlichkeit und der Liebe. An ihr sehen wir, dass die Demut und die Zärtlichkeit nicht Tugenden der Schwachen, sondern der Starken sind, die nicht andere schlecht zu behandeln brauchen, um sich wichtig zu fühlen.'"[212]

Vielleicht kann diese geistliche Betrachtung sozial-kultureller Gegebenheiten so auch aus der Perspektive der Spiritualität unterstreichen, was oben bereits als das Spezifische der *liberalitas bavariae* bzw. *liberalitas bavarica* erläutert wurde.

Immer sind es Konkretionen des Glaubens, die sich im Alltag durch Kultur und Brauchtum vermitteln und aus denen Sinndeutung erwächst.[213] Paradigmatisch lässt sich dies in der Geschichte des Judentums beobachten. Glaubensweitergabe und Gewissensbildung vollziehen sich hier gerade in der geschichtlich angefochtenen Zeit des Exils durch eine ausgeprägte Familienkultur. Aus der Feier des Pessachfestes, das fern vom Tempel nun in den Häusern begangen werden muss, entwickelt sich eine religiöse Praxis, die in die Alltagskultur der Familien hineinwirkt und sich so mit ihr verbindet, dass sich vergewissernde Identitätsbildung und in der Folge dadurch auch Gewissensformung ereignet. War ursprünglich im jüdisch-alttestamentlichen Glaubensverständnis die Bewahrung und Weitergabe der heiligen Traditionen Aufgabe der Priester, verändert sich dies in der Zeit des Exils und durch diese Erfahrung. Gerade im

212 Ebd., 22.

213 Vgl. dazu exemplarisch: Franz-Peter Tebartz-van Elst, Glaube braucht Gestalt. Ermutigung zu einer missionarischen Spiritualität, Kevelaer ²2008.

Zusammenhang mit dem deuteronomistischen Credo (Dtn 6,21–23) wird die Aufgabe der Vermittlung der Heilstaten Gottes und der Thora als Grundelemente der Tradierung formuliert. Die Familie wird zum Ort, wo im konkreten Vollzug des Glaubens durch Ausdruckskulturen und -formen der Glaube auch von den Nachfahren als Lebenshilfe begriffen wird.[214] Es ist der erlebte Sinnhorizont, der die Alltagskultur damit als förderlich für die ethische Erziehung erweist. Im alltagskulturellen Kontext ereignet sich so Gewissensbildung weniger als expliziter kategorischer Imperativ im Sinne von Immanuel Kant, sondern als impliziter Indikativ im Sinne des bereits von Blaise Pascal zitierten Diktums, nach dem „das Herz seine Gründe hat, die der Verstand nicht kennt“[215]. Es muss demnach nicht ausdrücklich analysiert und ins Wort gehoben werden, was sich im Inneren des Menschen bereits als Identität im Glauben gebildet hat.

Dass ethische Bildung durch einen Glauben, der geschichtlich Gestalt bekommen hat, ermöglicht wird, darf aber nicht so verstanden werden, als lasse sich diese Alltagskultur mit dem Glauben gleichsetzen. Peter Fonk verweist selbst darauf, dass das Gewissen von Gott kommt, aber nicht Gott ist.[216] Mit Verweis auf den Apostel Paulus, der der jüdischen Denktradition entstammt und darin ursprünglich ausgebildet worden ist, „kommt dem Gewissen die Aufgabe zu, vorläufiger Platzhalter Gottes zu sein“[217]. In der Berufung des Apostels auf das Evangelium wird hier der besondere Zusammenhang zwischen Evangelisierung und Ethik deutlich, der geschichtlich in unsere Alltagskultur eingegangen ist, nachdem „die volle Freigabe des durch das Evangelium befreiten Gewissens in seiner ureigenen Verantwortung vor Gott dahingehend Konsequen-

214 Vgl. dazu: Hans-Josef Fabry, Gott im Gespräch zwischen den Generationen. Die Familie als Lernort, in: Katechetische Blätter 107 (1982), 758 f.; Franz-Peter Tebartz-van Elst, Christliche Familienkultur als Chance für die Familie (Wissenschaftliche Zulassungsarbeit zum Theologischen Diplom, unveröffentl. Manuskript), Münster 1983, 119 ff.

215 Le cœur a ses raisons que l'esprit ne connait pas.

216 Vgl. Fonk, Das Gewissen (Anm. 187), 60–64.

217 Ebd., 61.

zen hat, dass eine Anerkennung der Freiheit und Selbstverantwortung des Gewissens des Nächsten“[218] daraus resultiert, was auch die Haltung von Respekt und Toleranz fordert. Peter Fonk betont in diesem Verständnishorizont, dass „das Evangelium die Gewissen befreit, aber sie nicht zwingt“[219], und er fährt fort:

> „Das bedeutet für den Christen einerseits, dass er hinsichtlich der Beurteilung der Gewissenslage für sich selbst die volle Befugnis hat, aber nur für sich selbst. Andererseits bedeutet es jedoch auch, dass er jedem Menschen, nicht nur jedem Christen die eigene Gewissensfreiheit in vollem Umfang zugestehen muss.“[220]

Wo in diesem Sinn eine vom Evangelium geprägte Alltagskultur ethisch bildend wirkt und ein Bewusstsein hervorbringt, in dem Menschen in ihrer Persönlichkeit so geformt werden, dass sie verantwortlich handeln und respektvoll miteinander umgehen, muss man dankbar sein für jene Räume, in denen Geschichte aus dem Geist des Glaubens Gestaltungen hervorgebracht hat, die (noch) prägen. Damit einher geht ein weiterer Zusammenhang, der auf dem Hintergrund religionspsychologischer Forschungen eine eigene Aufmerksamkeit verdient.

218 Ebd. – Exemplarisch sei für diese Aussage das Lebenszeugnis des sel. Franz Jägerstätter, eines Bauern und Mesners aus St. Radegund in Oberösterreich, genannt, der für seine Gewissensentscheidung gegen die Weisung des Bischofs von Linz während der Nazi-Diktatur den Kriegsdienst verweigert hat. Sein Beispiel wurde in einer der Sitzungen des Zweiten Vatikanischen Konzils von einem Bischof aus den USA als ausdrückliche Ermutigung zur Gewissensfreiheit eingebracht; vgl. Thomas Schlager-Weidinger, „... und wenn es gleich das Leben kostet“ – Franz Jägerstätter und sein Gewissen (Schriftenreihe der Abteilung Gerechtigkeit – Friede – Schöpfung im Pastoralamt der Diözese Linz 3), Linz 2010.

219 Fonk, Das Gewissen (Anm. 187), 62.

220 Ebd.

d) Der Konnex von Kultur und Mentalität

Für die Selbsterfahrung und Selbstmitteilung von Menschen in unserer Zeit haben nicht nur Lifestyles, sondern immer öfter auch Religionsstile eine konstitutive Bedeutung. So wie die Inszenierung des Lebens und in der Folge die Selbstinszenierung von Personen in allen Bereichen des täglichen Lebens eine dominante Bedeutung bekommen hat, werden die wachsenden Bedürfnisse des Menschen nach Sinngebung und Lebensorientierung ebenfalls zu gesellschaftlich relevanten Faktoren. Die aktuelle Wahrnehmung von Religionsstilen impliziert bereits, dass es auch im Bereich des Religiösen längst zu einer Individualisierung gekommen ist, die das Individuum mit einem neuen Zwang zur Auswahl konfrontiert. Dabei handelt es sich um eine Tendenz, die vor allem darin besteht, individuell, gesellschaftlich und global empfundene Risiken zu kompensieren. Dies lässt sich umso mehr beobachten, wo Kirchlichkeit als dominierender oder gar monopolisierter Stil von Religion zunehmend marginalisiert wird.[221]

Wenn in philosophischer und soziologischer Hinsicht die Ursachen neuer religiöser Stilbildungen gerade im Kontext der postmodernen Pluralisierung der Lebens- und Sinnwelten zu suchen sind, gilt für postmoderne Religionsstile umso mehr, dass sie sich vor allem in ästhetischen Formen ausprägen, in denen der Mensch seine Aura und sein Ambiente sucht bzw. sich selber schafft. Rudolf Englert hat darauf verwiesen, dass „bei der Identität [dieses] neuen Typs die Verlässlichkeit eines sozialen Bezugssystems tendenziell durch die Stimmigkeit der Aura ersetzt [wird und] an die Stelle einer durch verbindliche Sozialbeziehungen abgesicherten Identität die ästhetische Stilisierung des Selbst vor wechselnden Kulissen [tritt]“[222].

Diese beschriebene Entwicklung steht scheinbar einer ethischen Erziehung durch Prägung und Partizipation an mehr oder weniger

221 Vgl. Tebartz-van Elst, Gemeinde in mobiler Gesellschaft (Anm. 9), 258–263.

222 Rudolf Englert, Sakramente und Postmoderne – ein chancenreiches Verhältnis, in: Katechetische Blätter 121 (1996), 155–163, hier 158.

geschlossenen sozial-kulturellen Räumen gegenüber, die sich bis in die 1960er Jahre weitgehend auf die Existenz von gesellschaftlichen Großmilieus stützen konnte. Mit dem Abschmelzen gerade des katholischen Milieus hat sich auch eine Lockerung verbindender Meinungen und Einstellungen ergeben, die auch Mentalitäten nachhaltig verändern.[223] Wenn einerseits der Individualisierungsschub auch eine Liberalisierung von Gewissensüberzeugungen mit sich gebracht hat, die mit einer Lockerung sozialer Bindungen einhergeht, so zeichnet sich doch andererseits in jüngerer Zeit im Zuge einer an Bedeutung gewinnenden Verantwortungsethik zum Erhalt von Natur und Schöpfung (Klimakatastrophe) und nicht zuletzt durch die noch nicht absehbaren Folgen der Corona-Pandemie zugleich die Notwendigkeit verbindender Strukturen und verbindlicher Überzeugungen ab. Die im bayerischen Lebenskontext noch ausdrücklicher gegebene Bindung an Land und Leute hat dort gerade unter jungen Menschen schon früher als anderswo einen Lebensstil hervorgebracht, der im Globalen um den Wert des Lokalen weiß und ihn z. T. auch sichtbar zu pflegen versteht. Auch wenn sich diese sozial-kulturelle Raumbindung anders ereignet und gestaltet, als dies in den klassischen Großmilieus der Fall war, so lässt sich doch mit dem Soziologen Heiner Barz eine neue Stilbildung beobachten, die einen Konnex zwischen Kultur und Mentalität hervorbringt, dem ein dreifacher Kombinationsmodus zugrunde liegt. Es ist die Trias von Orten, Funktionen und Erlebnisqualitäten.[224] So wie demnach z. B. mit einem Kirchbau oder Kirchort die Funktion von Selbstfindung, Selbstrelativierung, Selbstkongruenz bzw. Geborgenheit einhergehen kann, entsprechen dem Erlebnisqualitäten wie Ruhe, Stille, Sammlung bzw. Ehrfurcht, Erhabenheit, Staunen, Selbstannahme sowie auch soziale Nähe und Gemeinschaftszugehörigkeit.

223 Vgl. dazu auch: Christoph Paul Hartmann, Gibt es noch den „typischen" Katholiken?, https://www.katholisch.de/artikel/24981-gibt-es-noch-den-typischen-katholiken (Abruf 23.10.2022).

224 Vgl. dazu weiterführend: Heiner Barz, Meine Religion mache ich mir selbst!, in: Psychologie heute 22 (1995), 20–27.

Wenn die funktionale Seite dieser Überlegungen, Religionsstile in der modernen Gesellschaft zu orten, einerseits bewusst macht, wie bestimmend das Individualisierungstheorem auch für die religiöse Dimensionierung des Menschen geworden ist[225], lässt sich andererseits daraus auch folgern, welche Kontexte religionsproduktiv sein können. Sie bilden dann einen entscheidenden Hintergrund, auf dem der Zusammenhang von Kultur und Mentalität auch in ethischer Hinsicht prägender sein kann als dort, wo ein solcher Konnex nicht (mehr) gegeben ist. Im Sinne der hier bemühten Trilogie ist dann eine besondere Aufmerksamkeit für Orte geboten, die das Schöne als das Wahre schauen lassen und darin eine tiefgründigere Transzendenz erschließen, als sich in einer vordergründigen Ästhetisierung zu verlieren, in der Mentalitäten auf Moden verkürzt werden.

e) Die *via pulchritudinis* als Instrument der Evangelisierung und Erziehung

Im Jahr 2005 hat ein Kinofilm des Regisseurs Philip Gröning über mehrere Wochen große Aufmerksamkeit gefunden. „Die große Stille“ – so hat er seinen viel beachteten cineastischen Beitrag genannt. Was den Zuschauern präsentiert wird, ist ein mutiges Projekt: zweieinhalb Stunden Stille, von ganz wenigen kurzen und kargen Dialogen unterbrochen. Keine Handlung, keine Musik, keine Kommentierung. 1984 hatte Philip Gröning in dem bekannten Kartäuserkloster „Grand Chartreuse“ bei Grenoble in Frankreich angefragt, ob er den Lebensrhythmus der Mönche dokumentieren dürfe. Zwanzig Jahre später war man so weit, es zu wagen. Auf seinen langen Aufenthalt und seine Erfahrungen im Kloster angesprochen, antwortete der Regisseur in einem Interview: „Ja, diese Zeit mit den Mönchen hat mich verändert. Ich sehe das Leben mit einer Zuversicht und mit Hoffnungen, die aus dieser Stille kommen. Es ist so wichtig, Wurzeln zu haben, Kontinuitäten zu schaffen.“[226] An einer

225 Vgl. Tebartz-van Elst, Gemeinde in mobiler Gesellschaft (Anm. 9), 261.

226 Interview anlässlich der Deutschlandpremiere des Films in Münster i. W., Westfälische Nachrichten vom 9. November 2005.

Stelle lässt „die große Stille" des Kinofilms durch einen kurzen Wortwechsel der Mönche aufhorchen. Der schlichte Satz eines älteren Bruders aus diesem Kloster als Kommentar zu einer Veränderung von Regelungen in einem benachbarten Kloster wird zur Botschaft: „Wenn wir die Zeichen aufgeben, verlieren wir die Orientierung!"

Es ist diese Wachsamkeit für den konstitutiven Zusammenhang, dass Glaube Gestalt braucht[227], um Gewissen formen zu können und eine Plausibilität in Sinnfragen zu vermitteln, die in der Unmittelbarkeit des Geschauten Orientierung bzw. Bestätigung für Einstellungen und Handlungen zu geben vermag. Unter dem sprichwörtlichen ‚weiß-blauen Himmel' gibt es offensichtlich mehr dieser Zeichen und Zeugnisse, die die Botschaft des Evangeliums so ins Bild bringen, dass sie Ethik zu formen vermögen.

Wenn – wie bereits erwähnt – in *Evangelii gaudium* ausdrücklich darauf verwiesen wird, „dass die Bildung in der *via pulchritudinis* sich in die Weitergabe des Glaubens einfügt" (EG, Art. 167), ist es nur konsequent, wenn Papst Franziskus daraus folgert, „den Gebrauch der Künste zu fördern, den Reichtum der Vergangenheit fortzuführen, aber auch die Fülle der Ausdrucksformen der Gegenwart aufzugreifen" (ebd.). Wie sehr solche Grundlagen der Evangelisierung moraltheologische und -pädagogische Implikationen haben, schließt sich in *Evangelii gaudium* unmittelbar an die Ausführungen zur *via pulchritudinis* an:

> „Was die Darlegung der Moral in der Katechese betrifft, die zum Wachsen in der Treue gegenüber dem Lebensstil des Evangeliums einlädt, ist es angebracht, immer das erstrebenswerte Gute aufzuzeigen, den Entwurf des Lebens, der Reife, der Erfüllung, der Fruchtbarkeit, in dessen Licht unsere Anklage der Übel, die ihn verdunkeln können, nachvollzogen werden kann" (EG, Art. 168).

Wie Evangelisierung in dieser Dynamik auf eine Ethik des Lebens zielt, muss vor allem im Bereich einer umfassenden Katechese im-

227 Vgl. auch: Tebartz-van Elst, Glaube braucht Gestalt (Anm. 213).

mer wieder bedacht und so konkretisiert werden, dass komplexe Zusammenhänge ‚einfach' im Sinne von ‚elementar' verstanden werden.[228] Hier kommen besonders solche religiöse Praktiken und Gebräuche in den Blick, die im Alltag den Glauben anschaulich machen. In diesem Zusammenhang hat der Regensburger Bischof Rudolf Voderholzer wirksame Akzente gesetzt, indem er ausdrücklich und mit vielen Initiativen Krippen in öffentlichen Räumen in den Dienst der Evangelisierung stellt.[229] Die große Resonanz darauf macht bewusst, wie Visualisierung in der Katechese zu einer Elementarisierung führt, bei der am Geschauten begriffen wird, was für das eigene Leben an Haltungen abgelesen werden kann. „Schon weil die Krippe ein Medium der Evangelisierung ist", zeigt sie uns, „welches die angemessene Reaktion der Menschen auf die Menschwerdung Gottes ist: Das Sehen-Wollen, das Hinlaufen der Hirten; das Staunen; das Anbeten. [...] Allein die vielen Haltungen der Hirten sind ein wichtiges Element guter Krippenkunst und ein Schwerpunkt der Betrachtung."[230]

Haltungen zu entwickeln aus dem, was Halt gibt, ist eine moralpädagogische Ausrichtung in der Katechese, die Evangelisierung in den Dienst der Ethik stellt. Es ist die vertraute Einsicht, dass nur wer fühlt, was er sieht, gibt, was er hat. Diese katechetische Erfahrung liegt in besonderer Weise auch den Passionskrippen zugrunde, die auf der Basis von Anschauung auf Aneignung zielen. Auch in dieser Hinsicht verfügt gerade der bayerisch-salzburgische Raum

228 Vgl. Tebartz-van Elst, Der Ton macht die Musik (Anm. 20), hier bes. 98 f. und 102–106.

229 Vgl. Rudolf Voderholzer, Vom Staunen und Bewundern. Papst Franziskus und Bischof Rudolf über den Wert, die Bedeutung und die Geschichte der Krippe. Illustriert mit Bildern der internen Krippenausstellung im Bischöflichen Ordinariat Regensburg 2019/2020, hg. von Maria Baumann (Kunstsammlungen des Bistums Regensburg. Kataloge und Schriften 48), Regensburg 2020. – Vgl. auch: Friede soll uns werden. Weihnachtskrippen vieler Völker aus den Kunstsammlungen des Bistums Regensburg (Ausstellung Wallfahrtsmuseum Neukirchen b. Hl. Blut 2018/2019), hg. von Maria Baumann, Regensburg [2018].

230 Voderholzer, Vom Staunen und Bewundern (Anm. 229), 29 f.

schon geschichtlich bedingt über einen solchen Reichtum an Gestaltung, dass alle heute so dringlich gebotene Evangelisierung hier hilfreiche Anregungen finden kann.[231]

Papst Franziskus hat ganz in dieser Absicht nicht nur über den Päpstlichen Rat für die Förderung der Neuevangelisierung schon seit 2018 das Projekt *Cento presepi* in den Vatikan geholt[232] und im Jahr 2019 mit seiner Ansprache über die evangelisierende Bedeutung von Krippen diesem Ansatz zu einer neuen Aufmerksamkeit verholfen. Wenn er in diesem Zusammenhang herausstellt, dass „die Krippe ein Teil des schönen und anspruchsvollen Prozesses der Glaubensweitergabe ist und sie uns von Kindheit an in jedem Alter dazu erzieht, Jesus zu betrachten, die Liebe Gottes zu uns zu spüren; zu fühlen und zu glauben, dass Gott bei uns ist und wir bei ihm und dass dank dieses Kindes, des Sohnes Gottes und der Jungfrau Maria, wir alle Kinder und Geschwister sind“[233], liegt darin auch ein fundamental ethischer Aspekt.

Auch im neuen Direktorium für die Katechese von 2020 wird dieser Wirkungszusammenhang anschaulicher Evangelisierung und einsichtiger Ethisierung ausdrücklich bedacht. In den Artikeln 97 bis 100 wird in Anknüpfung an *Evangelii gaudium* ausdrücklich darauf verwiesen, wie sehr alles wirklich Echte und schön Anzuschauende sich als das zu erweisen hat, was im Dienst des Guten

231 Wie sehr gerade die Pflege und Entwicklung des Brauchtums immer auch Teil einer theologisch reflektierten und verantworteten Inkulturation zu sein hat, ist von Rudolf Voderholzer in seiner Predigt zum Wolfgangsfest am 31. Oktober 2019 in St. Emmeram Regensburg auf exemplarische Weise vermittelt worden: „Lasst Euch nicht verwirren!“, https://www.bistum-regensburg.de/news/wolfgangspredigt-2019-7073/ (Abruf 23.10.2022). – Vgl. dazu weiterführend auch: Voderholzer, Vom Mehrwert der Sakramentalität (Anm. 116).

232 Vgl. Esposizione Internazionale 100 Presepi in Vaticano, http://www.evangelizatio.va/content/pcpne/it/news/2018-10-09.html (Abruf 24.10.2022).

233 Apostolisches Schreiben *Admirabile signum* des Heiligen Vaters Papst Franziskus über die Bedeutung und den Wert der Weihnachtskrippe vom 1. Dezember 2019, Art. 10, https://www.vatican.va/content/francesco/de/apost_letters/documents/papa-francesco-lettera-ap_20191201_admirabile-signum.html (Abruf 23.10.2022).

und der Wahrheit steht, und wie sich gerade im Leben der Gottesmutter und der Heiligen diese Kongruenz beobachten lässt, die zur Nachahmung bewegen will (vgl. DK, Art. 100). Angezielt ist damit eine Herzensbildung als Gewissensbildung, die sich auch in der *pietà popolare* (Volksfrömmigkeit; vgl. DK, Art. 328–334), aber auch in den verschiedenen Bereichen des kulturellen und sozialen Lebens entfalten kann und schließlich zu bewähren hat (vgl. DK, Art. 365–383). Hier geht es gerade um elementare Bereiche der Bioethik, des sozialen Lebens und der Arbeitswelt, die von besonderer moralpädagogischer Bedeutung sind. Wo immer gerade unter dem ‚weiß-blauen Himmel' Wegkreuze, die in unterschiedlichen konkreten Nöten und Herausforderungen des Alltags errichtet wurden, diese Richtung weisen, sprechen Glaube und Gewissen mit einer Stimme.

f) Wegweisung einer Evangelisierung im Dienst an einer Alltagsethik

Versucht man nun auf dem Hintergrund des vorangehend ausgeleuchteten Spektrums die besonderen und vorfindlichen Anteile einer anzutreffenden Evangelisierung im spezifisch bayerischen Lebenskontext für die Ausbildung und Prägung einer Ethik zu erkunden, die sich in einer Alltagskultur (noch) selbstverständlicher manifestiert und artikuliert als andernorts, kommen drei Interdependenzen in den Blick, die unter dem ‚weiß-blauen Himmel' nicht zu übersehen sind.

Transzendenz und Immanenz

Gipfelerfahrungen auf bayerischen Bergen, die im Staunen über die Natur dort das Kreuz sehen und berühren lassen, gehören ebenso zum Alltag wie eine bayerische Bodenständigkeit, die mit Nüchternheit den Alltag sieht und davor gefeit zu sein scheint, Luftschlösser zu bauen. Wo der Mensch sichtbar zwischen Erde und

Himmel ausgespannt ist, hat er mehr im Blick als dort, wo die Versuchung groß ist, nur um sich selbst zu kreisen. Staunen können und daraus lernen, sich bescheiden zu können, ist jene Bewegung, die den Menschen wahrhaft über sich hinauswachsen lässt. Dazwischen ausgespannt zu sein, bewirkt und bedingt ein Leben in einer Orientierung, die Gegebenheiten der Geschichte als Geschenke für die Gegenwart begreift und im Vermächtnis Verantwortung aufspürt. Eine solche ethische Vergewisserung kann zu einer Alltagskultur führen, die mehr ist als soziokulturelle Adaption. Sie kann zur Aneignung von Überzeugungen werden, die eine Person in der Reflexion darüber zur unverwechselbaren Persönlichkeit werden lässt.

Horizont und Heimat

Wie sehr Landschaft und Leute das Leben als behaust erfahren lassen, macht im bayerischen Dialekt ein Diktum bewusst, das längst auch anderswo gebräuchlich ist: „Dahoam is dahoam!“ Dieser Ausspruch ist nicht nur der Titel einer Fernsehserie im regionalen Programm, sondern Ausdruck einer Ursehnsucht des Menschen nach einer tieferen Beheimatung in einer ansonsten oft als unbehaust empfundenen anonymen Welt. Die schon erwähnte Beobachtung, nach der eine globale Ausrichtung des Alltags eine neue Aufmerksamkeit für das Lokale hervorbringt, ist gerade im bayerischen Kontext besonders auch unter jungen Menschen verbürgt. Dabei geht es nicht um eine exklusive Entscheidung des einen gegen das andere, sondern um eine komplementäre Ergänzung. Es ist diese Interdependenz von Horizont im Weiten und Heimat als erlebbare Nähe in sozialen und kulturellen Bezügen, die persönlichkeitsbildend wirkt. Ethisch prägend werden solche Erfahrungen, wo Alltag und darin praktiziertes Brauchtum nicht folkloristisch verniedlicht werden, sondern der schon im biblischen Bewusstsein existente Rückgriff als zukunftsweisend begriffen wird: „Denk an die Tage der Vergangenheit, lerne aus den Jahren der Geschichte“ (Dtn 32,7). Das ist nicht rückwärtsgewandte Nostalgie, sondern eine Orientierung an dem, was schon andere getragen hat, was sich bewährt hat und deshalb bewahrt werden sollte. Horizont und Heimat sind kein Anachronismus, sondern eine ethische Vergewisserung und zugleich Handlungsanleitung, wie sie der Literat Leo Tolstoi beschreibt: „Liebe deine Geschichte, denn sie ist der Weg, den Gott mit dir gegangen ist!" Diese Erkenntnis manifestiert sich unter dem ‚weiß-blauen Himmel' auch in einer dritten Interdependenz.

Struktur und Architektur

Die schon erwähnte *terra benedictina* des bayerischen Landes und seiner Kultur hat hier auch eine Struktur im Leben und eine Architektur in der Landschaft hervorgebracht, die der Journalist und Literat Paolo Rumiz in seinem jüngsten Buch über die Inspiration des hl. Benedikt und seiner Regel als höchst aktuell für die Bedeutung der europäischen Idee und die Bildung eines europäischen Gemeinwesens herausstellt.[234] Im *Ora et labora* des benediktinischen Verständnisses als Basis für ein Miteinander im Füreinander finden Geschenktes und Geschaffenes, das Lob auf den Schöpfergott, der gegeben hat, und den *Homo faber*, der berufen ist, durch seiner Hände Arbeit mit zu schaffen, auf eine Weise zusammen, dass Natur und Architektur, Landschaft und Leistung gleichsam als komplementäre Zeugen dieses so produktiven Zusammenhangs erscheinen. Wer die Synergie beider Gegebenheiten wie eine Harmonie in einer großen Symphonie wahrnimmt, spürt eine Stimmigkeit, die erst in der weiteren Reflexion darüber ihre einzelnen Bestandteile in ihrer je eigenen Bedeutung begreifen lässt.

In diesem Sinn ist es auch der Barock in Bayern[235], der vor einer banausenhaften Banalisierung von öffentlichen Räumen bewahrt, weil hier alle drei Interdependenzen von Transzendenz und Immanenz, Horizont und Heimat, Struktur und Architektur zusammenfin-

234 Vgl. Rumiz, Der unendliche Faden (Anm. 208).

235 Vgl. dazu weiterführend: Benno Hubensteiner, Vom Geist des Barock. Kultur und Frömmigkeit im alten Bayern, München 1967, ²1978.

den. In dieser umfassenden Wahrnehmung vermittelt sich gerade das Erbe der *terra benedictina* als das Geschenk einer *terra benedicta*.[236]

Bedenkt man auf diesem skizzierten Hintergrund die besonderen Beschaffenheiten im bayerischen Lebenskontext, wird bewusst, dass das allzu oft nur klischeehaft bemühte Diktum von „Laptop und Lederhose" nur unzureichend die besonderen Anknüpfungspunkte widerspiegelt, die unter dem ‚weiß-blauen Himmel' für die Ausbildung einer Alltagskultur gegeben sind, bei der mindestens eine ethische Nachhaltigkeit in der Formung von Persönlichkeit und Gewissensbildung angenommen werden darf. „Laptop und Lederhose" sind vielmehr zum Inbegriff dafür geworden, was hier so (und mehr als andernorts) gegeben ist und wie es sich im Logo einer großen Firma in dem Slogan findet: „Unsere Tradition ist es, dass wir fortschrittlich sind, und unser Fortschritt beruht auf einer großen Tradition." Diese Relevanz erweist sich, wo die Kirche in ihrer Verkündigung nachvollziehbar Positionen bezieht und Perspektiven zeigt.[237]

Den inneren Wirkungszusammenhang und die Prägung der hier bedachten Alltagskultur für die Bildung einer Persönlichkeit hat Papst Benedikt XVI. in seiner Reflexion über den Zusammenhang von Biographie und Bayern in unübertrefflicher Weise zum Ausdruck gebracht: „Die bayrische Landschaft in ihrer Synthese von Schönheit, Geschichte und Glauben strahlte eine versöhnende Harmonie aus, die tiefgreifend immunisierte. Bayern war katholisches Urland, hatte etwas in sich Ruhendes, das ideologischen Phrasen gewissermaßen von Natur aus abhold war. Immer klarer wurde mir, dass ich da einer Wirklichkeit begegnete, die nicht irgendjemand erdacht hatte [...]. Dieses geheimnisvolle Gewebe von Text und Handlungen war in Jahrhunderten aus dem Glauben der Kirche ge-

236 Vgl. dazu auch: Rod Dreher, Die Benedikt-Option. Eine Strategie für Christen in einer nachchristlichen Gesellschaft, New York 2017.

237 Vgl. dazu exemplarisch den Beitrag von Peter Fonk zum Osterfest während der Corona-Krise: ders., Begegnung mit dem Auferstandenen, in: Passauer Neue Presse vom 11. April 2020, 1. – Vgl. auch die gleichnamige Reihe: Der Bischof von Limburg. Positionen und Perspektiven 2009–2012 (vier Faszikel).

wachsen. Es trug die Fracht der ganzen Geschichte ...“[238] – und so darf man sicher ergänzen: Es formt Gewissen und erzieht zu einer Ethik des Alltags.

2. Katechese und Digitalität

Schon in seinem Nachsynodalen Apostolischen Schreiben an die jungen Menschen *Christus vivit* aus dem Jahr 2019[239] hat Papst Franziskus die Bedeutung der digitalen Umgebung, in der junge Menschen heute aufwachsen, treffend skizziert:

> „Digitale Möglichkeiten prägen die heutige Welt. Für breite Schichten der Menschheit ist es normal, ständig in die digitale Welt abzutauchen. Hier geht es nicht mehr nur darum, Kommunikationsmittel zu ‚nutzen‘, sondern man lebt in einer durch und durch digitalisierten Kultur, die sich stark auf die Vorstellung von Zeit und Raum auswirkt sowie auf die Wahrnehmung von sich selbst, von anderen und der Welt, auf die Art zu kommunizieren, zu lernen, sich zu informieren und Beziehungen zu anderen zu knüpfen. Eine Einstellung gegenüber der Realität, bei der tendenziell Bilder wichtiger sind als das Zuhören und Lesen und die beeinflusst, wie wir lernen und kritisches Denken entwickeln.“[240]

Papst Franziskus ist sich in dieser aktuellen Zustandsbeschreibung zugleich der Ambivalenz dieses Phänomens bewusst, das im Weiteren in seinen (auch noch unvorhersehbaren) Auswirkungen reflektiert werden soll, wenn er schreibt:

238 Freddy Derwahl, Der mit dem Fahrrad und der mit dem Alfa kam. Benedikt XVI. und Hans Küng – ein Doppelporträt, München 2006, 35. – Vgl. dazu auch: Peter Seewald, Benedikt XVI. Ein Leben, München 2020, Teil I „Der Junge“ und Teil II „Der Meisterschüler“.

239 Vgl. Papst Franziskus, *Christus vivit* (Anm. 200).

240 Ebd., Art. 86.

> „Das Internet und die sozialen Netzwerke haben eine neue Art der Kommunikation und Vernetzung geschaffen [...]. Aber um dieses Phänomen in seiner Gesamtheit zu verstehen, muss man anerkennen, dass es, wie alle menschliche Wirklichkeit, auch mit Fehlern und Mängeln behaftet ist. So ist es ungesund, Kommunikation mit rein virtuellem Kontakt zu verwechseln. Tatsächlich ist die digitale Welt auch ein Ort der Einsamkeit, Manipulation, Ausbeutung und Gewalt."[241]

Gerade im Blick auf die Katechese der Kirche sind hier bereits entscheidende Kriterien benannt, die zur Bewertung von Möglichkeiten und Grenzen in der digitalen Welt der Glaubensweitergabe herangezogen werden müssen. Zum Evangelisierungsauftrag der Kirche gehört von Anfang an der Auftrag zur Unterscheidung der Geister. Diese Notwendigkeit will geistlich angegangen und katechetisch ratifiziert werden. Davon hängt ab, was dann pastoral verantwortbar ist.

Gerade das neue Direktorium für die Katechese hat sich ausdrücklich der neuen digitalen Kommunikationsformen angenommen und hat die dem vorausgehende technische Revolution als philosophische und theologische Herausforderung begriffen. Es geht dabei um einen semiotischen Mentalitätswechsel, der eine neue Form von Kultur prägt. In diesem Sinn fragen besonders die Artikel 365 bis 372 des neuen Direktoriums, welche Auswirkungen eine digitale Kommunikation und Kultur auf die Katechese der Kirche hat. Dabei sind genauso Chancen zu benennen, wie sie z. B. in der COVID-Pandemie neu ins Bewusstsein gekommen sind, aber auch Gefahren und Grenzen aufzuzeigen, wo eine Begeisterung für technisch Mögliches das Subjekt zum Objekt werden lässt. Das neue Direktorium bedenkt gerade den Prozess der Identitätsbildung im Glauben in dieser Ambivalenz.[242] Es betont, dass es nicht im utilitaristischen Sinn darum gehen kann, „wie die neuen Technologien

241 Ebd., Art. 87–88.

242 Vgl. dazu weiterführend: Bernd Lutz, Dialogische Katechese: das neue Direktorium, in: Katechetische Blätter 146 (2021), 153–158, hier bes. 153 f.; Miroslaw Chmielewski, Media Education and the New Evangelization, in: Verbum Vitae 37 (2/2020), 407–425.

für die Evangelisierung eingesetzt werden können", sondern wie Katechese helfen kann, „zu einer evangelisierenden Gegenwart auf dem digitalen Kontinent zu werden".[243]

Diese Herausforderung verlangt nach einem Prozess redlicher Unterscheidung zwischen dem, was Algorithmen, Likes und sozialdigitale Kontakte ermöglichen und was im Ergebnis dann eher dazu führen kann, dass der Mensch in einem neuen System funktioniert, aber nicht reflektiert. Um solche Einseitigkeiten im Ergebnis zu verhindern und gleichzeitig eine sich neu bildende digitale Kultur nicht zu verdammen, sondern verantwortet in sie hineinzuwachsen, verweist das neue Direktorium auf die für Katechese unersetzliche Kategorie persönlicher Erfahrung. Besonders in Art. 371 betont dieses kirchliche Dokument, dass „Katechese nicht allein durch den Einsatz digitaler Werkzeuge erfolgt, sondern durch das Anbieten von Räumen für Glaubenserfahrungen". Hier liegt die entscheidende Grenzziehung für eine Katechese, die persönliche und nicht nur individuelle Identitätsbildung im Glauben anzielt. Weil nur persönliche Erfahrung wirklich verwandelt und nachhaltig formt, „liefert sie den Schlüssel zur Deutung des Lebens, während sich das [digitale] Experiment nur in gleicher Weise wiederholt". Das Direktorium nennt auch das Ziel, für das die Katechese der Kirche eintritt: „geeignete Wege zu finden [...], um die großen Fragen nach dem Sinn des Lebens, der Körperlichkeit, dem Gefühlsleben, der Geschlechtsidentität, Gerechtigkeit und dem Frieden zu beantworten, die im digitalen Zeitalter unterschiedlich interpretiert werden". Dies gilt es aufzugreifen und in den Prozess der Persönlichkeitsbildung einzubringen.

Um aus einer digital geformten und damit u. U. mehr individualistisch isolierten Welt sozialer Medien in die leibhaftige kirchliche Gemeinschaft zu finden, braucht es performative Wege, die den Menschen ganzheitlich ansprechen. Seine kognitiven, emotional-

153 f.; Miroslaw Chmielewski, Media Education and the New Evangelization, in: Verbum Vitae 37 (2/2020), 407–425.

243 Vgl. Päpstlicher Rat zur Förderung der Neuevangelisierung, Direktorium 2020 (Anm. 18), Art. 371.

affektiven, pragmatischen und voluntativen Zugänge des Lernens, wie sie zum Proprium der Katechese gehören[244], sieht das Direktorium vor allem in der Liturgie gebündelt. Durch sie den Glauben zu vermitteln und in die Gotteserfahrung einzuführen, fügt in diesem Sinn nach Art. 372 des Direktoriums eine Vielzahl von kommunikativen Codes zusammen, „die sowohl auf die Interaktion der Sinne (Synästhesie) als auch auf die verbale Kommunikation abheben". Personale Beziehungsfähigkeit im Glauben kann demnach nur erreicht werden, wo digitale Einseitigkeit und Abhängigkeit überwunden wird. Andernfalls droht auch die Glaubensvermittlung zum Fake zu werden. Wenn z. B. jüngst in Japan künstliche Intelligenz genutzt wird, um roboterhafte Doubles von Menschen zu entwickeln, denen in Aussehen, implantierter Emotionalität und Zugewandtheit die Bedeutung zukommen soll, älteren und vereinsamten Menschen zuzuhören, zeigt das auf besorgniserregende Weise, wie Artifizialität Authentizität ersetzen soll.[245] Auf gleicher Ebene ist das Beispiel des sogenannten „Segensroboters BlessU-2" einzuordnen, der auf der Weltausstellung der Reformation 2017 in Wittenberg zum Einsatz kam.[246]

Das stattdessen schon mehrfach formulierte Plädoyer für einen mystagogischen Ansatz in der Katechese findet in dieser gebotenen

244 Vgl. Emeis, Grundriss der Gemeinde- und Sakramentenkatechese (Anm. 11), 115–117.

245 Beitrag in der ARD-Tagesschau: Ulrich Mendgen (ARD-Studio Tokio), Erica, der lachende Roboter. Empathischer Android in Japan vom 14. Dezember 2022, https://www.tagesschau.de/wissen/technologie/empathischer-roboter-lachen-erica-101.html (Abruf 18.12.2022).

246 Vgl. BlessU-2 – Der Segensroboter, https://www.ekhn.de/aktuell/glueck segen/ueber-den-segen/segensroboter-blessu-2.html (Abruf 17.12.2022). – Dazu weiterführend: Ilona Nord / Charles Ess in Kooperation mit Jörn Hurtienne und Thomas Schlag, Robotik in der christlichen Religionspraxis. Anschlussüberlegungen an erste Experimente in diesem Feld, in: Kristin Merle / Ilona Nord (Hg.), Mediatisierung religiöser Kultur. Praktisch-theologische Standortbestimmungen im interdisziplinären Kontext, Leipzig 2022, 227–258. – Zur Ambivalenz derzeitiger digitaler Entwicklungen vgl. auch: Christian Grethlein, Kommunikation des Evangeliums in der digitalen Welt. Chancen und Gefährdungen christlicher Freiheit, ebd., 367–384.

Komplexität gerade in der Liturgie seinen nachhaltigsten Ausdruck. Aber auch in diesem Zusammenhang ist Vorsicht geboten, die Liturgie als vornehmliche Verdichtung der Katechese nicht zu funktionalisieren oder sie vorschnell digital zu adaptieren. Jüngste Studien machen darauf aufmerksam, dass die Bandbreite des Umgangs damit groß ist[247] und die Versuchung zu vorschnellen Angleichungen nicht gering zu sein scheint. Auch in der liturgiewissenschaftlichen Reflexion gibt es die Aufmerksamkeit für die vom Soziologen Ulrich Beck formulierte Zeitdiagnose, die Liturgie und Katechese gleichermaßen herausfordert:

> „Die ewigen Gewissheiten moderner Gesellschaften brechen weg, und etwas ganz und gar Neues tritt auf den Plan. Um die Verwandlung der Welt zu erfassen, müssen wir dieses Neue untersuchen, uns ansehen, was aus dem Alten hervorbricht, und die Strukturen und Normen der Zukunft im Durcheinander der Gegenwart auszumachen versuchen."[248]

So plausibel diese Zustandsbeschreibung wirken mag, so verräterisch wäre eine Katechese, die ihr Proprium der Glaubensweitergabe an Gegebenheiten der Gegenwart anpassen würde. Dass Leiblichkeit im Empfinden und Erkennen ein Wesenszug sakramentaler Kommunikation ist und bleibt, markiert in einer digitalen Welt zunehmend das unterscheidend Christliche. Sosehr Katecheten in der digitalen Welt bewandert sein sollten, so wichtig wird sein, dass sie sich auch der Begrenztheit dieses Mediums bewusst sind, wenn es darum geht, Identitätsbildung im Glauben anzustoßen und zu begleiten. Stefan Böntert nimmt diese kritische Ambivalenz wahr und problematisiert, dass die Frage nach sakramentalen Vollzügen online sicher die größte theologische Kontroverse provoziert.[249] Zu-

247 Vgl. das Themenheft „Über Raum und Zeit": Heiliger Dienst. Zeitschrift für Liturgie und Bibel 75 (2021), H. 2, hg. vom Österreichischen Liturgischen Institut (Salzburg).

248 Ulrich Beck, Die Metamorphose der Welt, Berlin 2017, 15 f.

249 Vgl. Stefan Böntert, Auf dem Weg in eine neue Normalität. Metamorphosen der Liturgie und ihrer Theologie im Zeitalter der Digitalisierung, in: Heiliger Dienst. Zeitschrift für Liturgie und Bibel 75 (2021), 90–98, hier 93.

gleich insinuiert seine grundsätzlich positive Annäherung an den Themenkomplex Liturgie und Katechese eine euphemistische Perspektive im Blick auf digitale Prozesse der Glaubenseinführung und -vertiefung. Wenn seiner Auffassung nach kein Zweifel daran bestehen kann, dass Gott in seinem Wirken auch im Internet erfahren wird und alle technischen Voraussetzungen und Abläufe des Internets in den Bereich der Schöpfung gehören[250], stellt sich jedoch immer noch die Frage, von welcher Vorrangigkeit die Offenbarung Gottes in diesem Kontext ist und wie sie katechetisch aufgenommen und sakramental vergegenwärtigt werden kann. Noch weniger einsichtig ist die zwangsläufige Schlussfolgerung, dass „angesichts der weiter fortschreitenden Digitalisierung in anderen Lebensbereichen der Druck zunehmen wird, die Digitalisierung und deren Stellenwert in Gesellschaft und Kultur in die Praxis und Theologie der Liturgie zu integrieren“[251]. Wenn eine solche Normativität des Faktischen die Katechese bestimmen wird, käme es schleichend zu einer fortschreitenden Minimalisierung, die den gemeinsamen Nenner zum Fundament machen würde. Es geht auch nicht um die Rückkehr zu einem Status quo ante[252], sondern eher um den Mut zu einer *coincidentia oppositorum*, die Katechese als Kontrast in den Dialog mit der Welt einbringt. Nicht gegen die Welt, sondern mitten in der und doch nicht von der Welt, hat sich Katechese gerade im digitalen Zeitalter als komplementärer Kontrast zu profilieren und zu bewähren.

Leider wird dieser anspruchsvollen Perspektive, die der katechetischen Praxis der Kirchenväter nahekommt, bisher im wissenschaftlichen Diskurs wenig Rechnung getragen. Das erkenntnisleitende Interesse scheint bisweilen mehr darin zu bestehen, wie Vermittlungswege im Glauben mit der Welt zusammenpassen, statt diese verändern und übersteigen (transzendieren) zu wollen. Auch

in: Heiliger Dienst. Zeitschrift für Liturgie und Bibel 75 (2021), 90–98, hier 93.

250 Vgl. ebd., 94.

251 Ebd., 98.

252 Vgl. ebd.

Christoph J. Amor folgt mehr dem *digital approach* als einer *digital difference*, wenn er theologisch folgerichtig erklärt, dass „nach katholischem Verständnis die Kirche eine ‚sichtbare Versammlung' und eine ‚geistliche Gemeinschaft', eine ‚mit hierarchischen Organen ausgestattete Gesellschaft', aber zugleich auch der ‚mystische Leib Christi'"[253] ist. Gerade weil Kirche – wie er *Lumen gentium* zitiert – „eine einzige komplexe Wirklichkeit [ist], die aus menschlichen und göttlichen Elementen zusammenwächst"[254], braucht ihre Katechese diese überzeitliche Weite, um immanent Identitätsbildung im Glauben leisten zu können. Alltagstauglich und zugleich anders zu sein, ist die große Herausforderung für eine Katechese, die im Sinne des Soziologen Ulrich Beck die Verwandlung der Welt in der Gegenwart erfasst[255] und aus Aporien herausführt, die eine Adaption an die Welt zwangsläufig mit sich bringt. Dieser Mut zum Unterschied gepaart mit einer Bereitschaft zur dialogischen Argumentation ist Mission und lässt aus diesem Blickwinkel auch auf die Räume schauen, die eine solche Katechese ermöglichen.

3. Räume und Resonanz

Wie sehr die Gestalt und Gestaltung von Räumen entscheidend ist für ihre Akustik, wissen Tontechniker, und Laien merken es gleich am Nachhall gesprochener oder gesungener Worte. Schon in diesem Kontext ist nachvollziehbar, dass ein Raum Töne auffangen können muss. Seine Bedeutung als Echolot für die Katechese bemisst sich gerade daran, welche nachhallende und nachhaltige Schwingung von ihnen ausgeht. Sollen sie zum Echolot für die Katechese werden, muss in ihnen zum Klingen kommen, wie ein katechetischer Lerninhalt und die jeweilige Erfahrung in der Biographie eines

253 Christoph J. Amor, Gegenwart und Wirksamkeit der Kirche im Cyberspace. Dogmatische Vorüberlegungen, in: Heiliger Dienst. Zeitschrift für Liturgie und Bibel 75 (2021), 147–154, hier 150.

254 LG 8.

255 Vgl. Beck, Die Metamorphose der Welt (Anm. 248), 15 f.

Menschen zusammenfinden und damit zu einer Symphonie werden können. Dass Funktionsräume in manchen Pfarrzentren hier eher kontraproduktiv wirken, leuchtet vielen ein. Wie aber sollte der Ort gestaltet sein, der für die Katechese zum Echolot werden kann?

Gerade in der Pastoraltheologie und ganz besonders in ökumenischer Ausrichtung hat in den letzten beiden Jahrzehnten die Kirchenraumpädagogik eine neue Aufmerksamkeit bekommen. Wie Menschen sich einem Raum annähern, der über ihre Alltagswelt hinausgeht, wie sie ihn ausschreiten und schließlich in ihm zu einem Geist der Innerlichkeit vordringen, der sie still und staunend macht, will gerade in der Katechese bedacht sein. Nicht zuletzt die Initiativen zur Entstehung von Jugendkirchen haben in den vergangenen Dekaden wichtige Erkenntnisse bewusst gemacht, die es auch für die Katechese zu reflektieren gilt. Wenn in diesem Zusammenhang Glaubensräume als „Andersorte" bezeichnet werden[256], geht es gerade darum, sie von den Funktionsräumen des Alltags zu unterscheiden, in denen Menschen meistens mit der Erwartung konfrontiert werden, jeweils systemimmanent zu funktionieren.[257] In der Pastoraltheologie hat sich demzufolge die Suche nach Orten und die Sicht auf Räume manifestiert, die „anders" sind, und man hat dafür erkenntnisleitende Kriterien formuliert, die auch für die Katechese gelten können. Was andernorts gerade im Zusammenhang der Entwicklung von sogenannten Jugendkirchen an Beschreibungen dieser Andersheit erarbeitet wurde, geht grundlegend von einer Metapher aus, wie sie der jüdische Philosoph Emmanuel Lévinas als „Krümmung des intersubjektiven Raumes" bezeichnet.[258] Demnach ist diese „Exteriorität" kein Raum der Astrophysik, sondern zuerst das Kraftfeld, das von einem Menschen in der Aura seiner Authentizität ausgeht. Hier lässt sich eine Analogie zum Katecheten auf-

256 Vgl. Hildegard Wustmans, „Anders-Orte" Jugendkirchen. Neue Orte in der Pastoral, in: Diakonia 38 (2007), 65–71.

257 Vgl. auch: Georg Schoofs, Kirchorte sind Andersorte, in: Ansgar Hense / Markus Schulten (Hg.), Für immer geheiligt? Konversion kirchlicher Gebäude und Liegenschaften, Münster 2019, 113–115.

258 Emmanuel Lévinas, Totalität und Unendlichkeit. Versuch über die Exteriorität (Alber Studienausgabe), Freiburg i. Br. [4]2003, 418–421, hier 420.

tun, der es versteht, in der Glaubensweitergabe durch sein gelebtes Zeugnis über sich hinauszuweisen. Emmanuel Lévinas geht so weit, die „Krümmung des Raumes" als die eigentliche Gegenwart Gottes anzunehmen.[259]

In der weiteren Ausdeutung dieser Grundmetapher können katechetische Räume, die eine Resonanz im Glauben zeitigen wollen, auch als Asyl-Orte, Bleibe-Orte oder Gleichnis-Orte verstanden werden.[260] So unterschiedlich ihre Bezeichnung auf bestimmte primäre Erwartungen Einzelner ausgerichtet sein mag, so entscheidend ist gerade in katechetischer Hinsicht, dass erfahrbare Geborgenheit auch im tieferen Sinn ein Obdach für die Seele des Menschen schafft. Jürgen Werbick verweist in fundamentaltheologischer Hinsicht darauf, dass die Dimension des Ernstnehmens vor allem im Verzicht auf ironisierende Verstellkünste besteht.[261] Damit ist die Ursehnsucht nach Authentizität als Voraussetzung für katechetisches Lernen angesprochen. Wo Räume in diesem Sinn eine Symbolwelt vorlegen und nicht einfach leer bleiben, ohne diese den Lernenden überzustülpen, kommt es zur inneren Auseinandersetzung und zu einem äußeren Dialog, den schon *Evangelii nuntiandi* darin sieht, wenn das Zeugnis des Lebens nach dem Zeugnis des Wortes fragt und damit eine ausdrückliche Verkündigung im Sinn von Katechese überhaupt möglich werden kann.[262]

259 Ebd., 421. – Vgl. dazu: Klaus Gerhards, „Ich finde, die Jugendkirche soll keine ‚Villa Kunterbunt' werden ...". Der Kirchenraum als Erfahrungsort – Gestaltung und Aneignung, in: Hans Hobelsberger / Elisa Stams / Oliver Heck / Bernd Wolharn (Hg.), Experiment Jugendkirche. Event und Spiritualität, Kevelaer 2003, 75–89, hier 80 f.

260 Vgl. Gerhards, Jugendkirche (Anm. 259), 78–81.

261 Jürgen Werbick, Kult-Kritik und Liturgie-Konstitution. Anmerkungen zur Bedeutung des Kultes in Theologie und Kirche, in: Voll der Kult. Von der Kunst, mit Jugendlichen Liturgie zu feiern, hg. von der Abteilung Jugendseelsorge im Bischöflichen Generalvikariat Münster, Münster 2000, 21–37, hier 31. – Vgl. dazu: Gerhards, Jugendkirche (Anm. 259), 78.

262 Vgl. Papst Paul VI., *Evangelii nuntiandi* (Anm. 56), Art. 21–24. – Vgl. dazu auch: Tebartz-van Elst, Der Erwachsenenkatechumenat (Anm. 78), 71–77.

Ein weiterer Aspekt, der sich mit der Bedeutung von katechetischen Räumen in ihrer Bedeutung als „Bleibe-Orte“ akzentuiert, geht davon aus, dass Menschen, die im Alltag des Lebens Orientierung verloren haben, Orte brauchen, an denen Erfahrungen und Traditionen Halt geben. Dies hat für sie zugleich eine hohe sozialisatorische Bedeutung.[263] Diese Beobachtung ist gerade in katechetischer Hinsicht interessant, bestätigt sie doch, dass der nur leere Raum keinen Haltepunkt anbietet. Weil gerade in Kirchen Räume mit einem hohen Traditionsgehalt existieren, sind sie ein Fluidum, in dem gelebte und bezeugte Geschichte Zukunft eröffnet. In der Katechese tritt früher zutage, ob Menschen aus der Geschichte ausgetreten sind, wenn sie die ererbten Räume nicht mehr zu bewohnen vermögen. Freilich bedarf es immer der persönlichen Aneignung solcher Räume, damit sie für Einzelne wenigstens zu einer vorübergehenden Bleibe werden können.

Markus Zink verweist ebenfalls im Kontext von Jugendkirchen darauf, dass Existenz und Raum füreinander zum Gleichnis werden können. Folgerichtig versteht er Kirchenräume und damit implizit auch Orte der Katechese als „Gleichnis-Orte“ in einem dreifachen Sinn: Sie sollen Klangräume sein, die dem Inhalt der Glaubensvermittlung Resonanz in der jeweiligen Biographie verschaffen; sie sollen Lichthäuser sein, wofür es gute und überzeugende architektonische Beispiele gibt, die helfen wollen, auch Licht in die Seele von Menschen zu bringen; und sie sollen Bewegungsräume sein, die im Ausschreiten den stimmigen Rhythmus des Lebens finden.[264]

263 Den Begriff prägt: Klaus Gerhards, Jugendkirche (Anm. 259), 79. – Er folgt hier: Thomas Sieverts, Die Wiederentdeckung des Ortes. Psychologische Aspekte der Stadtplanung, in: Dirk Ansorge / Christoph Ingenhoven / Jürgen Overdiek (Hg.), Raumerfahrungen: Raum und Transzendenz. Beiträge zum Gespräch zwischen Theologie, Philosophie und Architektur, Bd. 1 (Ästhetik – Theologie – Liturgik 7), Münster 1999, 36–53.

264 Markus Zink, Was ist ein Raum? Phänomenologische Notizen zu einer unendlichen Frage und ihrer Bedeutung für den Kirchenbau, in: Ansorge u. a., Raumerfahrungen (Anm. 263), 102–126. – Vgl. Gerhards, Jugendkirche (Anm. 259), 80.

Weil die Katechese der Kirche im Alltag des Lebens immer auch der Anwalt für das Andere zu sein hat, braucht sie gerade Räume, die sich unterscheiden. Glaubenssuche, Glaubenseinführung und -vertiefung ist immer ein Prozess der Persönlichkeits- und Identitätsbildung, der die Begegnung mit den Anderen und dem Anderen sucht, um im Eigenen anzukommen. Eine dialogische Katechese gewinnt in solchen Räumen Klang und findet Resonanz.

4. Inhalt und Identität

Wie und ob Identitätsbildung in der Katechese auch über Inhalte des Glaubens erfolgen kann, wird in der Religionspädagogik oft kritisch hinterfragt. Dass es sich bei solchen Prozessen aber auch um einen Beitrag zur Persönlichkeitsbildung handeln kann, der Subjektives relativiert, ohne das Bekenntnis des Glaubens zu oktroyieren, soll hier in zweifacher Hinsicht zur Diskussion gestellt werden. Zum einen ist es ein soziologischer Zugang, der fragt, wie weit das Projekt des „eigenen Lebens"[265] die Inspiration von Größerem und Verbindendem braucht, damit Menschen über sich hinauswachsen können. Zum anderen ist es das Bewusstsein für biographisch bedingte Phasen und Stufen der Glaubensentwicklung, wie James William Fowler es bereits in den 1980er Jahren als Quintessenz vielfacher Reflexionen in gleicher Ausrichtung zusammengefasst hat.[266]

Nimmt man einerseits Anknüpfung bei soziologischen Annäherungen, so sind es vor allem die Zäsuren an den Kontinuitätsbrüchen der Moderne, an denen Menschen aus eigenem subjektivem Vermögen nicht mehr die Brücke zu bauen vermögen auf das hin, was in einem Wort des Schriftstellers Elias Canetti so zum Aus-

265 Vgl. Ulrich Beck, eigenes Leben. Skizzen zu einer biographischen Gesellschaftsanalyse, in: ders. / Ulf Erdmann Ziegler, eigenes Leben. Ausflüge in die unbekannte Gesellschaft, in der wir leben (Beck'sche Reihe 1199), München 1997, 9–15.

266 James W. Fowler, Glaubensentwicklung. Perspektiven für Seelsorge und kirchliche Bildungsarbeit (Kaiser-Taschenbücher 52), München 1989.

druck gebracht wird: „In diesen Zerrissenheiten bin ich ganz. Ohne sie wäre ich verstümmelt!“[267]

Der Soziologie Ulrick Beck betrachtet das ‚eigene Leben‘ als ein dem Menschen in der Postmoderne aufgegebenes Projekt mit Chancen und Lasten. Vermeintliche Optionen im sich entwickelnden Lebenslauf bringen es mit sich, dass Hohlräume entstehen, wo unmittelbare Anknüpfungen nicht mehr möglich scheinen, und so der Mensch in vermeintliche Traditionsruinen hineinläuft. Wo das ‚eigene Leben‘ als fremdbestimmt erlebt wird, entwickeln sich mit der Zeit Normalbiographien zu Wahlbiographien und werden im Ergebnis zu Bastel-, Risiko-, Bruch- oder gar Zusammenbruchsbiographien. Wo das Subjekt sich überfordert fühlt, führt die zunächst erlebte Freiheit mit der Zeit in eine Fragilität und damit zu den sogenannten Kontinuitätsbrüchen der Moderne. Die Chance des einzelnen Subjekts wird zur Last des Subjektiven.[268]

Wenngleich Ulrich Beck als Folge dieser Entwicklung feststellt, dass Tradierungen auch in religiöser Hinsicht immer mehr nur im Durchgang mehr gestreift als bewohnt werden, führen Affiliationen im Übergang letztlich zur Einsamkeit und zum Verlust sinnstiftender und -erhaltender sozialer Bezüge. Und wenn er darauf verweist, dass die Frage nach der eigenen Identität in Zukunft auch das zentrale Interesse am anderen ausmacht, verbindet sich damit ein neues Interesse an einem verbindenden Inhalt: Wer sagen kann, wer er ist, wird künftig die Aufmerksamkeit für sich beanspruchen können. Weil digitale oder gar changierende Identitäten multiple Optionen und Erlebnismilieus schaffen, wächst die Sehnsucht nach einer Identität, die in scheinbaren Veränderungen trägt, wenn gesellschaftliche und individuelle Erosionen nur noch einen Torso zurücklassen.[269]

Was die Soziologie so nüchtern als Identitätsverlust zu analysieren versucht, muss auch katechetisch reflektiert werden. Die Reli-

267 Elias Canetti, Das Geheimherz der Uhr. Aufzeichnungen 1973–1985, Hamburg 1987, 78.

268 Vgl. Tebartz-van Elst, Gemeinde in mobiler Gesellschaft (Anm. 9), 310–317.

269 Vgl. ebd.

gionspädagogik hat sich immer wieder diesen Zäsuren gestellt und im Prozess der Identitätsreifung eines Menschen Interpretamente aufgetan, die Raum schaffen für das Verbindende von Glaubensüberzeugungen und damit eine Motivation in missionarischer Hinsicht wachrufen, diese weiterzugeben. James William Fowler hat – auch in einer großen Analogie zu Romano Guardini – sechs Stufen der Glaubensentwicklung aufgetan[270], die zeigen, wie sich die Identität in bestimmten biographischen Phasen bildet und wodurch sie sich festigt. Auch wenn kritisch dazu immer wieder angemerkt worden ist, dass dieses Modell zu sehr komplexe Zusammenhänge vereinfacht, so zeigt es doch, dass der auf der jeweiligen Stufe mögliche Fortschritt einer inhaltlichen Vergewisserung im Sinne einer Pro-vokation bedarf. So wie lebensgeschichtlich bedingt ein erster kindlich intuitiv-projektierter Glaube eine mythisch-wörtliche Verdichtung im sogenannten katechetischen Alter erfahren muss, um synthetisch-konventionell im Jugendalter sowie individuierend und reflektierend in der Adoleszenzphase reifen zu können, und dann verbindend um die Lebensmitte das ureigene persönliche Profil entwickelt, muss die Katechese in der Elementarisierung ihrer Inhalte auf der jeweiligen Stufe einbringen, was den Menschen wachsen lässt.[271] Diese notwendige Auseinandersetzung mit je spezifischen Inhalten aus dem Gesamt des christlich-kirchlichen Glaubens korreliert mit den entwicklungspsychologischen Gegebenheiten und Herausforderungen der jeweiligen Lebensphase und transformiert bzw. transzendiert sie. Dies gilt auch für die sechste Phase, die Fowler nur bei wenigen Menschen im Alter ausmacht. Ein universalisierender Glaube in der Hingabe ist demnach noch offener dafür, in den Inhalten den weiten Horizont der eigenen Identität zu finden.[272]

Sowohl in soziologischer als auch in religionspädagogischer Hinsicht lassen sich damit Anknüpfungen aufspüren, die zeigen, wie eine Katechese über Inhalte Identitäten zu verwurzeln und zu stär-

270 Vgl. Fowler, Glaubensentwicklung (Anm. 266), 76–110.
271 Vgl. ebd., 82–107.
272 Vgl. ebd., 107–110.

ken vermag. Dass es sich dabei nicht um ein statisches Vorgehen handelt, das fertige Antworten überstülpt, sondern den Menschen in seiner Suchbewegung begleitet und dabei hilft, sich im größeren Inhalt mit der eigenen Identität als Teil des Ganzen zu verstehen bzw. wiederzufinden, ist bereits als Grundansatz einer dialogischen Katechese mehrfach erwähnt worden. Es handelt sich also um einen Prozess, der das Subjektive in das Individuelle wandelt und biographische Momente mit Glaubensüberzeugungen zu korrelieren vermag. In diesem Sinn ist der Mut zu mehr Inhalt in der Katechese der Kirche ein Kairos, in gesellschaftlichen Fragilitäten zu Stabilitäten im Glauben zu finden, wo Menschen im Alltag den Boden unter den Füßen verlieren.

5. Katechese und Kult

Dass die Katechese im induktiven Sinn lebensweltlich orientierte Erfahrungen der Menschen aufzugreifen und sie im Kerygma der Kirche zu vertiefen hat, steht außer Frage. Seit dem Zweiten Vatikanischen Konzil ist die Glaubensvermittlung explizit darum bemüht, keinen reinen Satzglauben zu oktroyieren, sondern das gemeinsame *depositum fidei* immer zurückzubinden an die individuellen Erfahrungen des Einzelnen. Die vorangehende Erörterung über die Gestaltung und Profilierung von Glaubensprozessen, die über den Inhalt eine Identitätsbildung anstreben, hat versucht, dies deutlich zu machen. Längst aber ist auch kritisch in den letzten drei Jahrzehnten zu bemerken, dass bei zunehmender Säkularisierung der Gesellschaft und innerkirchlicher Verkleinerung des Kerygmas aus der lebensweltlichen Rückbindung eine lebenskundliche Information geworden ist. Die eingangs beschriebene Versuchung zur Reduzierung und Minimalisierung des christlich-kirchlichen Glaubens in einer Adaption an das Alltäglich-Plausible hat auch das Handlungsfeld kirchlicher Katechese zunehmend versubjektiviert. Eine Glaubensweitergabe, die sich aber ausschließlich in der Blase des Katecheten bewegt, erstickt irgendwann ‚im eigenen Saft'. Scott Sollom und Petroc Willey haben im amerikanischen Kontext darauf hingewiesen, dass bereits bei der Einführung des Katechismus der Katholischen Kirche[273] im Jahr 1992 die Hauptaufgabe dieses Werkes darin gesehen wurde, die Katecheten zu katechetisieren, um subjektiven Minimalisierungen zu entgehen.[274]

Um solchen Engführungen entgegenzutreten, braucht die Katechese den Kontext der Kirche, und dieser drückt sich in einem Kult aus, der Öffentlichkeit für eine Liturgie bereitstellt, die aufnimmt und verbindet, ohne zu vereinnahmen. Weil die beschriebene Gefahr der Minimalisierung sich in der Liturgie in Subjektivierungen ausdrückt, die letztlich wie ein Torso dastehen, weil sie nicht verbinden, gehört zum rechten Verständnis des Kultes immer auch die Perspektive der Komplementarität. Da im öffentlichen Vollzug in Riten immer ein Symbolgehalt zum Ausdruck kommt, der Verschiedenes aufgreift und zusammenbringt, soll er hier als ein orientierender Parameter reflektiert werden. Josef Pieper, der in philosophischer Hinsicht die Bedeutung des Kultes analysiert und beschrieben hat, bemerkt, dass der Kult vorgegeben ist oder dass es ihn sonst nicht gibt.[275] Er entzieht sich fraglichen bzw. begrenzten Subjektivierungen, und zu seiner Natur gehört, „dass er, selbst bei äußerster Armut im Materiellen, einen Raum des Überflusses und des Reichtums hervorbringt"[276]. Es geht also nicht um Nutzung oder Verzweckung, sondern um einen Mehrwert, der über das hinausgeht, was einem Einzelnen unmittelbar zugänglich scheint. Beim Kult leuchtet gewissermaßen im Fest dieser Vorrat an Sinn und Deutung auf, um den es gerade in der Katechese der Kirche geht. Wie schwer sich die Gesellschaft gegenwärtig mit einem alle verbindenden Fest tut, das gerade in manchem Mangel des Alltags den Vorrat an Hoffnung und Zuversicht begeht, wird auch dort deutlich, wo dem Kult seine kulturprägende Kraft verloren gegangen scheint.

273 Vgl. Anm. 41.

274 Vgl. Scott Sollum / Petroc Willey, The *Catechism of the Catholic Church*. Some Anniversary Considerations, in: The International Journal of Evangelization and Catechetics 3 (1/2022), 49–64, hier 51.

275 Vgl. Josef Pieper, Muße und Kult. Mit einer Einführung von Kardinal Karl Lehmann, München 2007, 126.

276 Ebd., 118.

Josef Pieper aber betont, dass „die Kultur aus dem Kult lebt. Und auf dieses innere Ursprungsverhältnis muss zurückgegriffen werden, wenn sie als Ganzes in Frage gestellt wird.“[277]

Diesen Zusammenhang gilt es gerade für die Katechese der Kirche zu bedenken. Auch sie hat kulturprägende Kraft, nicht im vereinnahmenden oder gar abwehrenden Sinn gegen andere Formen und Verhaltensweisen in der Gesellschaft, wohl aber im Sinne eines Kontrastes, der zeigt, welche Gestalt dem Glauben der Christen innewohnt. Blickt man in die Geschichte des Christentums, so war die Katechese der Kirche immer auch auf eine lebenspraktische Einführung in den *modus vivendi* ausgerichtet. Was rückblickend in volkskirchlichen Zeiten kulturprägend war bzw. in kulturellen Gegenwelten geschah – bisweilen auch negativ in einer von manchen erlebten Vereinnahmung –, kann in evangelisierender Hinsicht heute und künftig nicht exklusiv, sondern nur positiv möglich sein. Eine Katechese, die im Kontext der Kirche den vielen (noch) verborgenen Vorrat an Hoffnung und Zuversicht vermitteln will, braucht den Mut, die Metaphern der Heiligen Schrift vom Fest- bzw. Hochzeitsmahl als die Verheißung dieses Mehrwerts zu erschließen. Was läge da näher, als die Liturgie der Kirche auch im Kult in ihrer katechetischen Wirkung zu zelebrieren und zu thematisieren?

Gerade in diesem Zusammenhang verweist Josef Pieper darauf, dass für Christen das Kultgeschehen im Sakrament gipfelt. Dementsprechend ist eine Sakramentenkatechese die Hinführung und Einführung in den kultischen Vollzug des Geheimnisses, das die Kirche als Mystagogie bezeichnet. Mehr als Worte sagen Zeichen; mehr als subjektive Kontexte sagt der gemeinsame Kult. Immer übersteigt er das Persönliche, ohne es in seiner Bedeutung zu nivellieren. Immer erinnert er an das Kommunitäre, ohne das Individuelle zu unterschätzen. Gerade im Interesse dieses extrapolierten Verständnisses von Katechese ist dann auch zu bedenken, was Josef Pieper im Blick auf den Kult anmerkt:

277 Ebd., 123.

> „Es möchten die vielfachen Anzeichen, die intra et extra muros auf ein Wiedererwachen des Sinnes für das Kultische hindeuten, sich nicht als trügerisch erweisen. [...] Von menschlicher Neugründung kann die Entstehung eines echten Kultes nicht erwartet werden; es gehört zur Natur des Kultes, dass er aus göttlicher Satzung seinen Ursprung nimmt. [...] Der Sinn freilich für das Schon-Gesetzte und -Gefügte kann bei den Menschen an Kraft und Lebendigkeit verlieren, aber auch gewinnen."[278]

Wie viel mehr gilt das für die Katechese der Kirche in unserer Zeit! Weil sie vom Hören kommt, darf sie ihren gottgegebenen Rahmen nicht verlieren. Sonst fließt sie dahin und versickert irgendwann im rein Subjektiven.

Auch wenn in Gesellschaft und gegenwärtiger Kultur der zu beobachtende Individualismus den Bewertungsrahmen für das abgibt, was nützlich zu sein scheint, so tritt immer deutlicher – gerade und zuerst bei den Verlierern der Moderne – zutage, dass mit dem Verlust des gemeinsam Verbindenden auch das Bewusstsein für Solidarität und Subsidiarität schwindet: Eine Katechese der Kirche, die auch in diesem Sinn der Welt dienen will, tut gut daran, sich an der Wirkkraft des Kultes zu orientieren.

278 Ebd., 125 f.

IV. Konkrete Veranschaulichungen – oder: Wie können Predigt und Katechese in der Glaubensvermittlung zusammenfinden?

Katechese muss konkret werden, damit das Kerygma begreifbar wird. Dafür sind Biographien und Bilder sowie Medien, die zu einer Mystagogie führen, von großer Bedeutung. Mehr als Literalität und Digitalität brauchen die Geheimnisse des christlich-kirchlichen Glaubens jene bereits erwähnten „Nachtherbergen" (Nelly Sachs), in denen sich Menschen unterstellen können, gerade wenn die Stürme und Wetter des Lebens toben. Evangelisierung und Katechese sind in diesem Sinn immer Annäherungen, die ahnen und begreifen lassen, wo Menschen in der Geschichte Schutz und Schild gefunden haben, um die eigene Gegenwart zu bestehen und in begründeter Hoffnung auf die Zukunft zugehen zu können.

Der Weg von der Heiligen Schrift und ihrer Auslegung zur Verkündigung braucht seine Weiterführung in der Liturgie der Kirche, die in ihren Riten den Menschen mitträgt und weiterträgt. Wo aber eine so verstandene Ausrichtung der Feier des Glaubens im Kult der Kirche als klerikal abgetan wird, verläuft sich mit der Zeit auch jedes Interesse an einer hinführenden Katechese. Wo der Kult und seine Riten rationalisiert oder gar infantilisiert werden, relativiert sich auch das Religiöse in seiner Tiefendimension. Wenn z. B. eine Pfarrgemeinde Eltern und Kinder am Ostersonntag zu einer in der Pfarrkirche überdimensional aufgebauten Murmelbahn einlädt, um „den Stein vom Grab ins Rollen zu bringen",[279] wird in einer vermeintlichen Katechese das Kerygma der Kirche so verniedlicht, dass es zwangsläufig von Heranwachsenden und Erwachsenen irgendwann als ‚Kinderkram' abgetan wird. Der Religionssoziologe Detlef Pollack hat mit Nachdruck darauf hingewiesen, dass das

279 Vgl. Anm. 70.

Schwinden des Glaubens an einen personalen Gott – und damit verbunden eine nachlassende religiöse Erziehung – zu einer allmählichen Verdunstung des Glaubens führt. Wenn eine Konfrontation mit dem den Alltag und seine unmittelbaren Plausibilitäten Übersteigenden nicht mehr gegeben ist, ist die Frage berechtigt, was eine substanzielle Katechese charakterisiert, die mehr als Satzglauben präsentiert. Weil nach seiner Überzeugung Menschen nur das suchen, was für sie Relevanz hat[280], fordert diese Wahrnehmung dazu heraus, mehr über den Relevanzbezug des Religiösen in der Glaubensvermittlung zu reflektieren und jene Kontexte aufzuspüren, in denen er sich finden lässt.

Wenn ein junger Mensch z. B. in einer Gesprächsrunde zum Ausdruck bringt, wie sehr er sucht und um Sinnergründung in seinem Leben bemüht ist, zugleich aber feststellt: „Eine Kirche, die für nichts mehr steht, brauch ich nicht!“, wird das auch zur Anfrage an das Niveau mancher Katechese. Die Relevanz des Religiösen vermittelt sich erst dort, wo die Kontingenzen des Lebens eine Sinnorientierung provozieren. Dass landläufig und bisweilen etwas pauschal gesagt wird: „Not lehrt beten“, darf nicht zu einer Verharmlosung existenzieller Krisen führen. Gleichwohl braucht es eine katechetische Begleitung – gerade an den immer häufiger auftretenden Brüchen in den Biographien –, um den größeren Horizont zu erahnen. Das bleibt immer Annäherung an das je größere Geheimnis des Glaubens, die letztlich mit Worten nicht erschöpfend zum Ausdruck gebracht werden kann. Katechese ist in diesem Sinn immer ein Herantasten, bei dem der Katechet genauso staunend vor dem unbegreiflichen Gott steht, dies bezeugt und darin mitteilen kann, was er von ihm erfahren und begriffen hat. Eine Glaubenserschließung, die sich im Heute verliert, ohne die Geschichte des christlichen Glaubens – auch bei zunehmender Entfremdung – lebendig zu vergegenwärtigen, vermag auch keine Zukunft zu eröffnen.

280 Vgl. Detlef Pollack, Religion und Moderne. Und die Kirchen? Veranstaltung der Katholischen Akademie Berlin in der Reihe „zwei nach zwölf. Gespräch über Gott und die Welt“ vom 10. Februar 2022, https://youtu.be/IkSq5svbB94, hier 26’ bis 31’.

Im vierten Kapitel dieses Buches soll es um einen Vorgang und um eine Veranschaulichung möglicher Verkündigungswege gehen, die die Zumutung des Inhalts im Sinne des Zutrauens zu seiner Relevanz aufzeigen. Gerade wo das Gottesbild vieler Menschen immer vager wird, braucht es personale Erschließung und personale Bedeutung – auch in der Wahrnehmung jener katechetischen Dynamik: Je personaler, desto bedeutsamer. Und vielleicht darf man ergänzen: Je unbeschriebener der Lebenshorizont, desto weiter und tiefer, desto identischer und profilierter müssen Bilder und Botschaften des Glaubens sein. Um das zu erreichen, soll im Folgenden eine Interdependenz aufgezeigt werden, die sich auch als Plädoyer für einen neuen Modus in der Katechese versteht.

1. *Homilein* und *katechein* als Vermittlungswege in der Katechese

In seinem Handbuch zur Homiletik hat Klaus Müller bereits Mitte der 1990er Jahre diesem nominalen Fremdwort eine verbale und dynamische Bedeutung gegeben.[281] Die Rückführung dieses Begriffs und der mit ihr verbundenen Wissenschaft auf das griechische Verb *homilein*, das als ein „geschwisterliches Reden miteinander" übersetzt wird, insinuiert zugleich, dass es sich „um ein eher offenes, tastendes, vertrautes Sprechen ohne Finessen"[282] handelt. Klaus Müller erinnert aber auch daran, dass diese Sprachform besonders durch die Patristik entwickelt und gefördert wurde, aber bereits nach der Zeit der Kirchenväter ihre Relevanz in der Verkündigungsarbeit nahezu verloren hat.[283] In seiner ursprünglichen und durch die jüdisch-christliche Tradition weiter gepflegten Bedeutung ging es in der Verkündigung nie einseitig um eine Predigt, sondern immer auch darum, die Bedingungen und Wirkungen in der Aus-

281 Klaus Müller, Homiletik. Ein Handbuch für kritische Zeiten, Regensburg 1994.

282 Ebd., 17.

283 Vgl. ebd.

legung und Weitergabe des Glaubens zu reflektieren.[284] In diesem Sinn ist die Heilige Schrift als die Ur-Kunde des Glaubens immer gleichsam das Erfahrungsprotokoll des christlich-kirchlichen Glaubens, das widerspiegelt, wie unterschiedlich Zugänge zur Botschaft sind und wie sehr sie von der Lebenswelt der Verkündigenden abhängen. Die Feststellung von Papst Benedikt XVI., nach der es so viele Wege zu Gott gibt, wie es Menschen gibt, unterstreicht diese Vergewisserung in der Verkündigung.[285]

Predigten in der Praxis sind leider selten das, was das Zweite Vatikanische Konzil in seiner Orientierung an den Kirchenvätern eine Homilie genannt hat.[286] Oft scheint der aktuelle Aufhänger für eine Ansprache im Dienst der Glaubensweitergabe größer als der Mantel des wirklichen Inhalts zu sein. Nimmt man spezifische Sendungen der öffentlich-rechtlichen Rundfunk- und Fernsehanstalten in den Blick, die sich ausdrücklich als Verkündigung verstehen, kann man längst beobachten, wie das entsprechende Zeitfenster verkürzt und das Ausdrucksniveau immer weiter simplifiziert wird, um veränderten Hörgewohnheiten gerecht zu werden.[287] Ob sich dieses Ziel in einer erwarteten neuen Nachhaltigkeit einstellt, sei dahingestellt. Im gesamten Bereich der Glaubensweitergabe zeitigt sich zunehmend, wie eine Orientierung am Unterhaltungslevel zu einer gravierenden Reduzierung in der Glaubenskommunikation führt.

Schon die Bemühungen des Zweiten Vatikanischen Konzils – vor allem in der Liturgiekonstitution *Sacrosanctum Concilium* –, Pre-

284 Vgl. ebd.

285 Auf die Frage, wie viele Weg es zu Gott gibt, antwortet Kardinal Ratzinger: „So viele, wie es Menschen gibt. Denn auch innerhalb des gleichen Glaubens ist der Weg eines jeden Menschen ein ganz persönlicher“ (Joseph Ratzinger/Benedikt XVI., Salz der Erde. Christentum und katholische Kirche an der Jahrtausendwende. Ein Gespräch mit Peter Seewald, Stuttgart 1996, 35).

286 Vgl. SC 24.

287 Zur Entwicklung vgl. David Hober, Die Radiopredigt. Ein Beitrag zur Rundfunkhomiletik (Praktische Theologie heute 25), Stuttgart 1996; Luzie Panzer, Glauben ins Gespräch bringen. Verkündigung im Rundfunk als Mitteilung von Erfahrungen (Praktische Theologie und Kultur 22), Tübingen 2012, hier bes. 59–62, 104–122.

digt und Katechese wieder stärker an den Kirchenvätern und ihrer Praxis auszurichten, machen einen inneren Zusammenhang bewusst, den es in der Glaubensvermittlung neu zu vergegenwärtigen gilt.[288] Umfassende und kontextorientierte Studien dazu haben schon Ende der 1990er Jahre für eine ausdrücklichere Vernetzung von Homiletik und Katechetik plädiert.[289] Was Klaus Müller zeitgleich in seiner Homiletik als „Metaphern-Rede“[290] bezeichnet, versteht die metaphorische Rede als Grundform der Glaubenssprache und sieht im Jesus-Ereignis das zentrale Kriterium theologischer Metaphorik.[291] Dem entspricht jenes bereits mehrfach erwähnte *kat-echein* in der intransitiven Bedeutung von „entgegentönen“.[292] Versteht man die permeable Wirkung von *homilein* und *katechein* in der Weise, wie ein Echolot Schallwellen zur Schwingung bringt, nähert man sich dem an, was gerade in einer metaphorischen Rede von Gott und den Inhalten des christlich-kirchlichen Glaubens zum Ausdruck kommen soll. Klaus Müller beschreibt diesen spezifischen Vermittlungsvorgang so:

> „Wenn eine Metapher glückt, entspricht die Sprache der Entsprechung, die die Wirklichkeit, das Seiende durchwaltet. Die Freiheit, das Schöpferische der Sprache und die Notwendigkeit des Begriffs, oder anders: das sprachlich überraschend Neue und das die Verlässlichkeit von Sprache ausmachende Vertraute stimmen in der Metapher exakt zusammen. Das spielt doppelten Gewinn ein: für den, der die glückende Metapher bildet, dadurch, dass diese ihm den Seinshorizont sprachlich erweitert – er

288 Vgl. dazu beispielhaft: Martin Brons, Augustins Trinitätslehre praktisch: Katechese, Liturgie, Predigt. Ritual und Unterweisung auf dem Weg zur Taufe (Studien und Texte zu Antike und Christentum 105), Tübingen 2017.

289 Vgl. dazu: Franz-Peter Tebartz-van Elst (Hg.), Katechese im Umbruch. Positionen und Perspektiven (FS für Dieter Emeis), Freiburg i. Br. 1998.

290 Müller, Homiletik (Anm. 281), 85.

291 Vgl. ebd., 84–90.

292 Vgl. dazu: Tebartz-van Elst, Der Erwachsenenkatechumenat (Anm. 78), 35.

> sieht am Wirklichen mehr als es bisher von sich zeigte. Für den, der die glückende Metapher hört, hält sie einen Wissensgewinn bereit – d. h. für den Hörer ist die Metapher ein Lernprozess, und zwar der ausgesprochen angenehmen Art, sozusagen spielend vor sich hin zu gehen."[293]

Diese metaphorische Ebene von Vermittlung[294] gilt es in der Katechese neu zu entdecken. Dabei geht es um die aristotelische Einsicht, dass „das zu Lernende dem Angesprochenen durch die metaphorische Sprache zugespielt wird"[295]. Nicht nur der Prozess von der Predigt zur Katechese[296], sondern ein Lernen an, durch und mit Predigt und Katechese sollte deshalb mehr das Vermittlungsgeschehen im Glauben gestalten. Vielleicht braucht es in diesem Sinne eine Synergie, die das *homilein* und *katechein* zu einer *Homichese* formt, indem eine metaphorische Sprechweise im Glauben zu einer nachhaltigen und erfahrungsgedeckten Identitätsbildung im Leben als Christ führt. Klaus Müller sieht darin die Chance, dass

> „die für das Spielerische charakteristische Leichtigkeit im Lernprozess des metaphorischen [oder homichetischen] Redens dadurch zustande kommt, dass die Metapher dem Hörer mit dem Entdeckten, also einer Entsprechung, auch das Ereignis des Entdeckens vermittelt. Darum hängt das Glücken der Metapher auf der Rezipientenseite daran, dass er sie sofort oder wenigstens bald versteht. Indem sich dergestalt Einverständnis zwischen

293 Müller, Homiletik (Anm. 281), 87.

294 Vgl. dazu auch: Anne Tebartz-van Elst, Ästhetik der Metapher. Zum Streit zwischen Philosophie und Rhetorik bei Friedrich Nietzsche, Freiburg i. Br./München 1994, hier bes. zur Ästhetik der Metapher als Medium der Übertragung (103–112) und in seiner poetischen Bedeutung (120–140).

295 Müller, Homiletik (Anm. 281), 87.

296 Vgl. dazu weiterführend: Franz-Peter Tebartz-van Elst, Von der Predigt zur Katechese. Plädoyer für eine mystagogische Verkündigung, in: ders., Katechese im Umbruch (Anm. 289), 422–438.

Sprecher und Hörer [bzw. Katechet; Anm. d. Verf.] einstellt, wirkt die Metapher ansprechend.“[297]

In diesem Sinn fußt eine Homichese immer auf zwei aufeinander bezogenen und ineinandergreifenden Resonanzböden: dem gewählten Bild in seiner phänotypischen Beschreibung als Anknüpfung an die Lebenswelt der Lernenden und der genotypischen Ebene einer theologisch-spirituellen Vertiefung. Wie sehr auch für einen entsprechenden homichetischen Lernvorgang die Kurzformel für Vermittlungswege in der US-amerikanischen Katechese gilt, soll anhand dreier ausgewählter Beispiele aus der Hinführung zu den Initiationssakramenten anschaulich werden, wenn es dort heißt: „The method is the medium is the message!“[298]

2. Exemplarische Entwürfe für eine mystagogische Verkündigung

Katechese und der Dienst der Katecheten sind nach dem neuen Direktorium für die Katechese sowie dem Motuproprio *Antiquum ministerium* nicht auf die Vorbereitung zum Empfang der Sakramente beschränkt. Gleichwohl bildet der Prozess der Eingliederung in die Kirche gute Anknüpfungspunkte, um exemplarisch zu verdeutlichen, wie eine homichetische Annäherung an die Initiation geschehen kann. Die folgenden Beispiele stellen den Versuch dar, visible und spezifische Kontexte aufzugreifen, mit Hilfe derer über Belehrung, Minimalisierung, Infantilisierung und Synkretisierung hinaus Zugänge geschaffen werden können, die eine immer wieder aufzunehmende bzw. zu vergewissernde Glaubensidentität in Erinnerung rufen können. Wo z. B. der sichtbare Taufort in die Vermittlung des Sakramentes aufgenommen wird, historische Kontexte im Firmalter aktualisiert werden und das Zueinander von Gründonnerstag und Fronleichnam als die Mitte jeder Feier der Eucharistie

297 Müller, Homiletik (Anm. 281), 87.
298 So in: Tebartz-van Elst, Der Erwachsenenkatechumenat (Anm. 78), 412.

erschlossen wird, kann Erinnerung Vergegenwärtigung bewirken. In diesem Sinne verstehen sich die folgenden Homichesen, die aus einer Predigt – nicht zuletzt in Verbindung mit den weiterführenden didaktischen Fragen – zu einer Katechese weiterentwickelt wurden.

2.1 Taufe

Die Homichese versucht den Bau, die Geschichte und die künstlerische Ausgestaltung einer Taufkirche in Regensburg aufzugreifen, um Momente der Erinnerung zu schaffen, die bei jedem späteren Besuch für den Täufling wie für alle Teilnehmenden an der Feier zur Vergegenwärtigung werden kann.

Die dreizehnte Woche im liturgischen Jahreslauf der Kirche beginnt mit den Worten des Tagesgebetes: „Gott, unser Vater, du hast uns in der Taufe zu Kindern des Lichtes gemacht. Lass nicht zu, dass die Finsternis des Irrtums über uns Macht gewinnt, sondern hilf uns, im Licht deiner Wahrheit zu bleiben.“[299]

Für alle, die getauft sind, eine gute Erinnerung – und für den, der heute getauft wird, eine ermutigende Aussicht. Wir sagen bei der Geburt eines Kindes, dass es das Licht der Welt erblickt hat. Aber schon die frühe Kirche war zutiefst davon überzeugt, dass der Mensch erst durch die Taufe wirklich sehend wird; Einsicht nehmen kann in die Größe Gottes und einsehen kann, was dem Leben dient und schadet. Oft findet man bei der künstlerischen Gestaltung eines älteren Taufbeckens die Füße durch junge Löwen dargestellt. So wie diese Tiere bei ihrer Geburt noch blind sind und erst mit dem achten Tag sich ihr Augenlicht zu öffnen beginnt, so wird der Mensch durch das Geschenk der Taufe sehend für Gott und die Menschen. Wo diese Erinnerung an den Anfang des Lebens im Glauben erhalten bleibt, gibt es Zukunft und Zuversicht.

299 Die Feier der Heiligen Messe. Messbuch für die Bistümer des deutschen Sprachgebietes, Teil I, Freiburg i. Br. ^{2}1988, 59.

Wo könnte man das hier in Regensburg augenscheinlicher begreifen als in der Stiftskirche zur Alten Kapelle.[300] Dass du, lieber N., heute hier das Sakrament der Eingliederung in die Kirche empfangen darfst, holt dich an diesem Ort in den großen Strom der Überlieferung unseres Glaubens. Über der Orgelempore ist in einem Fresko die Taufe des Herzogs Theodo II. durch den hl. Bischof Rupert von Worms zu sehen.[301] Zwei Malereien am Sockel zeigen die Umwandlung eines einst heidnischen Tempels in eine Marienkapelle durch den gleichnamigen Bischof. Hier wird Bezug genommen auf die Gründungslegende der Alten Kapelle und ihre Bedeutung als „bayerische Lateranbasilika".[302]

So wie N. heute hier in diese große Geschichte eintreten darf, haben wir auch jenen Satz vor Augen, der im Baptisterium der römischen Lateranbasilika im oberen Fries zu lesen ist und der aus der Feder des Papstes Leo des Großen stammt: „Hier ist die Quelle des Lebens, den ganzen Erdkreis umspült sie; aus der Wunde des Herrn nahm sie ihren gesegneten Lauf." In diesen Strom eintreten zu dürfen macht bewusst, was der polnische Philosoph Jaroslav Pelikan einmal mit den Worten zum Ausdruck gebracht hat, dass Tradition für Christen nicht der tote Glaube von Lebenden, sondern der lebendige Glaube auch von Toten und für sie ist.[303]

300 Vgl. Die Alte Kapelle in Regensburg, hg. von Werner Schiedermair im Auftrag des Kollegiatstifts Unsere Liebe Frau zur Alten Kapelle in Regensburg, Regensburg 2002. – Eine Bildergalerie des Kircheninnenraums findet sich unter http://www.alte-kapelle.de/htm/ak_bildergalerie.html (Abruf 19.11.2022).

301 Klaus Guth, Kaiser Heinrich II., der Heilige. Eine hagiographische Annäherung, in: Die Alte Kapelle in Regensburg (Anm. 300), 68–79, hier 68 f. – Vgl. zu diesem Ereignis: Wolfgang Buchmüller, Herzog Theodos Taufe in Altötting im Jahr 696. Wie die Bajuwaren katholisch wurden. Eine kleine Geschichte der Christianisierung, St. Ottilien 2019.

302 Peter Schmid, Die Alte Kapelle als Pfalzkapelle, in: Die Alte Kapelle in Regensburg (Anm. 300), 33–43, hier 42 f.

303 Im Originaltext: „Tradition is the living faith of the dead, traditionalism is the dead faith of the living. And, I suppose I should add, it is traditionalism that gives tradition such a bad name" (Jaroslav Pelikan, The Vindication of Tradition. The 1983 Jefferson Lecture in the Humanities, New Haven 1984, 65).

Wie keine weitere Kirche in Regensburg steht die Alte Kapelle für einen Glauben, der sich aus der Kraft der Taufe im Lauf der Jahrhunderte immer wieder erneuert hat. Man sieht es diesem festlichen Raum an, wie die älteste Kirche dieser Stadt ihren jugendhaften Schwung im Rokoko auszudrücken vermag. Was hier im 7. Jahrhundert mit der Taufe Theodos II. begann, hat einen Fluss in der Geschichte Bayerns in Gang gebracht, der nicht versiegt. Vom Bewusstsein der eigenen Taufe, von der lebenslangen Er-innerung an sie hängt ab, welche Fließgeschwindigkeit der Glaube in unserem Leben gewinnt.

Drei Momente sind es, die das Bildprogramm dieser Kirche als ein vitales Memento im Leben unseres Täuflings und von uns allen wachhalten kann.

Im Fluss der Taufe den Grund des Glaubens sehen

Als die Alte Kapelle in Regensburg unter König Ludwig dem Deutschen im Jahr 875 zum ersten Mal aus dem Dunkel der Geschichte heraustritt, erwähnt er in seiner Schenkungsurkunde, dass für den Bau dieser Kirche Steine der römischen Stadtmauer von Castra Regina verwendet wurden. Auf weitere römische Quader stieß man hier bei den Renovierungsarbeiten 1997.[304]

Wo Flüsse klares Wasser enthalten, kann man bis auf ihren Grund schauen. Dann kann man die Steine sehen, die zu tragen scheinen, und man gewinnt auch den Mut, auf den Steinen zu stehen und zu gehen. Oft ist es erst ein Tasten, bis dann die Gewissheit wächst, sicheren Boden unter den Füßen zu haben.

Im Wasser der Taufe die tragenden Fundamente des Lebens zu sehen, die mal klarer, mal verschwommener scheinen – je nach den

cation of Tradition. The 1983 Jefferson Lecture in the Humanities, New Haven 1984, 65).

304 Werner Schiedermair, Die Geschichte des Kollegiatstifts Unsere Liebe Frau zur Alten Kapelle. Ein historischer Abriss, in: Die Alte Kapelle in Regensburg (Anm. 300), 17–29, hier 17–19.

Winden, die an der Oberfläche wehen –, lässt im Lauf des Lebens immer mehr solchen Fundamenten trauen. Lieber N., es ist dir geschenkt, in eine Familie geboren zu sein, die um diese Fundamente weiß, die darauf steht und geht. An ihrer Hand wirst du das Laufen lernen und die Sicherheit gewinnen, dass der Glaube, der die Jahrhunderte dieser Stadt, deiner Heimat, geformt hat, auch dir zur Gestalt werden wird. Zu wissen, woran man sich halten kann, wenn die Stürme des Lebens toben, will in ruhigen Zeiten gelernt und erprobt werden, damit wir starken Fundamenten trauen können, wenn die Fließgeschwindigkeit durch äußere Umstände und Witterung auch einmal reißend werden kann. Mit diesem Vertrauen, dass der Strom des Lebens der Seitenwunde des Herrn entspringt, kommt dann ein Zweites in den Blick.

In den Fluten des Wassers den Fluchtpunkt der Hoffnung finden

Die Alte Kapelle in Regensburg ist seit ihrer Gründung auch ein bedeutender Marienwallfahrtsort. Das zeigt nicht nur die südlich an das Langhaus angebaute Gnadenkapelle, in dem sich seit 1694 das berühmte Gnadenbild befindet. Auch das Deckenfresko in der Vierung zeigt Maria inmitten von Engelchören, die von einer Schar von alttestamentlichen Gestalten und von Heiligen verehrt wird.[305] Um sie zu sehen, muss man den Kopf nach oben recken – so wie man sich ausstrecken muss, um nach Hoffnung zu greifen, die für Christen mehr als ein Strohhalm ist. Auf Maria zu schauen, die in allem Christus im Blick hat, ist für uns die beste Sehschule des Glaubens. Maria ist stehen geblieben unter dem Kreuz; sie hat ausgehalten, als alle anderen davongelaufen sind. Für die junge Kirche nach Ostern wird sie dadurch zum Halt und zum Zeichen einer Hoffnung, die in allem – auch über den Tod hinaus – trägt. Das ist die Blickrichtung des Rokoko, in dem hier alles gestaltet ist. Dass er sich nur in Bayern aus dem Barock heraus entwickelt hat – und wo er sonst

305 Achim Hubel, Das Gnadenbild der Alten Kapelle, ebd., 219–244, hier 219–222.

verbreitet ist, nur als Abbild dieses Urbildes gelten kann –, zeigt, wie sehr die Gottesmutter als Patrona Bavariae uns aufrichtet, damit wir aus der Taufe nach oben und über den Tod hinaus in das ewige Leben schauen können. Sie verbürgt uns als Königin des Himmels, was Herrscher hier auf Erden letztlich doch entbehren mussten und bei Gott erhofften.

Die Taufe hilft uns, in den Fluten des Wassers den Fluchtpunkt der Hoffnung zu finden, nicht um davonzulaufen, zu fliehen, sondern um zu finden, was Orientierung gibt. Und so, wie es für den kleinen N. immer wieder ein Moment des Glücks und der Freude ist, wenn er in das Gesicht seiner Eltern und der ihm Vertrauten schauen darf, verweist dieses Sakrament auf eine Zugehörigkeit, die Heil vermittelt.

Im Strom der Liebe geborgen sein

Bekannt ist die Alte Kapelle in Regensburg auch wegen der Darstellung eines Abbildes des Heinrichsbechers. In einem Deckenfresko im nördlichen Querhausarm wird das sogenannte Becherwunder dargestellt, bei dem Heinrich der Heilige (von Bamberg) einen Kristallbecher, den einer seiner Pagen zerbrochen hatte, wieder zusammenfügt.[306] Ein Kuppelbau im Renaissancestil bildet hier den Rahmen für die vornehme Szenerie. Der Überlieferung nach soll Heinrich diesen Kelch dem hier von ihm gegründeten Kollegiatstift vermacht haben.

Man kann sich vorstellen, wie der kleine N. schon bald – wenn er laufen kann und Spielzeug zerbrochen ist – zu seinem Vater oder den Opas rennt und sie bitten wird, zu reparieren, was zerbrochen ist. Es dann wieder heil in den Händen zu halten, nährt das Vertrauen, dass auch Zerbrochenes im Leben sich wieder fügen kann, wo Menschen vom Strom der Liebe umgeben sind. In diesem Sinn können Scherben wirklich Glück bringen, wenn sie durch Liebe gekittet werden und man sich nicht an ihnen schneidet.

306 Vgl. Schmid, Die Alte Kapelle als Pfalzkapelle (Anm. 302), 40; Guth, Kaiser Heinrich II. (Anm. 301), 73, 78.

So wie du, lieber N., von der Liebe deiner Familie und Großfamilie umgeben bist, kann mit der Taufe das Gottvertrauen in dir keimen, das so vieles in deinem Leben wachsen und dich über dich selbst hinauswachsen lässt.

Wenn Christen Taufe feiern, geht es um diese Gewissheit des Glaubens, die das ganze Leben trägt und es sogar über den Tod hinaus trägt. Wenn du, lieber N., jetzt dieses Sakrament an einem so bedeutenden Ort wie der Alten Kapelle in Regensburg, empfängst, wird der Strom der Überlieferung, der hier Jahrhunderte im Glauben geformt hat, auch dich prägen. Hier bist du mit dem Anfang verbunden, hier trittst du ein in den Strom, der weiterfließt, und hier gewinnst du jenen Horizont, der dir bleibend zur Heimat werden möge. Dann kannst du immer – bald schon, wenn du mit deinen Eltern und Großeltern diese Kirche, den Ort deiner Taufe, und später dann auch auf eigenen Beinen besuchst – in das frohe Lied der Kirche einstimmen:

„O Seligkeit, getauft zu sein,
in Christus eingesenket.
Am Leben der Dreieinigkeit
ward Anteil mir geschenket.
Ich bin der Kirche Christi Glied.
Ein Wunder ist's, wie das geschieht.
Ich bete an und glaube.“[307]

2.2 Firmung

Die folgende Homichese zur Firmung von Jugendlichen knüpft an cineastische Aufmerksamkeiten aus der Welt der Jugendlichen an, um im Blick auf die zentrale Person und ihr Alter Bezüge herzustellen, die für junge Menschen nachvollziehbar sind und zur Motiva-

307 Das Lied mit dem Text von Georg Thurmair findet sich in mehreren Diözesananhängen des Katholischen Gebet- und Gesangbuchs Gotteslob (2013): 838 (Fulda), 841 (Augsburg), 847 (Würzburg), 847 (Münster), 861 (Limburg), 889 (Mainz).

tion werden können, aus dem Glauben Mut und Standfestigkeit – gerade in den Herausforderungen der pubertären Lebensphase – zu entwickeln.

Mehr als 15 Jahre ist es mittlerweile her, dass in den Kinos in Deutschland ein Film große Aufmerksamkeit fand. Vielleicht habt ihr schon einmal davon gehört oder ihn schon gesehen. Auf der Berlinale hat er damals den Silbernen Bären bekommen. Vor einigen Wochen hat er mit den technischen – oder besser: digitalen – Möglichkeiten unserer Zeit eine Art Revival bekommen.

Aber unabhängig von Bären oder Oscars: Es ist ein selten wertvoller Film, den Firmlinge oder Neugefirmte unbedingt sehen sollten: „Sophie Scholl".[308] Und jetzt ist er zur Instagram-Version geworden – sozusagen „Sophie Scholl im Selfiemodus". Sein Titel: „Ich bin Sophie Scholl!"[309] Eine junge Frau von heute – Luna Wedler – versetzt sich in die Zeit von Sophie Scholl und entdeckt, wie aktuell das Leben und das Zeugnis dieser Widerstandskämpferin in der Nazi-Diktatur bis heute ist. Am 9. Mai 2021 wäre Sophie Scholl 100 Jahre alt geworden. Der Film und die aktuelle Instagram-Version sind eine Zeitreise. Sie führen uns in die Vergangenheit – über siebzig Jahre zurück in eine Zeit, von der euch eure Großeltern vielleicht schon erzählt haben.

Gezeigt und aktualisiert wird die Geschichte der jungen Studentin Sophie Scholl und der Münchener Widerstandsgruppe „Weiße Rose", zu der sie gehört. Was an diesem Film und seinem Revival so beeindruckt, ist die Standfestigkeit dieser jungen Frau im Kampf

308 Nähere Informationen zum Historienfilm (FSK 12) finden sich in der Begleitpublikation: Sophie Scholl – die letzten Tage, hg. von Fred Breinersdorfer [Drehbuchautor], Frankfurt 2005 und in einem vom Katholischen Filmwerk (kfw) empfohlenen Filmheft (2021) der Bundeszentrale für politische Bildung: https://www.kinofenster.de/download/sophie_scholl_die_letzten_tage_fh_1.pdf. – Vgl. auch die Jugendbücher: Maren Gottschalk, Schluss. Jetzt werde ich etwas tun. Die Lebensgeschichte der Sophie Scholl, Weinheim 2021; Werner Milstein, Einer muss doch anfangen! Das Leben der Sophie Scholl, Gütersloh 2021.

309 Vgl. dazu das Instagram-Projekt @ichbinsophiescholl (2021/2022), dessen 43 Folgen in der ARD-Mediathek abrufbar sind.

gegen den Nationalsozialismus. Auf die Frage, warum sie die Flugblätter gegen das Hitler-Regime vom obersten Stockwerk in den Lichthof der Münchener Universität geworfen habe, antwortet sie im Verhör: „Gott ... Gewissen ... Mitgefühl".[310]

Die Schauspielerin Julia Jentsch, die sich vor 15 Jahren in dem Kinofilm in die Rolle der Sophie Scholl begeben hat, sagte nach der Premiere in einem Interview: „Wenn man so einen Menschen wie sie gespielt hat, hat man etwas, woran man sich halten kann."[311]

Und das spürt auch der Zuschauer. Auf dreifache Weise schafft dieser Film eine unglaubliche Nähe: Er holt uns in die Vergangenheit – in eine Geschichte, die über 70 Jahre her ist. Und doch ist man als Betrachter mittendrin. Er lässt uns plötzlich Zeugnisse, die fast verschüttet waren, als Quellen entdecken, die immer noch sprudeln und aus denen man heute schöpfen kann. So nahe wie man hier als Zuschauer einem Menschen kommt, der – den Tod vor Augen – für sich noch Zukunft sieht, wird man selbst angesteckt. Liebe Firmlinge, diese dreifache Nähe des Films verweist auf drei Erfahrungen unseres Glaubens, die euch die Firmung schenkt.

Zum Glauben gehört die Erinnerung

Der Film weckt Erinnerungen. Diejenigen, die damals in eurem Alter waren, können davon erzählen. Wenn sie es tun, ist es für euch spannend, zu hören, wie Menschen zu anderen Zeiten mit dem Leben zurechtkommen mussten, *wie* sie es getan haben und *wer* es geschafft hat. Als Kinder haben wir unsere Eltern und Großeltern oft gebeten, ‚von früher' zu erzählen. Irgendwann kannten wir die Geschichten und wollten sie doch immer wieder hören.

Liebe Firmlinge, das gehört zu unserem Glauben: die Erinnerung an das, was Menschen durch Gottes Hilfe an Kraft erfahren haben.

310 Breinersdorfer, Sophie Scholl (Anm. 308), 288.

311 Peter Kümmel, Die ehrliche Hochstaplerin. Kann man eine zum Tode Verurteilte spielen, wenn man selbst nie in Lebensgefahr war? Eine Begegnung mit Julia Jentsch, in: Die Zeit vom 10. Februar 2005, Nr. 7, https://www.zeit.de/2005/07/K-S_Scholl (Abruf 18.12.2022).

Das ist unser Glaube: die Erzählung von den großen Taten Gottes, die er den Menschen in ihren Bedrängnissen durch die Jahrhunderte und Jahrtausende immer wieder geschenkt hat. Deshalb hören wir in der Feier eurer Firmung zuerst Worte aus der Heiligen Schrift. Jeder Gottesdienst ist das Gedächtnis der Rettung, die Gott den Menschen geschenkt hat. Deswegen kann auch die Bibel gar nicht langweilig werden. In immer wieder anderen Situationen unseres Lebens sagt sie uns: So wie Gott sich den Glaubenden des Alten und Neuen Testaments schenkt, so hilft er auch dir. Gottes Taten gehen weiter, und Jesu Evangelium zeigt uns die Spur. Wer gefirmt wird, gewinnt diese Sicherheit für sein Leben: Gott geht alle Wege mit. Wer sich firmen lässt, sagt damit auch: Ich will mich durch Gottes Wort immer wieder erinnern lassen. Ich will in der Bibel lesen, damit ich im Leben weiß, wohin Gottes Weg mit mir führen kann.

Gefirmte spüren: Mein Glaube hat tiefe Wurzeln in der Geschichte, und deshalb kann er mich in der Gegenwart halten, so wie Bäume, die im Sturm bewegt werden und doch nicht fallen. Diese Erinnerung unseres Glaubens bewirkt eine zweite Erfahrung.

Glaube meint die Gegenwart

Manche wollen uns heute einreden: Ein Glaube, der aus der Geschichte kommt, ist von gestern; etwas Verstaubtes. Wenn wir aber auf die schauen, die unserem Glauben in der Vergangenheit ein sprechendes Gesicht gegeben haben, begreifen wir, wie sehr das Zeugnis von Christen ‚up to date' sein kann.

Sophie Scholl hält zur gleichen Zeit in den Verhören in München stand, als Bischof von Galen in Münster seine mutigen Predigten gegen die Ermordung von kranken und behinderten Menschen hält. Im Frühjahr 2021 waren es genau 75 Jahre, dass er im römischen Priesterkolleg Santa Maria dell'Anima wohnte, als er die Kardinalswürde im Petersdom empfing. Die Italiener erinnern sich noch heute daran, wie dieser hochgewachsene Mann in der Basilika von hinten durch den langen Mittelgang nach vorne auf Papst Pius XII.

zuschritt und gerufen wurde: „Eroe della fede – Held des Glaubens" und „Lione della Germania – Löwe von Deutschland!"[312]

Sophie Scholl und Kardinal von Galen zeigen uns beide, womit die Firmung beginnt und was die Firmung in Menschen bewirken kann. Gleich werdet ihr aufstehen und vortreten. Schon in dieser körperlichen Bewegung kommt zum Ausdruck, dass ihr selber mit eurem Leben heute einen entscheidenden Schritt im Glauben tut. Wer vortritt, tritt aus der Masse heraus. Wer aufrechten Hauptes dasteht, zeigt nach außen seine eigene Persönlichkeit.

Der Ritus der Firmung beginnt augenscheinlich und sprichwörtlich damit, dass ihr euren Kopf hinhaltet. Das ist ein sichtbares Bekenntnis! Ihr erlebt selbst, liebe Firmlinge, dass viele Menschen in unserer Gesellschaft sich eher bedeckt halten und den Kopf einziehen, wenn es darum geht, tragende Überzeugungen des Lebens zu vertreten. Wenn ihr gleich euren Kopf zur Handauflegung hinhaltet, wird sichtbar, aus welcher Verbundenheit ihr die Kraft bekommt, verbindlich zu sein.

Liebe Firmlinge, das alles geschieht heute – jetzt –, damit ihr ‚geistes-gegenwärtig' seid. Und das ist mehr als eine rasche Auffassungsgabe! Wer heute Gottes Geist empfängt, gewinnt ein waches Herz, das sich einfühlen und mitfühlen kann. Die Firmung schenkt ein Selbstvertrauen, das aus einem festen Gottvertrauen kommt. Hélder Câmara, ein Bischof aus Südamerika, hat einmal gesagt: „Glaube, das ist der feste Stand unter einem offenen Himmel!"[313] Liebe Firm-

312 Heinrich Portmann, Die Tagebücher des Sekretärs von Bischof Clemens August Graf von Galen vom 23. Dezember 1945 bis 12. Juni 1946, Münster 2016, 20, 124. – Zu den Predigten vgl. Markus Trautmann u. a. (Hg.), „Endlich hat einer Mut zu sprechen". Clemens August von Galen und die Predigten vom Sommer 1941, Münster ^{2}2013. – Vgl. auch für die Arbeit mit Jugendlichen: Hans-Günter Hermanski / Bernhard Ossege, Kardinal von Galen. Ein mutiger Christ in dunkler Zeit: Vorbild für uns? Eine religionspädagogische Arbeitshilfe für die Sekundarstufen I und II, Münster 2006.

313 Mündliche Überlieferung aus den Dankesworten von Dom Hélder Câmara anlässlich der Entgegennahme der Ehrendoktorwürde (Katholisch-Theologische Fakultät der Universität Münster, 22. Juni 1972).

linge, wer nach oben schaut, der kann auch nach vorne blicken und in der Firmung eine dritte Erfahrung unseres Glaubens machen.

Glaube schafft Zukunft

Vielleicht denkt ihr schon darüber nach: Was wird mit mir auf Zukunft hin? Schaffe ich die Schule, und was kommt danach? Wie geht es mit mir/mit uns – auch nach Corona – weiter?

Die Frage nach ihrer Zukunft haben auch die Jünger nach Ostern. Sie ziehen sich zunächst zurück, weil ihnen bange ist ums Herz. Aber ihr Herz ist offen. Sie beten – persönlich und gemeinsam. Wer weiter fragt, wer Gott fragt, der ist offen, dem kann Gott antworten. Als sie fragen, ausschauen und beten, empfangen die Jünger den Heiligen Geist. Und plötzlich ist eine Kraft in ihnen, die sie vorwärts drängt – in die Welt hinein. Unser Glaube macht Mut zur Zukunft. Er ist Zukunft!

Der Friedensgruß nach der Firmung – auch in der durch Corona bedingten eingeschränkten Form – will euch das sagen: Habt Mut! Bringt euch ein! Wagt euch vor!

Liebe Firmlinge! Hier in Rom – in einer Stadt mit solcher Geschichte, wo man auf Schritt und Tritt auch den Spuren unseres Glaubens begegnet – begreift man: Wie bei einer Zeitreise, auf die uns ein guter Film mitnehmen kann, wird der Rückblick in unsere Geschichte zum Ausblick. Wir sehen glaubende Menschen vor uns – angefangen bei den Heiligen Petrus und Paulus –, die uns alle auf ihre Weise das dreifache Geschenk der Firmung vor Augen führen: Wer sich im Glauben erinnert, hat im Leben tiefe Wurzeln. Wer sich heute für den Glauben entscheidet, kann zu sich und anderen stehen. Wer im Glauben auf die Zukunft schaut, gewinnt Mut und Zuversicht.

Fragen zur weiteren homichetischen Vertiefung

- Welche historischen und kulturellen Bezüge lassen sich aus der Welt der Jugendlichen aufgreifen, um zum Sakrament der Firmung hinzuführen?
- An welchen Personen bzw. Ereignissen wird anschaulich, wozu Gottes Geist Menschen befähigen kann?
- Welche konkreten Handlungen und Vorsätze können helfen, die innere Bewegung des Geistes Gottes in den Firmbewerbern aufzuspüren?

2.3 Eucharistie

Beide Homichesen zur Eucharistie bilden gleichsam die elliptischen Spannungspole, um das Geschehen der Lebenshingabe Jesu in der Fußwaschung und in der Verehrung der sakramentalen Gegenwart Christi zu begreifen. Zwischen Gründonnerstag und Fronleichnam erstreckt sich jener Liebeserweis Jesu, dem es sich gedanklich anzunähern und dem es noch mehr emotional-affektiv nachzuspüren gilt, um aus anfanghafter Sympathie und spirituell erworbener Empathie in eine aus diesem Geist gelebte menschliche Solidarität zu finden.

Homichese ausgehend vom Gründonnerstag

Auf einer Wallfahrt mit hundert Pilgerinnen und Pilgern ins Heilige Land kamen wir auch nach Kana. Dort, wo das Gedächtnis an das erste Wunder Jesu lebendig ist, sieht man auch heute noch viele Krüge. Sie bilden das Logo dieses Ortes. Man kann sie in allen Größen kaufen, und sie werden den Reisenden als ein mögliches Mitbringsel angeboten.

In der geistlichen Betrachtung dieses Ortes, von dem mit der Hochzeit zu Kana am Anfang des Johannesevangeliums die Rede ist (Joh 2,1–12), ergibt sich aber eine tiefere Spur, die bis in den Abendmahlssaal führt (Joh 13,1–11). Auch hier gibt es den Krug mit Wasser und auch hier gibt es das Wunder einer Wandlung, für die der Wein von Kana nur den Vorgeschmack bildet. Die Krüge von Kana und aus dem Abendmahlssaal haben für die Kirchenväter miteinander zu tun. Das Wasser, das die Jünger schöpfen, ist aus dem gleichen Stoff wie das Wasser der Fußwaschung.[314]

Die Bereitschaft in Kana, in Treue zu tragen, was den Jüngern aufgegeben ist, wird zum Hinweis auf den Liebesdienst, den Jesus in der Fußwaschung den Seinen erweist. Die Krüge von Kana und im Abendmahlssaal mögen äußerlich anders beschaffen gewesen sein. Den letzteren hätte Jesus kaum heben können, hätte er die Ausmaße der Fässer bei der Hochzeit gehabt. In ihnen aber – so die Kirchenväter – ist das gleiche Wasser, das die Menschen und die ganze Schöpfung verwandeln will.

Auf den ersten Blick mag diese Verbindung, die die Kirchenväter sehen, wie an den Haaren herbeigezogen wirken. In der Einsicht des Glaubens aber erschließt sich ein Zusammenhang, der Menschen verändert. Was immer wir im Leben an Wasser tragen, an Mühen aufbringen, an Einsatz leisten, an Bereitschaft einbringen; was immer wir an Gesten, Zeichen und Worten einem anderen in Liebe zudenken, ist nicht vergebens. Das Wunder von Kana bewahrt vor der Frustration, so wie die Wandlung im Abendmahlssaal vor Berechnung und Verhärtung schützen will.

Beide Male geht es um eine grundlegende Veränderung, die Gott dem Menschen zudenkt und zumutet, weil er ihm Größeres zutraut. Beide Male geht es darum, dass der Mensch nach dem Willen Gottes in die Veränderung kommt. So leicht und verlockend die Bewegung scheint, wo sich Wasser zu Wein wandelt, eine ungeahnte Fülle einstellt und Gottes Zutrauen menschliches Vertrauen weckt, so nachdenklich und zurückhaltend macht zunächst die Zumutung im Abendmahlssaal. Aber sie ist die eigentliche Transformation, die jeder Mensch durchlaufen muss, der in Wahrheit Christ sein will.

314 Zum Zusammenhang der Hochzeit von Kana und der Einsetzung der Eucharistie im Abendmahlssaal vgl. Cyprian von Karthago, 63. Brief (BKV 60, 255–271); Cyrill von Jerusalem, Mystagogische Katechesen an die Neugetauften, hier: Katechese über den Leib und das Blut Christi, 2 (BKV 41, 378).

In der Fußwaschung sah der Mailänder Bischof Ambrosius schon im 4. Jahrhundert eine Art Sakrament. Deshalb ließ er sie während der Tauffeiern praktizieren und begründete diesen Ritus mit dem Verweis auf die Sündenfallgeschichte des Alten Testaments. Der Körperteil, nach dem die böse Schlange schnappte, nämlich die Ferse, muss von der Sünde gereinigt werden.[315] Fußwaschung ist demnach die Reinigung von einem Hochmut, bei dem Menschen auf ihr eigenes Auftreten setzen. Der Fuß, der mit in die Knie geht, wie bei Jesus selbst in der Gebärde des Beugens, führt den Menschen anders zum Mitmenschen. Scheinbare Erniedrigung wird zu einer Ertüchtigung.

Die treuen Dienste, die Menschen an Menschen tun, ohne die Berechnung, was sie davon haben; die Liebe und Sorge, die Eltern ihren Kindern geben; die Zeit und Geduld, die Menschen in der Krankenpflege einem anderen schenken; die Bereitschaft, im Dasein für einen Menschen nicht aufzugeben, auch wenn diese Liebe nicht beantwortet wird; die Ausdauer, das Gute zu wollen und zu tun, auch wenn Resonanz ausbleibt; alles treue und durchgetragene ehrenamtliche Engagement in der Kirche, auch wo Missstände entmutigen – all das macht das Wasser von Kana zum Wasser der Fußwaschung.

Der Theologe Romano Guardini sieht hier die eigentliche Verwandlung, die der Glaube schenkt. Er sagt einmal:

> „Jeder christlich Lebende kommt an den Punkt, wo ihn diese Forderung trifft und er bereit sein muss, in die Vernichtigung [Erniedrigung] mitzugehen: in das, was vor der Welt töricht, für das Gefühl unerträglich, dem Verstand sinnlos ist. Was es auch sei: Leid, Unehre, dass geliebte Menschen weggehen oder das Werk zerbricht. Dann entscheidet sich sein christliches Dasein: ob er in jene letzte Tiefe mitgeht und so an Christus Anteil gewinnt. Und was ist es anderes, wovor wir am Christsein zurückschrecken? Darum suchen wir ja doch aus dem Christsein ‚Ethik' zu machen, oder ‚Weltanschauung' oder was sonst.

315 Ambrosius von Mailand, De mysteriis – Über die Mysterien, Kapitel VI, Nr. 31 f. (BKV 32, 289 f.).

> Christsein ist aber der Mitvollzug des Daseins Christi. Daraus kommt allein der Friede."[316]

Das muss Petrus lernen und das müssen wir lernen – ein Leben lang. Seine Reaktion auf die wohl alle Jünger geradezu überrumpelnde Geste Jesu ist Abwehr – so wie Petrus und wir immer dagegen sind, der Demut und dem Leiden einen höheren Wert beizumessen als menschlicher Machbarkeit und Erfolg. Sowenig wie Petrus auf dem Weg mit Jesus nach Jerusalem die Leidensankündigungen des Herrn zulassen und in Betracht ziehen will, so wenig wollen wir einen Weg der Schwäche und Erniedrigung. Wir wollen eine starke Kirche! Aber das Wunder der Wandlung zur Fülle im Leben von Kana ist die Bereitung für die Fußwaschung mit einem Wasser, das verändern will. Im Grunde – so sagt Papst Benedikt XVI. in seinem Jesus-Buch – geht es bei Petrus und bei uns um das eine:

> „Nicht Gott vorzuschreiben, was er zu tun hat, sondern ihn annehmen zu lernen, wie er sich uns zeigt; nicht sich selbst auf die Höhe Gottes schwingen zu wollen, sondern in der Demut des Dienstes langsam zurechtgeformt zu werden zum wirklichen Ebenbild Gottes."[317]

Der Weg Jesu in die Beuge, seine Geste der Erniedrigung bildet etwas von der Bestimmung der Kirche ab. Kann es sein, dass manche Erniedrigung, Verwundung und Verletzung, die uns als Kirche in dieser Zeit zugemutet wird, von Gott her in eine Wandlung führen soll, die er uns zutraut? Ist das, was wir an scheinbarem Verlust in unserer Gesellschaft hinzunehmen haben, das, was Papst Benedikt das „langsame Zurechtformen zum wirklichen Ebenbild Gottes"[318] nennt?

Als Petrus im Gespräch mit dem Herrn begreift, dass in der Geste Jesu die Kirche in die Hocke gehen muss, willigt er geradezu über-

316 Romano Guardini, Der Herr. Betrachtungen über die Person und das Leben Jesu Christi, Würzburg 1938, [16]1997, 443.

317 Joseph Ratzinger/Benedikt XVI., Jesus von Nazareth, Teil 2: Vom Einzug in Jerusalem bis zur Auferstehung, Freiburg i. Br. 2011, 89.

318 Ebd.

schwänglich ein: „Herr, dann nicht nur meine Füße, sondern auch die Hände und das Haupt" (Joh 13,9). Darauf kann Jesus ihm antworten: „Wer vom Bad kommt, ist ganz rein und braucht sich nur noch die Füße zu waschen" (Joh 13,10).

Mit diesem Verweis zielt der Evangelist Johannes auf die Taufe. Das Wasser von Kana und im Abendmahlssaal kommt aus dem Jordan, von dort, wo Jesus selbst in die Fluten gestiegen und in die ganze Fülle Gottes eingetaucht ist. Was uns in dieser Zeit als Kirche an mancher Erniedrigung aufgegeben ist, führt nicht zur Entleerung, nicht zu einem Schwund, der das Selbstvertrauen nimmt, und darf uns Christen nicht in ein Minderwertigkeitsgefühl drängen.

Das Wasser von Kana ist im Wasser der Fußwaschung vielmehr das Geschenk einer Wandlung, die sich immer neu als Fülle ereignet, wo wir uns formen lassen. Papst Benedikt XVI. hat es so zum Ausdruck gebracht:

> „Das [im Evangelium] vorausgesetzte Vollbad kann nur die Taufe meinen, mit der der Mensch ein für alle Mal in Christus eingetaucht ist und seine neue Identität des Inseins in Christus erhält. Dieser grundlegende Vorgang, durch den wir uns nicht zu Christen machen, sondern zu Christen werden durch das Handeln des Herrn in seiner Kirche, ist unwiederholbar. Aber es bedarf im Leben der Christen – für die Tischgemeinschaft mit dem Herrn – doch immer wieder einer Ergänzung: der Fußwaschung."[319]

Die Erneuerung, die wir als Kirche in unserer Zeit brauchen und suchen, beginnt nicht an Konferenztischen und in Debattenschlachten. Der Dialog, der uns zuerst aufgegeben ist, besteht in der Zwiesprache mit dem Herrn über das, was in uns die Berührung mit dem Wasser aus dem Abendmahlssaal braucht. Fußwaschung als Reinigung führt die Jünger nach Ostern von Jerusalem nach Galiläa. Dort liegt Kana! Von dort kommt die Verheißung, die uns in diesen Tagen durch die Reinigung im Abendmahlssaal mit dem Wasser der Sehnsucht und Läuterung in Berührung bringt, das der Herr auch

319 Ebd., 90.

für die Kirche in unseren Tagen zu einer neuen Fülle wandelt. Es beginnt nach Wein zu schmecken, wo wir uns verändern und bewegen lassen, so wie der Strom des Jordan im Heiligen Land Wüsten zum Wachsen bringt.

Fragen zur weiteren homichetischen Vertiefung

- Welche Bilder aus der Landschaft und Geschichte des christlich-kirchlichen Glauben bieten sich an, das Abendmahlsgeschehen des Gründonnerstags zu verstehen?
- Wie kann in einem weiteren Schritt zu Sehendes Mitfühlendes werden?
- Mit welchen Jüngern im Abendmahlssaal lässt sich eine spürbare Verbindung bzw. Identifikation erreichen?

Homichese ausgehend von Fronleichnam

Unser Glaube braucht Bilder, weil seine Größe darin besteht, dass er ein Geheimnis ist; ein Geheimnis, das über menschliche Worte und Begriffe, menschliches Verstehen und Erklären hinausgeht. Gott in seiner großen Gegenwart lässt sich für den Menschen nicht ‚begreifen', sondern nur ‚ergreifen'. Die Eucharistie braucht Bilder, damit das „Geheimnis unseres Glaubens", das wir in jeder heiligen Messe bekennen, unser Leben wirklich berührt. „Deinen Tod, o Herr, verkünden wir und deine Auferstehung preisen wir, bis du kommst in Herrlichkeit." Dieser Satz nach der Wandlung ist auf das Wunder einer Liebe bezogen, die alles gibt.

Der Blumenteppich, den viele Gemeinden gerade zu Fronleichnam so liebevoll mit viel Zeit und Aufwand gestalten, bringt die Botschaft des Festes in ein Bild, das die Kirche in ihren Hymnen und Liedern immer wieder aufgreift. Wir sehen hier im Blumenteppich und auf Gewändern oft die Darstellung eines Pelikans, der mit seinem langen Schnabel seine Jungen im Nest zu nähren versucht. Den Hintergrund für diese Darstellung bildet eine alte Legende aus der Antike. Es gab eine Hungersnot, und als die Pelikan-Küken zu sterben drohten, riss sich das Elterntier mit seinem langen Schnabel die Brust auf, stach sich ins eigene Herz, um mit dem ausfließenden eigenen Blut die jungen Vögel am Leben zu halten. Das Elterntier starb. Die Jungvögel konnten deshalb leben.

Als Papst Urban IV. im Jahr 1264 das Fronleichnamsfest in der ganzen Kirche einführte[320], entstanden zugleich fünf Hymnen.[321] Sie wurden komponiert, um mit dem Herzen die sichtbare Liebe Christi zu schauen, der uns in seiner Hingabe mit seinem Leib im Brot der Eucharistie nährt und für uns sein Blut vergossen hat.

Der wohl bekannteste Lobgesang zur Verehrung dieser Liebe, die wir in der Monstranz schauen, stammt vom großen Theologen Thomas von Aquin: „Adoro te devote“ – „Gottheit tief verborgen, betend nah ich dir“.[322] Mehr als Worte sagt dieses Lied. Mehr als für unsere Augen sichtbar ist, enthält die Hostie in der Monstranz. Sie zeigt eine Liebe, die sich in ganzer Leidenschaft verzehrt. Was unser Bild auf dem Boden in uns beflügelt, ist die Betrachtung, die Thomas von Aquin in der 5. und 6. Strophe dieses Hymnus im Blick auf die Eucharistie beschreibt: „Denkmal, das uns mahnet an des Herren Tod! Du gibst uns das Leben, o lebendig Brot. Werde gnädig Nahrung meinem Geiste du, dass er deine Wonnen koste immerzu. Gleich dem Pelikane starbst du, Jesu mein; wasch in deinem Blute mich von Sünden rein. Schon ein kleiner Tropfen sühnet alle Schuld, bringt der ganzen Erde Gottes Heil und Huld.“[323]

Ab dem Mittelalter sah man im Bild des Pelikans ein Symbol für Jesus Christus. Seine Heimat hat der Pelikan – auch ornithologisch – im Heiligen Land. Er ist ein gerade im Winter in Palästina anzutreffender Zugvogel. Nach dem Zeugnis der Propheten Jesaja (Jes 34,11) und Zefanja (Zef 2,14) bevorzugt er Ruinen, aber auch die Wüste für seine Bleibe. In Psalm 107 ist nach der Meinung der

320 Vgl. Andreas Heinz, Art. Fronleichnam (Fest), in: LThK³ 4, 172 f.

321 Panis angelicus, Pange lingua, Adoro te devote, Verbum supernum prodiens, Lauda Sion.

322 Katholisches Gebet- und Gesangbuch Gotteslob (2013), Nr. 497.

323 Ebd.

Bibelkenner wohl eher der Pelikan als die dort genannten Vögel gemeint, wenn der Beter hier in seiner Verlassenheit ein Bild aufnimmt, das er vor Augen hat: „Herr, höre mein Gebet, mein Schreien dringe zu dir. [...] Ich bin wie eine Dohle in der Wüste, wie eine Eule in öden Ruinen" (Ps 107,2).[324]

Oft ist es im Leben diese Bedrängnis, die Menschen zum Glauben bewegt. Wo Menschen Gott ihren Mangel anvertrauen, ihren Hunger nach Leben, gibt Gott die nötige Nahrung. In der Bibel sind es oft die Engpässe des Lebens, die das Wunder des Glaubens bringen. Als das Volk Israel in der Wüste nichts mehr zu essen hat und zu murren beginnt, kann Mose Gott den Mangel vortragen und Brot vom Himmel empfangen (Ex 16,1–21). Dieses Manna ist mehr! Christen begreifen es als das Vorausbild auf die Eucharistie.

Unsere Glaubensgeschichte und unsere Kirchengeschichte haben darin ihr größtes Vermächtnis und ihre stärkste Verkündigung: Wo immer Krisen Menschen an den Rand bringen, liegt gerade dort die Schwelle für Gottes Wunder. Wir erleben wieder, wie Nöte im eigenen Leben, in der Familie, in Gemeinden, Kirche und Gesellschaft die Menschen dazu bringen, tiefer zu fragen: Wir sprechen wieder von einem Hunger nach Spiritualität, die mehr ist als schönes Gefühl. Wir hungern nach einem Glauben, der das Leben in Liebe trägt. Dafür ist Gott in Jesus Christus unsere Nahrung geworden. Er ist an den Rand gekommen, wo der Mensch nach Rettung schreit: „Vater, wenn es möglich ist, lass diesen Kelch an mir vorübergehen" (Mt 26,39). Er ist über die Schwelle des Todes gegangen, damit wir diesen Rand des Lebens nicht mehr zu fürchten brauchen. Er ist der wahre Pelikan, der sein Herz zerreißt, damit wir Menschen wahre Nahrung in der Not finden.

Aus dieser Quelle kommt Leben, das bleibt. In der Eucharistie lenkt die Kirche unseren Blick auf diesen Ursprung. Die letzte

324 Vgl. Thomas J. Kraus, Von Einhorn, Hirsch, Pelikan und anderem Getier – Septuaginta, Physiologus und darüber hinaus, in: Zbyněk Kindschi Garský / Rainer Hirsch-Luipold (Hg.), Christus in natura. Quellen, Hermeneutik und Rezeption des Physiologus (Studies of the Bible and its Reception 11), Berlin/New York 2019, 63–79, hier 74–76 (dort weitere Literatur).

Strophe eines anderen Sakramentsliedes führt uns dorthin, in diese Innerlichkeit, die den tiefen Zusammenhang von Leben und Liebe begreifen und ergreifen lässt:

„Kommt, Cherubim, hernieder,
ihr Seraphim, singt Lieder,
ehrt den verborgnen Gott
in der Gestalt von Brot!
Helft unser Herz entzünden
und eure Lieb empfinden,
auf dass es den recht ehrt,
der höchster Ehre wert.

Ach lass dein Blut das Leben
uns Armen wiedergeben,
du wahrer Pelikan,
sieh unsre Sehnsucht an!
O wann wird es geschehen,
dass wir dich, Jesu, sehen
als Gott von Angesicht
in deiner Glorie Licht?“[325]

In dieser Sehnsucht des Glaubens liegt – wie das Wort „siechen“, das ihm zugrunde liegt, schon sagt – ein ‚Kranksein vor Liebe‘, das darum weiß, dass nur Jesus selbst der Heiland ist. In diesem tiefen Sinn ist die Eucharistie die heilbringende Speise, in der Jesus, der verwundete Arzt, selbst zur Medizin wird für alle, die an der Liebe leiden und aus Liebe alles geben wollen. Das zeigt der Pelikan auf manchem so ansprechenden Bildteppich und auf vielen Paramenten: Wirkliche Liebe gibt es nicht ohne Wunden. Wirkliche Liebe hat Leidenschaft. Wo dieser innere Zusammenhang der Eucharistie im Leben von Menschen aufleuchtet, bekommt die Eucharistie ihre größte Realpräsenz. Christus, der wirklich im Brot der Monstranz und im Wein des Kelches Leib und Blut der Liebe Gottes ist, zeigt seine Gegenwart auch in Menschen, die ganz aus dieser Speise leben.

Kurz bevor der Jesuitenpater Alfred Delp am 2. Februar 1945 aufgrund seines Glaubens und seiner mutigen Verkündigung von den Nationalsozialisten in Berlin-Plötzensee hingerichtet wird, schreibt er in sein Tagebuch: „Brot ist wichtig, die Freiheit ist wichtiger, am wichtigsten aber die ungebrochene Treue und die unverra-

325 Katholisches Gebet- und Gesangbuch Gotteslob (2013), Diözesananhang Münster, Nr. 851.

tene Anbetung."[326] In der Kraft der Eucharistie erfährt Alfred Delp, wie der Rand des Lebens zur Schwelle für eine Liebe wird, die alles gibt, damit andere in Wahrheit und Freiheit leben können. Die Eucharistie als Nahrung in der Not wird in der treuen Anbetung zum Fundament eines ganzen Lebens. Die wirkliche und tiefe Mitfeier der Eucharistie macht Menschen christusförmig.

Die wahre Anbetung öffnet das Herz für eine Liebe, die im Bild des Pelikans das Wesen der Eucharistie beschreibt. Wo Kirche in der eucharistischen Anbetung ist, ist sie am nächsten beim Herrn, weil sich hier das Herz für eine Liebe öffnet, die alles gibt. Wer Gott anschaut, bekommt die Menschen neu in den Blick. Das ist Fronleichnam mit dem Bekenntnis unserer Prozession: ein Glaube aus Liebe, den die Welt sehen soll.

Fragen zur weiteren homichetischen Vertiefung

- Welche Bilder sind taugliche und primäre Annäherung an das Sakrament der Eucharistie?
- Welche Gebete und Lieder bewegen das Herz mit dem, was der Verstand zu begreifen versucht?
- Wie und wo lässt sich eine Verbindung zwischen Kommunion und Adoration aufspüren?

3. Anregungen aus der universalen Kirche

Was zuerst in der vergleichenden Pädagogik als ein Lernen in der Komparation verstanden wurde und sich dann auch – davon ausgehend – in der vergleichenden Pastoraltheologie etablieren konnte, ist gerade im katechetischen Feld seit den 1990er Jahren zu einem festen Bestandteil von Bildungsprozessen geworden. Nie geht es dabei einfach um eine unkritische Übernahme von in anderen Kon-

326 Alfred Delp, Gesammelte Schriften, hg. von Roman Bleistein, Bd. 4: Aus dem Gefängnis, Frankfurt 1984, 236.

texten erprobten Praxiselementen. Lernen im Vergleich ist immer eine Adaption, die in einem anders georteten Feld ein Anregungspotenzial enthält, das die eigene Praxis kritisch hinterfragen und konstruktiv erweitern lässt.[327]

In diesem Sinn verstehen sich auch die Initiativen der ersten Sektion des Dikasteriums für Evangelisierung auf universalkirchlicher Ebene. Hier sind vor allem der im Dreijahresrhythmus stattfindende Katechetische Kongress in Rom[328], die Ad-limina-Besuche der Bischöfe im Vatikan und auch die regelmäßigen Kontakte des Dikasteriums mit den für die Katechese Verantwortlichen der lokalen Kirche die bevorzugten Ebenen des Austauschs und der Vernetzung. Bei aller Unterschiedlichkeit in den jeweiligen Voraussetzungen kommt der Bezugnahme der Ortskirchen auf die global ausgerichteten Initiativen des Heiligen Stuhls eine besondere Bedeutung zu. Sie besteht gerade in der Möglichkeit, einzelne Anregungen im universalen Kontext zu reflektieren. Dabei zeigt sich, wie sehr das inhaltliche Engagement um die Glaubensweitergabe gerade in den afrikanischen und asiatischen Kirchen ausgeprägt ist. Aus dem anglophonen und frankophonen Bereich kommen immer wieder Impulse, die bewusst machen, wie viel lebendiger dort vor Ort das katechetische Leben der Gemeinden ist, aus dem die Anregungen stammen. Schon an der Rezeption des Katechismus der Katholischen Kirche von 1992, der bleibend zum inhaltlichen Orientierungsrahmen geworden ist, wird ablesbar, wo und wie es um eine Wachsamkeit für den katechetischen Grundauftrag der Kirche zur Verbreitung des Glaubens bestellt ist.[329]

327 Vgl. dazu: Tebartz-van Elst, Der Erwachsenenkatechumenat (Anm. 78), 117–127.

328 Vgl. dazu z. B. den Bericht über den Kongress im September 2022: Jem Sullivan, Catechist as witness to new life in Jesus. Reflections from the International Catechetical Congress vom 26. September 2022, https://www.oursundayvisitor.com/catechist-as-witness-to-new-life-in-jesus-reflections-from-the-international-catechetical-congress/ (Abruf 21.11.2022).

329 Vgl. Jem Sullivan, Believe, Celebrate, Live Pray. A Weekly Walk with the Catechism, Huntington 2020.

Nicht zuletzt ist auch die internationale Zusammensetzung der COINCAT[330]-Initiative in der ersten Sektion des Dikasteriums für Evangelisierung ein Spiegelbild ortskirchlicher Vernetzung durch Fachleute, denen daran liegt, im universalkirchlichen Rahmen Anregungen aufzunehmen und weiterzugeben. In jüngster Zeit hat die Reflexion des neuen Direktoriums für die Katechese aus dem Jahr 2020 gerade auf dieser Ebene bewusst gemacht, wie sehr Impulse von Papst Franziskus in den verschiedenen Ortskirchen fruchten. Vor allem sein in dieser Studie mehrfach erwähnter Hinweis zur Bedeutung der *via pulchritudinis*[331] zeigt unterschiedliche Ausgestaltungen im einenden Bewusstsein. Besonders in den USA hat Jem Sullivan ausgehend von ihren verschiedenen Initiativen an der Catholic University of Washington, DC eine breite Aufmerksamkeit für die Anknüpfung an Kunst und Kultur entfacht, wenn es darum geht, die Schönheit des Glaubens inhaltlich zu vermitteln.[332]

In enger Verbindung mit dem universalkirchlichen Austausch über das neue Direktorium für die Katechese und einem von ihm angestoßenen Lernen im Vergleich steht auch die internationale Reflexion zur Rolle des Katecheten, wie sie das Motuproprio *Antiquum ministerium* aus dem Jahr 2021 von Papst Franziskus nahelegt. Hier zeigt sich besonders, wie unterschiedlich Sicht- und Ausgangsweisen in den einzelnen Ortskirchen sind und auf welch große Notwendigkeit das Motuproprio für die universale Kirche reagiert. Auch in diesem Zusammenhang wird exemplarisch deutlich, wie Ortskirchen mit einem ausgeprägteren katechetischen Bewusstsein in dem wichtigen Anliegen von Papst Franziskus mit spezifischen Initiativen weiter fortgeschritten sind.[333] Im Blick auf Ortskirchen, die hier zurückstehen, weil dort nicht selten Strukturen vor der Evangelisierung und Katechese im Fokus stehen, drängt sich dann gerade ein Kontrast auf, wie ihn der Romancier Georges Bernanos

330 Consiglio Internationale per la Catechesi.

331 Vgl. dazu in diesem Buch: 47, 69–72, 99 f. und 146–150.

332 Vgl. Jem Sullivan, The Beauty of Faith. Using Christian Art to spread the Good News, Huntington 2009.

333 Vgl. z. B. James C. Pauly, An Evangelizing Catechesis. Teaching from Your Encounter with Christ, Huntington 2020.

einmal auf heitere Weise zum Ausdruck gebracht hat. Er lässt im Buch „Die großen Friedhöfe unter dem Mond“[334] einen Atheisten eine Predigt zum Fest der Kleinen heiligen Therese halten und sie sagen: Ihr Katholiken, die ihr die Heiligen verehrt, „ihr gleicht jenen Italienern, von denen erzählt wird, wie sie in ihren Gräben saßen und das Zeichen zum Sturmangriff erwarten. Plötzlich schwingt der Oberst seinen Säbel, springt auf die Grabenbrüstung, stürmt allein durch das Sperrfeuer und schreit: Avanti! Avanti! Und seine Soldaten, immer noch in ihre Gräben gekauert, werden von seinem Heldentum elektrisiert, klatschen in die Hände und rufen, Tränen der Begeisterung in den Augen: Bravo! Bravo! Bravissimo!“[335] Gerade in universalkirchlicher Ausrichtung können auch landesspezifische Unterschiede zu jener korrigierenden Anregung werden: Wo Katechese Mut zum Inhalt zeigt, lernen Katecheten auch, sich mit Freimut zu vermitteln und persönlich Zeugnis zu geben.

334 Georges Bernanos, Die großen Friedhöfe unter dem Mond, Köln 1959.
335 Ebd., 237.

Johann Georg Melchior Schmidtner, Maria Knotenlöserin; Altarbild
St. Peter am Perlach in Augsburg; um 1700
(https://commons.wikimedia.org)

Ausblick: Katechese kann Knoten lösen – oder: Wie Bilder Bekenntnisse inspirieren

Durch Papst Franziskus wurde das Bild von Maria der Knotenlöserin weltweit verbreitet. Nach seinem Aufenthalt zu theologischen Studien in Deutschland im Jahr 1986 ist ihm diese Mariendarstellung durch die Zusendung einer Postkarte so ans Herz gewachsen, dass er die Verehrung durch das Verteilen von Drucken des Wallfahrtsbildes anregte.[336] *Im Marienmonat Mai 2021 hat Papst Franziskus die weltweite Gebetsinitiative um ein Ende der Corona-Pandemie, die vom Päpstlichen Rat zur Förderung der Neuevangelisierung durchgeführt wurde*[337]*, vor einer Kopie des Originalbildes in den Vatikanischen Gärten abgeschlossen und der Gottesmutter die Lösung von Knoten anvertraut: die Knoten des Egoismus und der Gleichgültigkeit, der wirtschaftlichen und sozialen Not, der Krankheit sowie der häuslichen Gewalt und des Krieges.*[338] *In diesem Sinn ist das Bild der Knotenlöserin ein Movens und ein Motiv für eine Katechese, die sich das pastorale Anliegen von Papst Franziskus zu eigen macht, Glaubensvermittlung noch mehr im Kontext der Evangelisierung zu verorten.*

Wer würde bestreiten, dass es in einer Katechese bisweilen Knoten gibt. Nicht jeder Inhalt unseres Glaubens ist für jeden gleich zu-

336 Vgl. Karlheinz Sieber, Das Wallfahrtsbild der Knotenmadonna in St. Peter am Perlach in Augsburg, in: Kreiml/Neumann, 100 Jahre Patrona Bavariae (Anm. 192), 348 f.

337 Vgl. den Aufruf zur Teilnahme in den nationalen Marienheiligtümern unter http://www.evangelizatio.va/content/pcpne/it/news/2021-04-23.html (Abruf 6.12.2022).

338 Il Signore protegga il mondo dalla pandemia, in: L'Osservatore Romano vom 1. Juni 2021, https://www.osservatoreromano.va/it/news/2021-06/quo-122/il-signore-protegga-br-il-mondo-dalla-pandemia.html (Abruf 6.12.2022).

gänglich. Was sich in einer ersten Annäherung von gewachsenen Bekenntnissen offenbaren mag, will in einer nachhaltigen Katechese immer wieder so in die Hand genommen werden, dass die Knoten bewusst ertastet werden. Denn nur wer fühlt, was sich scheinbar verfestigt und zugezogen hat, findet mit der Zeit einen Anfang, es zu lösen.

Katechese im Bild der Knoten erfährt eine hilfreiche Erschließung durch das Altarbild der Kirche St. Peter am Perlach in Augsburg. „Maria Knotenlöserin“ hat der Augsburger Künstler Johann Georg Melchior Schmidtner dieses Gemälde für einen Altar der „Mutter vom Guten Rat“ genannt. Es zeigt die auf einer Mondsichel stehende Madonna, wie sie Knoten an einem langen weißen Band löst, das ihr zwei Engel reichen.[339] Das Motiv der Knotenlöserin geht in der theologischen und spirituellen Tradition auf den Kirchenvater Irenäus von Lyon (135–202) zurück. In seiner Schrift *Contra haereses* heißt es:

> „Damit bezeichnet das Gesetz den Kreislauf von Eva zu Maria, weil nur dadurch das Gebundene gelöst wurde, dass die Bänder der Knoten zurückgeschlungen wurden. So werden die ersten Knoten durch die zweiten gelöst und die zweiten befreien die ersten. So kommt es, dass die erste Schlinge von dem zweiten Knoten aufgezogen wird, der zweite Knoten die Lösung des ersten bewirkt. [...] So wurde auch der Knoten des Ungehorsams der Eva durch den Gehorsam Mariens gelöst, denn was die Jungfrau Eva durch ihren Unglauben angebunden hatte, das löste die Jungfrau Maria durch ihren Glauben.“[340]

339 Vgl. Günter Grimme, Knotenmadonna – Knotenlöserin – Knotenerfahrene, in: Kreiml/Neumann, 100 Jahre Patrona Bavariae (Anm. 192), 350–354, hier 350; Leopold Kretzenbacher, Maria als Knotenlöserin. Überlegungen einer vergleichenden Volkskunde zur Wallfahrt in St. Peter am Perlach in Augsburg, in: Zeitschrift für bayerische Landesgeschichte 62 (2/1999), 583–596, hier 583 f.

340 Irenäus, Contra haereses, III. Buch, Kapitel 22, 4 (BKV 3, 309 f.); online: https://bkv.unifr.ch/de/works/cpg-1306/versions/gegen-die-haresien-bkv/divisions/534 (Abruf 9.11.2022).

Was so komplex klingt, berührt den Kern der Katechese. Scheinbar sperrige Inhalte, die auf den ersten Blick weit vom Alltag des Lebens entfernt erscheinen, beginnen sich zu entknäueln, wo biographische Erfahrungen theologische Verdichtungen erhellen. So bewirkt bisweilen ein zweiter Knoten, dass eine erste Schlinge aufgezogen wird. Wo man einmal den Anfang gefunden und aufgenommen hat, lässt sich das Band weiter fühlen und führen.

So wie Maria im Bild der Knotenlöserin von Augsburg auf einer Mondsichel steht und mit ihren Händen Knoten an einem langen weißen Band löst, tritt sie zugleich mit ihrem Fuß auf den Kopf einer Schlange, die im Bild den Widerspruch des Bösen, den Zweifel, die Ablehnung und Verhärtung dem Glauben gegenüber symbolisiert.[341] An der Gottesmutter wird ablesbar, wie der Glaube vom Hören kommt und zur Unterscheidung der Geister bewegt. Katechese ist immer zuerst ein Hören, das in die Betrachtung führen will, aus der mit der Zeit eine Antwort reift. Im Bild spiegelt die verknotete Form der Schlange sogar den Knoten, den Maria in ihren Händen hält. Damit das Konträre zum Komplementären werden kann, braucht es im Leben des Einzelnen oft eine lange Zeit.

Unter der Mondsichel ist im Bild der Knotenlöserin ein kleinerer Engel mit einem menschlichen Begleiter und einem Hund dargestellt. Dieses Motiv erinnert an eine Szene aus dem alttestamentlichen Buch Tobit, in der der junge Tobias mit seinem Hund vom Erzengel Rafael auf seiner Reise von Ninive nach Ekbatana begleitet wird, um seine künftige Frau Sara zu finden (vgl. Tob 5,17; 11,4).[342] Dabei zeigt er mit seiner rechten Hand auf einen entfernten Ort mit einer Kirche und weist den Weg dorthin. Katechese ist immer ein Weg mit einem Ziel. Der Glaube der Kirche ist immer ein Vademecum, das lebenslang entdeckt, erprobt und neu ausbuchstabiert werden will.

Mag hinter diesem biblischen Ereignis auch die legendenhaft überlieferte Erfahrung eines Ehepaares stehen, das im 17. Jahrhundert kurz vor der Trennung gestanden haben soll und dessen Ehe-

341 Vgl. Grimme, Knotenmadonna (Anm. 339), 351.
342 Vgl. ebd., 352.

bund durch die Fürbitte Mariens als Knotenlöserin in Beziehungsproblemen gerettet wurde[343], zeigt sich in diesem Motiv einmal mehr, welche biographische Dimension der Katechese immer innewohnt. So wie hier im Bild die Gottesmutter im Glanz der Sonne (vgl. Offb 12,1) von zwölf kleinen und zwei großen Engeln umgeben ist sowie der Heilige Geist in Gestalt einer Taube über ihr schwebt, wird dem Betrachter bewusst: Was in der Katechese verknotet erscheinen mag, verdichtet sich und löst den Ariadnefaden des Lebens, wenn Menschen schweigen und hören wie Maria, um mit ihr in einem gereiften Vertrauen zu einer größeren Antwort finden zu können, die über momentane Befindlichkeiten und biographische Brüche hinausführen will. Nicht im Sinne menschlicher Plausibilitäten, die Machbares erzwingen wollen, indem sie gordische Knoten mit Gewalt durchschlagen, sondern in der Sanftmut des Schweigens und Hörens öffnet sich der größere Raum für ein tieferes Verstehen.

Katechese ist immer ein Prozess. Vermeintliche Knoten können zum Kern einer Glaubensidentität werden, wo sie ins Gespräch mit Gott genommen werden. Wo aus einem Hadern ein Harren wird, kommt Bewegung in die Seele eines Menschen. Nicht die Vermeidung eines Knotens durch eine Verdünnung des Bandes ist die Lösung, sondern ein Gebet im Lichtraum des Bildes, das Gott zutraut, zu lösen, was Menschen verschlossen scheint. Dann ist es vielleicht jene homichetische Annäherung, wie sie der Komponist Felix Mendelssohn Bartholdy in seiner zweiten Symphonie „Lobgesang" im befreienden Schlusschor anklingen lässt. Hier gibt der Tenor der Frage des Menschen im Kontrast zwischen Knoten und Lösungen im Leben Töne: „Wir riefen in der Finsternis: Hüter, ist die Nacht bald hin?" Der Tonfall wird schließlich immer flehentlicher und ausdauernder, so wie es in der Bedrängnis auch Geduld braucht: „Der Hüter aber sprach: Wenn der Morgen schon kommt, so wird es doch Nacht sein; wenn ihr schon fraget, so werdet ihr doch wiederkommen und wieder fragen: Hüter, ist die Nacht bald hin?" Nach einer gespannten Pause ertönt in der Symphonie dann die erlösende

343 Vgl. Sieber, Das Wallfahrtsbild (Anm. 336), 349.

Stimme des Soprans: „Die Nacht ist vergangen, der Tag aber herbeigekommen!" Man spürt geradezu das Aufatmen, wenn der Chor diese Antwort aufgreift, mit großem Volumen wiederholt und schließlich in den jubelnden Choral einstimmt: „Nun danket alle Gott mit Herzen, Mund und Händen ..."[344] Hier wird der Hörende akustisch zum Harrenden, und ein tieferes Vertrauen umfängt alles Fragen und Zweifeln. In diesem Sinn ist und bleibt das Gebet der Motor aller Katechese – und Maria die Mutter aller Katecheten.

344 Vgl. Sabina Prüser, Art. Mendelssohn Bartholdy, Felix, Sinfonie Nr. 2 [B-Dur]. Lobgesang. Eine Symphonie-Cantate nach Worten der heiligen Schrift Opus 52, in: Silke Leopold / Ullrich Scheideler (Hg.), Oratorienführer, Stuttgart 2000, 472 f.

Regensburger Philosophisch-Theologische Schriften

Herausgegeben von Josef Kreiml, Veit Neumann und Michael Stickelbroeck

Band 12 VEIT NEUMANN / JOSEF KREIML (Hg.)
GEORGES BERNANOS UND DER RENOUVEAU CATHOLIQUE
Das »Tagebuch eines Landpfarrers« als herausragender Priesterroman
464 Seiten, ISBN 978-3-7917-2835-3 / auch als eBook

Band 13 JOSEF PICHLER / CHRISTINE RAJIČ (Hg.)
EPHESUS ALS ORT FRÜHCHRISTLICHEN LEBENS
Perspektiven auf einen Hotspot der Antike
240 Seiten, ISBN 978-3-7917-2836-0 / auch als eBook

Band 14 VEIT NEUMANN / GUDRUN TRAUSMUTH / JULIA WÄCHTER (Hg.)
HUMANISMUS UND CHRISTENTUM
240 Seiten, ISBN 978-3-7917-3201-5 / auch als eBook

Band 15 SIGMUND BONK
DIE CORONA-KRISE ALS KATALYSATOR FÜR EIN FRANZISKANISCHES NATURVERSTÄNDNIS
Reflexionen im Geist eines christlichen Humanismus
240 Seiten, ISBN 978-3-7917-3292-3 / auch als eBook

Band 16 BARBARA STÜHLMEYER
KALEIDOSKOP DER UMARMENDEN LIEBE
Zugänge zur Erfahrung des Umfangenseins von Christus
216 Seiten, ISBN 978-3-7917-3254-1 / auch als eBook

Band 19 HANNA-BARBARA GERL-FALKOVITZ / SIGMUND BONK (Hg.)
»GLUT UND SCHMERZ DES GLAUBENS«
Ein neuer Blick auf Ida Friederike Görres (1901–1971)
232 Seiten, ISBN 978-3-7917-3461-3 / aus als eBook